Zimmermanns Zitatenlexikon für Juristen

Zimmermanns
ZITATEN
LEXIKON
für
Juristen

gesammelt und lexikalisch aufbereitet

von

Dorothea Zimmermann
Fechtsanwältin

1998

Verlag
Dr. Otto Schmidt
Köln

Die Deutsche Bibliothek – CIP-Einheitsaufnahme

Zimmermann, Dorothea
Zimmermanns Zitatenlexikon für Juristen / von Dorothea
Zimmermann
Köln : O. Schmidt 1998
ISBN 3-504-01809-7

Das Werk einschließlich aller seiner Teile ist urheberrechtlich geschützt. Jede Verwertung, die nicht ausdrücklich vom Urheberrechtsgesetz zugelassen ist, bedarf der vorherigen Zustimmung des Verlags. Das gilt insbesondere für Vervielfältigungen, Bearbeitungen, Übersetzungen, Mikroverfilmungen und die Einspeicherung und Verarbeitung in elektronischen Systemen.

Herstellung: ICS Communications-Service GmbH, Bergisch Gladbach
Printed in Germany

Vorwort

Ein Zitatenlexikon für Juristen? Ja, haben wir denn nicht schon genug zu tun mit dem tagtäglichen Zitieren von Entscheidungen in unseren Klageschriften, -erwiderungen, Urteilen – je nachdem, in welcher Rolle wir an der Rechtsfindung beteiligt sind? In der Tat! Oft sogar mehr als genug. Aber um diese Art, und – wie manch einer meint – auch Unart des Zitierens, mehr dazu unter dem Stichwort „Präjudiz", geht es hier nicht.

Diese Sammlung enthält nachdenkliche, mahnende, aufrüttelnde, ab und an auch zu einem Schmunzeln verleitende Zitate, Aphorismen und Bonmots von der Antike bis zur Gegenwart, wobei nicht einmal ausschließlich oder auch nur überwiegend Juristen zu Wort kommen. Dies muß aber kein Manko sein. Man bedenke die Worte Ludwig Feuerbachs: *„Die echten Schriftsteller sind die Gewissensbisse der Menschheit".* Zudem bin ich auf etwas verschlungenen Wegen zur Rechtswissenschaft gelangt. Zuvor habe ich mehrere Jahre als Übersetzerin gearbeitet und habe während dieser Zeit naturgemäß sehr vieles gelesen, das nicht unbedingt einen juristischen Bezug hatte; irgendwann bin ich dazu übergegangen, besonders prägnante Passagen aufzuschreiben und, soweit sie aus fremdsprachigen Werken stammten, zu übersetzen. Wer einmal mit dem Sammeln von Zitaten angefangen hat, wird wissen, wovon ich spreche, man kann selten, meist nie mehr damit aufhören. Diese Sammelleidenschaft, um nicht zu sagen Sucht, hat sich dann nach Aufnahme des Jurastudiums, einer Wissenschaft, die mit dem menschlichen Dasein in all seinen Facetten befaßt ist, noch erheblich gesteigert. Auch der Satz Gustav Radbruchs: *„Ein guter Jurist kann nur der werden, der mit einem schlechten Gewissen Jurist ist"* hat mich darin bestärkt, weiter nach Zitaten und Aphorismen Ausschau zu halten, die für den Juristenalltag kennzeichnend sind. Ich höre jetzt schon Ihren Einwand: Ja, aber dann hätte sie doch auch auf jeden Fall dieses oder jenes Zitat bringen müssen. Mit Sicherheit haben Sie recht. Aber glauben Sie mir, die Qual der Auswahl, die, da nur begrenzter Platz zur Verfügung stand, unbedingt notwendig war, ist mir sehr schwer gefallen. Zudem bin ich mit dem Sammeln ohne jeglichen Hintergedanken, vor allem dem der jemaligen Veröffentlichung, angefangen, weshalb die Ermittlung der Quellen sich als außergewöhnlich schwierig erwiesen hat und nicht in allen Fällen erfolgreich war, was zur Folge hatte, daß auf den Abdruck des ein oder anderen Zitats verzichtet wurde.

Die Idee zu diesem Buch ist dann entstanden, als ich merkte, wie sehr das Recht auf die Sprache angewiesen ist. *„Die Sprache ist – nicht nur, aber auch – das unverzichtbare, unentrinnbare Arbeitsgerät des Juristen"* (Bernd Rüthers). Zudem sind – nicht nur, aber doch in ganz besonderem Maße – Juristen in der täglichen Auseinandersetzung auf schnelle und treffende Formulierungen angewiesen. Man denke nur an das japanische Sprichwort: *„Das treffende Wort kann dem Dolch eines Gegners die Schärfe nehmen"* oder an die Worte des leider in diesem Jahr viel zu früh verstorbenen Gabriel Laub: *„Ein Zitat ist besser als ein Argument. Man kann damit in einem Streit die Oberhand gewinnen, ohne den Gegner überzeugt zu haben"* – wer von uns will behaupten, nie dazu seine Zuflucht genommen zu haben – oder den Satz von Lothar Schmidt: *„Die Definition ist fertig Gedachtes, die aphoristische Definition ist schlagfertig Gedachtes".* Damit Sie dann auch nie mehr in den Seufzer von Mark Twain einstimmen müssen: *„Schlagfertigkeit ist etwas, worauf man erst vierundzwanzig Stunden später kommt",* habe ich die Sammlung lexikalisch aufbereitet und die Zitate gängigen juristischen Begriffen zugeordnet. Schnelles Auffinden ist also garantiert.

Vielleicht wollen Sie die Sammlung aber auch gar nicht als Nachschlagewerk nutzen, Ihre eigenen Texte nicht mit Zitaten schmücken, sondern haben „rein privat" Freude am Zitieren, denn wie es Ralph Waldo Emerson formuliert hat: *„Wir alle zitieren – aus Notwendigkeit, aus Neigung und aus Vergnügen",* auch dann denke ich, daß Sie mit diesem ein breites Spektrum abdeckenden Lexikon auf Ihre Kosten kommen werden, denn, um nun mit Heinrich Heine zu schließen: *„So ein paar grundgelehrte Zitate zieren den ganzen Menschen".*

Bad Laer, im April 1998   Dorothea Zimmermann

Inhaltsverzeichnis

Inhaltsverzeichnis

8

Inhaltsverzeichnis

Abfindung

Die Abfindung gestattet, einem Streit den Rücken zu kehren – mit ganz weichem Besen. RON KRITZFELD

———

Abfindungssumme: Geld, das man jemandem nachwirft, den man hinauswirft. MICHAEL SCHIFF

Abtreibung

Wenn die Schwangeren doppeltes Stimmrecht hätten, würde keine Partei mehr für leichtere Abtreibung eintreten.

JOHANNES GROSS

———

Was eine Frau erleidet, wenn sie durch eine Abtreibung ein Leben zerstört hat, das unwiederbringlich verloren ist, obwohl es vielleicht ein großes, schönes Leben geworden wäre, vermag sich kein Mann auszudenken, geschweige denn vorzustellen. ERNST R. HAUSCHKA

———

Ist die Unantastbarkeit des Lebens ein exklusives Vorrecht der Ungeborenen? PETER USTINOV

Advokat
(s. a. Mandant, Rechtsanwalt, Verteidiger)

Die Advokatur ist einer jener Berufe (gewiß nicht der einzige), die aus der Geschichte der menschlichen Gesittung nicht wegzudenken sind. Sie ist so alt wie das Recht, wie die Kultur selbst. Ohne Recht kann keine Kultur gedeihen und wo es Rechtssätze gibt, die das Leben der Menschen, ihre Beziehungen untereinander und zum Gemeinwesen regeln, da muß es auch Personen geben, die das Recht kennen und denen, die es nicht kennen, im Kampfe um das Recht beistehen. MAX FRIEDLAENDER

Die Advokatur ist so alt wie das Richteramt, so edel wie die Tugend und so notwendig wie die Gerechtigkeit.

HENRI FRANÇOIS D'AGUESSEAU

Was an Nachteiligem bis hin zur Schmähkritik seit alters her über die Juristen gesagt worden ist, bezog sich meist auf die Advokaten. Sie sind die eigentlichen Rechtsverdreher und obendrein Beutelschneider. Glaubt man den bekannten Zeichnungen von Honoré Daumier, die manche Rechtsanwälte in Verkennung ihrer Lage sogar noch in ihren Kanzleien als Wandschmuck benutzen, so ist gegenüber dem Advokaten mit seiner durchtrieben-großstädtischen Blutsaugerei ein durchschnittlicher transsylvanischer Vampir nur ein harmloser Joghurttrinker. HARM PETER WESTERMANN

Eine friedliche und einträchtige Welt ist der geheime Alptraum der Militärs und der Advokaten. NORMAN MAILER

Leider ruht auf dem, was Advokatenhände berühren, so leicht ein Fluch. JOHANN WOLFGANG VON GOETHE

Advokaten, die Bratenwender der Gesetze, die so lange die Gesetze wenden und anwenden, bis ein Braten für sie abfällt.

HEINRICH HEINE

Die Advokaten sind die prächtigsten Leute von der Welt beim Kartenspiel oder bei einer vorzüglichen Flasche Wein – aber wehe, wenn sie, losgelassen, das Interesse ihrer Freunde vor Gericht vertreten! Die Haare fangen eher auf einem alten Koffer an zu wachsen, die Mücken verwandeln sich eher in Dromedare, als daß man durch einen Advokaten zu seinem rechtlichen Eigentume komme.   Georg Weerth

Man mache sich gefaßt, nie wieder in den Besitz seiner Güter zu kommen, wenn diese einmal in Advokaten- und Kuratorenhände geraten sind, besonders in Ländern, wo alter Schlendrian, Schläfrigkeit und Inkonsequenz in Geschäften herrschen.   Adolph Freiherr von Knigge

Advokaten sind die einzigen Leute, bei denen Unkenntnis des Gesetzes nicht bestraft, sondern belohnt wird.

Jeremy Bentham

Wir Jüngeren kennen dieses goldene Zeitalter der Jurisprudenz nur noch aus einzelnen mehr und mehr verklingenden Traditionen. Direkt von der Universität zog man damals in seine Vaterstadt, kaufte sich einen schwarzen Hut, die Gesetzessammlung und Aktenpapier – und der praktische Jurist, wenigstens wenn er sich beschied, Advokat zu werden, war fertig.   Rudolf von Ihering

Ärztlicher Kunstfehler

Irren ist menschlich, daher der Ausdruck Humanmedizin.

Gerhard Uhlenbruck

Wenn ein Arzt hinter dem Sarg eines Patienten geht, folgt manchmal tatsächlich die Ursache der Wirkung.   Voltaire

13

Durch die Ärzte kommen viel mehr Menschen um, als mit ihrer Hilfe gesund werden. GIACOMO CASANOVA

—

Die Ärzte haben mehr Menschen auf dem Gewissen als die Generäle. NAPOLEON I.

—

Nur die Ärzte können uns umbringen und bringen uns um, ohne Furcht und ruhigen Fußes, ohne ein anderes Schwert zu zücken als das des Rezeptes. MIGUEL DE CERVANTES

—

Mortalitätsquote: Jenes meist günstige, von Chirurgen erfundene Verhältnis zwischen Opfern und Überlebenden ihrer Operationen, das den auf der Strecke Gebliebenen klarmachen soll, ihr Ableben sei angesichts der großen Zahl Geheilter zu verschmerzen. RON KRITZFELD

Alibi

Das Alibi ist wie der Kredit: Wenn man beide nicht braucht, dann hat man sie. PETER USTINOV

—

Das Gesetz ist das Alibi des Richters. Wenn er ein Ergebnis, das er wünscht, *lege artis,* nach den Regeln seiner Zunft, mit dem Gesetz zu verkuppeln weiß. TOMMASO DA PONTE

—

Daß von Gott alles komme, dieses Alibi ist ebenso menschlich wie sündhaft. HELLMUT WALTERS

14

Allgemeine Geschäftsbedingungen

Allgemeine Geschäftsbedingungen, Schlaumeierei ihrer Verwender, die es darauf angelegt haben, daß der Kunde seine Brille vergessen hat oder sehr bald über all dem Kleingedruckten resigniert und sein vertragliches „Todesurteil" unterschreibt. ERNST TEUBNER

Unter den Allgemeinen Geschäftsbedingungen versteht man das Kleingedruckte. Es wird so klein gedruckt, daß es die eine Hälfte der potentiellen Geschäftspartner nicht lesen kann und die andere Hälfte nicht lesen will. Nichtsdestotrotz ist es bindend. Je kleiner gedruckt, desto bindender.

DAGOBERT LINDLAU

Kleingedrucktes: Steht neuerdings unter großem Druck.

RON KRITZFELD

Amnestie

(s. a. Begnadigung)

Amnestie: Großmut des Staates gegenüber jenen Rechtsbrechern, deren Bestrafung zu kostspielig wäre. AMBROSE BIERCE

Der Sinn einer Amnestie ist ja grade, die regulären Organe der Rechtsprechung auszuschalten, und eine höhere Macht der Staatsgewalt ordnend in die blutigen Räder greifen zu lassen. KURT TUCHOLSKY

Anklage

(s. a. Staatsanwaltschaft)

Die Anklage ist ein staatlich geschütztes Vorurteil.

WERNER MITSCH

—

Anklage, Endprodukt von Staatsanwälten.

ERNST TEUBNER

Die Voreiligkeit, das Böse zu glauben, ohne es untersucht zu haben, ist eine Folge der Hoffart und Trägheit. Man will Schuldige haben und sich nicht bemühen, die Anklagen zu prüfen.

FRANÇOIS DE LA ROCHEFOUCAULD

Arbeit(er)

(s. a. Lohn)

Arbeiten ist demzufolge eine unerläßliche Pflicht des sich in der Gesellschaft bewegenden Menschen. Ob reich oder arm, ob mächtig oder schwach, jeder müßige Bürger ist ein Spitzbube.

JEAN-JACQUES ROUSSEAU

—

Die Arbeit kann kein Gebot sein, wenn sie nicht auch ein Recht ist.

VICTOR HUGO

—

Das Recht auf Arbeit ist längst ersetzt worden durch das Recht auf Arbeit, die einem Spaß macht.

GERHARD UHLENBRUCK

—

Jeder ist höchstprivilegiert, der arbeiten darf, was er will und wie lange er es will.

ROLF HOCHHUTH

Die traurigste Erscheinung der Zivilisation und meiner Ansicht nach das größte Eingeständnis ihres Scheiterns sind Menschen, die arbeiten können, die arbeiten wollen und denen man nicht erlaubt zu arbeiten.   ROBERT LOUIS STEVENSON

Eine der schauerlichsten Folgen der Arbeitslosigkeit ist wohl die, daß Arbeit als Gnade vergeben wird. Es ist wie im Kriege: Wer die Butter hat, wird frech.   KURT TUCHOLSKY

Arbeitslosigkeit: Lohnt sich noch das Leben, wenn es nicht entlohnt wird, weil es nicht wert ist, belohnt zu werden?
GERHARD UHLENBRUCK

Häufig leidet man daran, daß man zwar viel Arbeit, aber keine Aufgabe hat.   HELLMUT WALTERS

Es gibt keinen vernünftigen Grund für die Annahme, daß Arbeiten unangenehmer sein muß als Nichtarbeiten.
JOHN KENNETH GALBRAITH

Man soll die gar nicht hören, die da vorgeben, daß allein Handarbeit eine Arbeit zu nennen sei.   MARTIN LUTHER

Es wurde gerade noch rechtzeitig erkannt, daß die Einteilung der verschiedenen Arbeitsvorgänge in Kopfarbeit und Handarbeit eine ziemlich abenteuerliche und lebensfremde Bemühung ist. Es wurde zum Glück bemerkt, daß es keine Handarbeit ohne Kopfarbeit gibt.   MANFRED ROMMEL

Wenn der Mensch keinen Genuß mehr an der Arbeit findet und nur arbeitet, um so schnell wie möglich zum Genuß zu gelangen, so ist es nur ein Zufall, wenn er kein Verbrecher wird.   THEODOR MOMMSEN

17

Artenschutz

Das Aussterben einer Tierart ist ein Vorgang, der nie wieder gutzumachen ist. Wenn das letzte Paar einer Art gestorben ist, kommt diese Art von alleine nicht wieder. Nur ein neuer Schöpfungsakt könnte sie erneut entstehen lassen.

KONRAD LORENZ

Den bedrohten Arten können Menschen nicht zugeordnet werden, im Gegenteil. Klar, daß das Leben des Einzelexemplars immer weniger zählt.

JOHANNES GROSS

Atomanlagen

Ich bete, daß es mit der Atomkraft nicht hinhauen wird – nicht, weil sie gefährlich und schlecht ist, uns Krankheiten bringt und unseren Nachkommen Schaden zufügt, sondern weil die Macht, die sie uns in die Hände gibt, wenn sie funktioniert, uns erlauben wird, mit der Zerstörung unseres Planeten fortzufahren.

JOHN SEYMOUR

Du suchst nach Logik in einer Welt, in der die einzige Garantie gegen die Verwendung von Kernwaffen Kernwaffen sind?

GABRIEL LAUB

Der Mensch hat die Atombombe erfunden. Keine Maus der Welt käme auf die Idee, eine Mausefalle zu konstruieren.

WERNER MITSCH

Atomkraftwerke sind der intelligente Versuch, Kriege durch Massenselbstmorde zu ersetzen.

WERNER SCHNEYDER

18

Ausführungsbestimmung

Ausführungsbestimmungen sind Erklärungen zu den Erklärungen, mit denen man eine Erklärung erklärt.

ABRAHAM LINCOLN

Es gibt ausführliche Ausführungen, die auch tatsächlich ins Aus führen.

GABRIEL LAUB

Auslegung

Im Auslegen seid frisch und munter!
Legt ihr's nicht aus, so legt was unter.

JOHANN WOLFGANG VON GOETHE

Jedes Gesetz soll klar, einheitlich und genau sein; es auslegen heißt fast immer, es verderben.

VOLTAIRE

Der Versuch einer Auslegung nach dem schlichten (vernünftigen) Wortlaut ist einer Freiballon-Fahrt vergleichbar. Der Text wird aufgeblasen wie ein Luftballon, und der Wind des jeweiligen Zeitgeistes treibt ihn, wohin er will. Eine Chance des Normgebers, objektivierte Gestaltungsziele zu verwirklichen, besteht nur im Rahmen der Schwankungen des Zeitgeistes, vertreten durch die Rechtsanwender. Die herrschende Lehre und Praxis bezeichnen dieses Auslegungsverfahren überraschend als die *„objektive* Methode". Sie schafft den *subjektiven* Meinungen der Rechtsanwender weite Freiräume.

BERND RÜTHERS

Juristen boxen sich meist als Rechtsausleger durch.

GERHARD UHLENBRUCK

19

Juristen sind Auslegungskünstler. So wie eine Art Trapper, das heißt Fallensteller. SIGMUND GRAFF

―

Warum sagt das Gesetz nicht klar und deutlich, was es will? – Das Gesetz begegnet uns in Sätzen. Wir müssen diese Sätze auslegen, damit wir sie verstehen. Wer aber sagt mir, daß ich *richtig* verstanden habe? Einer kann es mir nie sagen: das Gesetz. TOMMASO DA PONTE

―

Der Paragraphenreiter kennt das Leben meist nur aus Gesetzbüchern, die doch nur Momentaufnahmen und keine Visionen sind. Wer dann noch der Sucht zur buchstabengetreuen Auslegung erliegt, dem ist der Blick für die ratio des Gesetzes so getrübt, daß er zum Bürokraten reinsten Wassers wird. HANS HÄMMERLEIN

Aussage

(s. a. Beweiswürdigung, Lügen, Wahrheitspflicht, Zeuge)

Es ist nicht nötig, den Charakter der Leute zu kennen, sondern nur ihre Interessen, um ungefähr zu erraten, was sie zu jeder Sache sagen werden. JEAN-JACQUES ROUSSEAU

―

Die Wahrheit soll man sagen und dabei nicht viel Worte machen. DEMOKRIT

―

Manchmal redet man nur deshalb, damit der andere mit der Wahrheit nicht zu Worte kommt. FRIEDL BEUTELROCK

―

Abscheu vor der Lüge ist oft nur ein versteckter Ehrgeiz, unseren Aussagen Gewicht zu geben und unseren Worten gläubigen Respekt zu verschaffen. FRANÇOIS DE LA ROCHEFOUCAULD

Aussage: Es gibt eine falsche, die ist strafbar, und eine richtige, die ist selten.

ERNST TEUBNER

Manche Aussagen sind nur deshalb nicht falsch, weil sie den dazu erforderlichen Präzisionsgrad nicht erreichen.

LOTHAR SCHMIDT

Je höher eine Person gestellt ist, desto höher pflegt der Grad der Unbestimmtheit ihrer Aussagen zu sein.   ARNO SÖLTER

Man sollte immer die ganze Wahrheit sagen, aber nie die volle.

GERHARD UHLENBRUCK

Aussageverweigerung

Das Recht zu schweigen ist auch ein Menschenrecht.

JOHANNES GROSS

Schweigen ist das Urrecht der in die Enge getriebenen Kreatur, die sich – in sich zusammenkrümmend – auf sich selbst zurückzieht. Unser Menschenbild kennt keine absolute Ordnung mehr, die jenes Urrecht aufsaugen könnte. Im Schweigen des Angeklagten transzendiert die aufs Äußerste getriebene Spannung zwischen dem Anspruch des einzelnen und dem Anspruch der Gesellschaft: Es gibt nichts, was konsequentes Schweigen brechen könnte, nichts außer Folter und in letzter Konsequenz der diese Spannung aufhebende Tod.

HANS JAKOB MAIER

Es wäre mir leichter zu schweigen, als meine Gedanken zu verschleiern.

DENIS DIDEROT

21

Schweigen ist der sicherste Entschluß für denjenigen, der sich selbst mißtraut.   François de la Rochefoucauld

Auto

Ein Auto ist an und für sich schon ein Delikt.

Werner Schneyder

—

Das Auto ist die Droge gegen den Frust nicht ausgelebter Gefühle. Da verbieten sie den Joint und erlauben den Heckspoiler – komische Regierung.   Elke Heidenreich

—

Sichere Autos sind Autos, die nicht schneller fahren, als ihr Fahrer denkt.   Robert Lembke

—

Auto und Motorrad drücken ein Grundempfinden des modernen Menschen aus: abhauen, bloß weg, immer weiter fort.   Ernst R. Hauschka

—

Mit dem Grundrecht auf Gückseligkeit dürfte hintergründig ein weiteres Grundrecht zusammenhängen, das jüngst wiederholt propagiert worden ist: das Grundrecht auf Mobilität, das sich kraft einer bisher unbekannten „normativen Kraft des Machbaren" inzwischen gesteigert und übertrumpft sieht durch ein Grundrecht auf Autofahren; nur ewig Gestrige können meinen, daß sich insbesondere das technisch Machbare gewissen, auch ethischen Rechtfertigungszwängen ausgesetzt sehen müsse. Es liegt nahe, dieses Grundrecht auf Autofahren als spezielle Ausformung des Grundrechts auf Glückseligkeit anzusehen, weil bekanntlich der Geschwindigkeitsrausch im selbstgefahrenen Auto so manchem Gefühle höchster Glückseligkeit vermittelt.   Horst Sendler

Dem Deutschen ist das Auto Prestigebungalow und Schützen-
panzer zugleich.   OLIVER HASSENCAMP

Ist das Kraftfahrzeug – und der Umgang mit ihm – eine
Krankheit oder sind das Kraftfahrzeug und der Umgang mit
ihm das Symptom einer Krankheit?   GERHARD MAUZ

Wie die Ägypter die Krokodile anbeteten, die sie fraßen, so
beten wir die Automobile an, die uns totfahren.

ANATOLE FRANCE

Nicht immer kann man vom Hubraum eines Fahrzeuges auf
den Intelligenzquotienten seines Besitzers schließen.

WERNER MITSCH

Autofahrer
(s. a. Vorfahrt)

Ich gehöre zu den wenigen, die nicht Auto fahren können
und trotzdem nicht fahren.   GABRIEL LAUB

Nationales Phänomen: der bürgerliche Terrorist. Hinter dem
Autolenkrad entfaltet er sein volles Aggressionsbouquet.

OLIVER HASSENCAMP

Der Deutsche fährt nicht wie andere Menschen. Er fährt, um
recht zu haben.   KURT TUCHOLSKY

Der Verkehr ist heute Bürgerkrieg, jeder gegen alle.

GERHARD MAUZ

Tiere spielen im Straßenverkehr offenbar eine große Rolle. Glaubt man dem, was Autofahrer so voneinander sagen und denken, dann wären unsere Straßen eigentlich vorwiegend von Hornochsen, Kamelen und Rhinozerossen bevölkert. Es scheint ausgesprochen menschlich zu sein, daß man sich tierisch vorkommt, seitdem man sich nicht mehr mit Pferden fortbewegt, sondern mit Pferdestärken.   Rudolf Gerhardt

Azubi

Es gibt keine schüchternen Lehrlinge mehr, es gibt nur noch schüchterne Meister.   Marie von Ebner-Eschenbach

---

Auszubildende: Progressiver Ersatzbegriff, der von der bewährten Bezeichnung Lehrling nur noch einen moralischen Imperativ für den Ausbilder übrigläßt.   Ron Kritzfeld

---

Wenn man sieht, wie Minister von heute auf morgen in ein anderes, vollkommen fremdes Ressort wechseln, kommt man unwillkürlich zu dem Schluß, daß ein Minister der einzige hochbezahlte Posten ist, den Ungelernte ausüben können.

Carlo Franchi

B

Banken

Die Geldwechsler betrieben ein verachtetes Gewerbe, aber wurden, als sie zu Bankiers aufstiegen, die Feinsten von allen, weit über den Fabrikanten und Handelsherren stehend. Es scheint, daß nun viele der erhabenen Position überdrüssig sind und geschwind zu ihren Ursprüngen zurückkehren wollen. JOHANNES GROSS

Ein wahrer Philosoph verzeiht seinen Mangel an Vermögen der Gesellschaft mit derselben Ruhe, mit der ein reicher Bankier der Natur seinen Mangel an Geist nachsieht.

ANTOINE DE RIVAROL

Ein Bankier ist ein Mann, der bei schönem Wetter einen Regenschirm verleiht und ihn zurückverlangt, sobald es zu regnen beginnt. MARK TWAIN

Banken verleihen nicht ihr eigenes Geld, sondern das ihrer Einleger. Und wenn sie es verweigern oder zurückfordern, dann in der Verantwortung diesen gegenüber. Wir lehnen keinen Kredit ab oder stellen ihn fällig und bedrohen damit eventuell die Existenz des Kreditnehmers, sondern wir verfahren so, wenn und weil seine Existenz bedroht und damit der Bestand der aus Kundeneinlagen finanzierten Forderung gefährdet ist. Nur so können wir unseren gesetzlichen und geschäftlichen Pflichten als Treuhänder der uns anvertrauten Gelder entsprechen. Nicht die Bank begründet Kreditwürdigkeit, sondern der Kunde selbst. ALFRED HERRHAUSEN

Hausbank: Sicherheitsbindung, löst sich beim Sturz.

RON KRITZFELD

Der Bankier verbindet den Mut zum Engagement mit der Vorsicht bei der Übernahme von Risiken.

HERMANN J. ABS

Wenn ein Bankier auf einen Vorschlag „nein" sagt, meint er „vielleicht", sagt er „vielleicht", meint er „ja", sagt er aber spontan „ja", dann ist er kein guter Bankier.

ANDRÉ KOSTOLANY

Beamte

(s. a. Bürokratie, Verwaltung)

Beamter: Flößt Respekt ein, welches Amt er auch immer verwaltet. Beamter ist jeder, der vom Staat bezahlt wird, angefangen vom Minister bis hin zum kleinen Laufburschen.

GUSTAVE FLAUBERT

Man hat den Beamten überall dort erfinden müssen, wo die wirtschaftlichen und gesellschaftlichen Faktoren des Lebens eine rationale, dh. nicht nur auf Privilegien oder auf religiösen Vorstellungen oder auf bloßem Herkommen beruhende Verwaltung nötig machten. Die rationalste Form der Herrschaftsausübung ist die aktenmäßige bürokratische „Verwaltung".

CARLO SCHMID

Als wichtigstes Kriterium für die Aus- und Fortbildung der Beamten aller Laufbahnen und aller Sparten aber muß zu der Fachausbildung und auch zu dem Verständnis politischer und sozialer Zusammenhänge die Erziehung zu einem Berufsethos, zu einem Verwaltungsethos kommen, die dem Beamten die Sicherheit seines Urteils und die Unabhängigkeit seiner Entscheidung unbeeinflußt von allen Vorgesetzten, parlamentarischen und sonstigen Instanzen, nicht zuletzt auch der öffentlichen Meinung, sichert. ERICH SCHLOBACH

—

Der preußische Beamte gleicht dem einzelnen Orchesterspieler: mag er die erste Violine oder den Triangel spielen – ohne Übersicht und Einfluß auf das Ganze muß er sein Bruchstück abspielen, wie es ihm gesetzt ist, er mag es für gut oder schlecht halten. OTTO VON BISMARCK

—

Manche Beamte sind menschliche Immobilien.

GERHARD UHLENBRUCK

—

Wem das Leben fremd ist, wer dazu unfähig ist, dem bleibt nichts anderes, als Beamter zu werden. ANTON TSCHECHOW

—

Der Staat als Beutemasse, die sich wie aus unerschöpflichen Quellen speist. Was wunder, daß so viele in den „Staatsdienst" drängen. TOMMASO DA PONTE

—

Für die Güte der Republik könnte man denselben Beweis anführen, den Boccaccio für die Religion anführt: Sie besteht trotz ihrer Beamten. HEINRICH HEINE

—

Mit schlechten Gesetzen und guten Beamten läßt sich immer noch regieren. Bei schlechten Beamten aber helfen uns die besten Gesetze nichts. OTTO VON BISMARCK

Befangenheit

(s. a. Richter)

Manche Menschen setzen uns durch ihre Urteilsfähigkeit, ihren Geist, ja manchmal selbst durch ihre Güte in Erstaunen, so lange sie selbst nicht persönlich an einer Sache, sei es durch Liebe, durch Haß, durch Eitelkeit, durch Opportunismus äußerlich oder innerlich beteiligt sind. Sobald ein solches persönliches Moment hinzutritt, verschwindet Urteil, Geist und Güte, wie Lichter, die eben noch strahlten, in einer vergifteten Atmosphäre zu erlöschen pflegen.

ARTHUR SCHNITZLER

Mißtraue deinem Urteil, sobald du darin den Schatten eines persönlichen Motivs entdecken kannst.

MARIE VON EBNER-ESCHENBACH

Selbst dem Gerechtesten ist es nicht erlaubt, Richter in eigener Sache zu sein.

BLAISE PASCAL

Ich mißtraue dem Urteil eines jeden Menschen in Fällen, in denen ihre eigenen Wünsche betroffen sind.

ARTHUR WELLESLEY

Es gibt nur wenige Dinge, die wir ganz richtig zu beurteilen vermögen, weil wir an den meisten auf die eine oder andere Art allzu persönlichen Anteil nehmen. MICHEL DE MONTAIGNE

Damit sind wir bei der Mimik des Richters, die ein Ablehnungsgrund werden kann. Er muß sich nach der Rechtsprechung fürchterlich während der oft langen Verhandlung beherrschen. Blickt er gequält zur Decke, schließt oder ver-

28

dreht er gar die Augen, zieht er die Mundwinkel nach unten, schüttelt er den Kopf, so kann das – insbesondere wiederholt – zu einem Ablehnungsantrag wegen Besorgnis der Befangenheit führen.

MAX ARNOLD NENTWIG

Manche sehen mit dem rechten und mit dem linken Auge genau dasselbe. Und glauben, dies sei Objektivität.

STANISLAW JERZY LEC

Objektivität ist das, wovon wir uns wünschen, daß andere Leute es anderen Leuten gegenüber an den Tag legen.

GABRIEL LAUB

Begnadigung

(s. a. Amnestie)

Wenn Gnade Mörder schont, verübt sie Mord.

WILLIAM SHAKESPEARE

Den Schuldigen zu schonen, ist Grausamkeit gegen den Unschuldigen.

JOHN LOCKE

Das Begnadigungsrecht für den Verbrecher ist wohl unter allen Rechten des Souverains das schlüpfrigste, um den Glanz seiner Hoheit zu beweisen und dadurch doch in hohem Grade Unrecht zu tun.

IMMANUEL KANT

Auch Gnade ist versteckte Willkür.

WERNER MITSCH

Die Lehre von der Gnade hat uns so sehr durchdrungen, daß der Sinn für Gerechtigkeit verschwunden ist.

GUSTAVE FLAUBERT

29

Gerechtigkeit ohne Gnade ist nicht viel mehr als Unmensch-
lichkeit. ALBERT CAMUS

Die Gerechtigkeit des Einzelfalls gegenüber dem auf den
Durchschnitt berechneten Gesetze zur Geltung zu bringen,
dazu ist die Gnade bestimmt. GUSTAV RADBRUCH

Diese Gnade, die für eine Tugend gilt, wird einmal aus Eitelkeit ausgeübt, ein andermal aus Trägheit, oft aus Furcht und
fast immer aus allen drei Gründen zugleich.
FRANÇOIS DE LA ROCHEFOUCAULD

Welchen Weg mußte nicht die Menschheit machen, bis sie
dahin gelangte, auch gegen Schuldige gelind, gegen Verbrecher schonend, gegen Unmenschliche menschlich zu sein.
JOHANN WOLFGANG VON GOETHE

Gott zieht stets die Gnade dem Recht vor. ROBERT GARNIER

Beihilfe

Die Kleinen hängt man, die Großen läßt man laufen. Einer
der Kernsprüche, die das deutsche Bewußtsein möblieren.
Man hängt die Kleinen mit Recht; denn ohne sie könnten die
Schandtaten nicht begangen werden, könnten die Schreib-
tischtäter über ihren Schreibtisch nicht hinausgelangen.
JOHANNES GROSS

Wenn Gott alles segnen wollte, worum man ihn bittet, würde
er sich, juristisch gesehen, der Beihilfe schuldig machen.
JEAN GENET

Beleidigung

(s. a. Ehre, Üble Nachrede, Verleumdung)

Man braucht Gelassenheit. Ich habe mich zu dem Grundsatz entschlossen: Ich bin nicht beleidigungsfähig.

MANFRED ROMMEL

Es gibt kein sichereres Merkmal der Größe, als kränkende oder beleidigende Äußerungen unbeachtet hingehen zu lassen, indem man sie eben wie unzählige andere Irrtümer der schwachen Erkenntnis des Redenden ohne weiteres zuschreibt und sie daher bloß wahrnimmt, ohne sie zu empfinden.

ARTHUR SCHOPENHAUER

Ein Mann von starkem Geist und richtiger Selbsteinschätzung rächt sich nicht für Beleidigungen, denn sie bedeuten ihm nichts.

SENECA

Beleidigen läßt sich nur jemand, der sich beleidigen zu lassen gewillt ist. Je souveräner ein Mensch ist, desto weniger läßt er seine Gegner bestimmen, wann er beleidigt zu sein hat.

ARNO SÖLTER

Beleidigungen, Anzüglichkeiten etc. sind Zeichen von Unvermögen und sogar Feigheit, da sie Ersatzmittel für Morde sind – Aufforderungen an dritte Personen zu einer Zerstörung oder Wertminderung.

PAUL VALÉRY

Beleidigungen sind die Argumente jener, die unrecht haben.

JEAN-JACQUES ROUSSEAU

31

Das erste menschliche Wesen, das statt eines Steines eine Beleidigung geworfen hat, kann als Begründer der Zivilisation gelten.   SIGMUND FREUD

Besitz

(s. a. Eigentum)

Die Beharrlichkeit auf den Besitz gibt uns in manchen Fällen die größte Energie.   JOHANN WOLFGANG VON GOETHE

Der Besitz macht uns nicht halb so glücklich, wie uns der Verlust unglücklich macht.   JEAN PAUL

Dem Staate liegt nur daran, daß der Besitz gewiß und sicher sei; ob man mit Recht besitze, kann ihn weniger kümmern.

JOHANN WOLFGANG VON GOETHE

Besitz ist notwendig. Aber es ist nicht notwendig, daß er immer in denselben Händen bleibt.   RÉMY DE GOURMONT

Besserung

(s. a. Resozialisierung, Strafe)

Versuche niemals, jemanden so zu machen, wie du selbst bist. Du solltest wissen, daß einer von deiner Sorte genug ist.

RALPH WALDO EMERSON

In jedes Menschen Charakter sitzt etwas, das sich nicht brechen läßt – das Knochengebäude des Charakters; und dieses ändern wollen, heißt immer, ein Schaf das Apportieren lehren.   GEORG CHRISTOPH LICHTENBERG

Umändern kann sich niemand, bessern kann sich jeder.

ERNST VON FEUCHTERSLEBEN

—

Der Mensch ist weder Engel noch Tier, und das Unglück will, daß, wer den Engel will, das Tier macht.   BLAISE PASCAL

—

Wenn wir die Menschen behandeln wie sie sind, so machen wir sie schlechter. Wenn wir sie behandeln wie sie sein sollten, so machen wir sie zu dem, was sie werden können.

JOHANN WOLFGANG VON GOETHE

—

Besser kannst du wohl diesen oder jenen machen, wenn du dich in ihn schickst. Durch Vorwürfe wird er in jedem Falle schlechter.   SENECA

—

Ich kann niemanden besser machen als durch den Rest des Guten, das in ihm ist, ich kann niemanden klüger machen als durch den Rest der Klugheit, die in ihm ist.   IMMANUEL KANT

—

Es gibt kein besseres Mittel, das Gute in den Menschen zu wecken, als sie so zu behandeln, als wären sie schon gut.

GUSTAV RADBRUCH

—

Besserung ist: Etwas sichtbar werden lassen von dem, was den guten Menschen gefällt. Nicht mehr!   FRIEDRICH NIETZSCHE

—

Es ist wirklich nichts abscheulicher, als wenn sich selbst zugezogene Strafgerichte noch ablaufen, nachdem man schon lange angefangen hat, sich zu bessern.

GEORG CHRISTOPH LICHTENBERG

Betäubungsmittel

Es ist eine Forderung der Natur, daß der Mensch mitunter betäubt werde, ohne zu schlafen. Daher der Genuß von Tabakrauchen, Branntweintrinken, Opiaten.

JOHANN WOLFGANG VON GOETHE

Rauschgift: Eine unverriegelte Tür im Gefängnis der Identität. Sie führt auf den Gefängnishof.

AMBROSE BIERCE

Die Diktatoren der Zukunft werden nicht mit Terror und Konzentrationslagern herrschen, sondern mit Glückspillen und Zufriedenheitsspritzen.

ALDOUS HUXLEY

Der berechtigte Widerstand einer Generation gegen das Manipuliertwerden endete interessanterweise vor der Droge.

WERNER SCHNEYDER

Betrug

Ich will dem Betrug seinen Rang nicht nehmen, das hieße die Welt schlecht verstehen; ich weiß, daß er sehr oft nützliche Dienste geleistet hat und daß er die meisten Stände der Menschen nährt und erhält.

MICHEL DE MONTAIGNE

Wenn auch des Betrügers Witz den Betrug nicht adelt, so adelt doch der Preis den Betrüger. Es ist schimpflich, eine Börse zu leeren. Es ist frech, eine Million zu veruntreuen. Aber es ist namenlos groß, eine Krone zu stehlen. Die Schande nimmt ab mit der wachsenden Sünde.

FRIEDRICH VON SCHILLER

34

Wenn nun die Ungerechtigkeit auf zweierlei Weise verübt wird, entweder auf dem Wege der Gewalt oder durch Betrug, so paßt sich der Betrug gleichsam für den Fuchs, die Gewalt für den Löwen. Dem Menschen steht zwar beides nicht an, aber abscheulicher ist der Betrug. CICERO

Man betrügt niemals gutwillig; die Schurkerei fügt zur Lüge stets noch die Bosheit hinzu. JEAN DE LA BRUYÈRE

Wenn auch die Fähigkeit zu täuschen ein Zeichen von Scharfsinn und Macht zu sein scheint, so beweist doch die Absicht zu täuschen ohne Zweifel Bosheit oder Schwäche. RENÉ DESCARTES

Man kann alle Menschen eine Weile täuschen, und einige Menschen die ganze Zeit, aber nicht alle Menschen die ganze Zeit. ABRAHAM LINCOLN

Betrug ist bargeldloser Diebstahl. WERNER MITSCH

Das Vertrauen ist etwas so Schönes, daß selbst der ärgste Betrüger sich eines gewissen Respekts nicht erwehren kann vor dem, der es ihm schenkt. MARIE VON EBNER-ESCHENBACH

Wenn es weniger Leichtgläubige gäbe, so würde es auch weniger pfiffige, gewitzte Schlauköpfe geben, die dadurch ihre Eitelkeit befriedigen und ihr Ansehen erhöhen, daß sie ihr Leben lang andere zu betrügen pflegen. VAUVENARGUES

Es ist unendlich schöner, sich zehnmal betrügen zu lassen, als einmal den Glauben an die Menschheit zu verlieren.
HEINRICH ZSCHOKKE

35

Die Wilden fressen einander, und die Zahmen betrügen einander. ARTHUR SCHOPENHAUER

Beweis

Behaupten ist sicherer als beweisen. FRIEDRICH NIETZSCHE

———

Behaupten ist nicht Beweis. WILLIAM SHAKESPEARE

———

Die Beweise sind das Gegengift gegen das Gift der Zeugenaussagen. FRANCIS BACON

———

Das Unangenehme, das ein Beweis besitzt, läßt sich schwerlich als Grund für seine Unrichtigkeit betrachten. HENRY THOMAS BUCKLE

———

Die Verführung, die von einem Beweis ausgeht, ist zu groß. Ihr erliegen die meisten, auf die Dauer alle. BERTOLT BRECHT

———

Wenn man gar nichts feststellen kann, hat man immer noch den Indizienbeweis. THEODOR FONTANE

———

Ein Wahrscheinlichkeitsbeweis muß so beschaffen sein, daß wir ihn wohl bezweifeln, aber doch nicht das Gegenteil behaupten können; weil etwas, dessen Gegenteil behauptet werden kann, eben nicht der Wahrheit nahekommt, sondern es falsch ist. BARUCH DE SPINOZA

———

Es ist lästig, bei offenkundigen Dingen noch Beweise beizubringen. ALIGHIERI DANTE

Das Beweisfordern ist eine wahre Malträtierung der Menschheit.   JOHANN NEPOMUK NESTROY

Wer nichts beweisen kann, hat auch kein Recht zu klagen.
MOLIÈRE

Die juristische Regel, sich mit keinem überflüssigen Beweise zu beladen, lernt man später auch in unjuristischen Fällen und Briefen befolgen, wo man andere bestimmtere Äußerungen, die nicht eben zur Sache gehören, unterläßt und allem noch freien Spielraum läßt.   JEAN PAUL

Beweiswürdigung

(s. a. Aussage, Lügen, Wahrheitspflicht, Zeuge)

Eine sehr kurze Erfahrung wird genügen, um einzusehen, daß die feierlichsten Leute meistens die unaufrichtigsten sind.   GILBERT KEITH CHESTERTON

Den Heuchler erkennt man an seiner Aufrichtigkeit.
HANS KRAILSHEIMER

Aufrichtigkeit trifft man bei wenigen Menschen. Jene Aufrichtigkeit, die man gewöhnlich sieht, ist nur eine feine Verstellung, um Vertrauen zu erwecken.   FRANÇOIS DE LA ROCHEFOUCAULD

Nichts ist so unglaubwürdig wie die Wirklichkeit.
FJODOR M. DOSTOJEWSKI

Nichts ist verblüffender als die einfache Wahrheit, nichts ist exotischer als unsere Umwelt, nichts ist phantastischer als die Sachlichkeit.   EGON ERWIN KISCH

Es gibt Wahrheiten, die so ziemlich herausgeputzt einherge-
hen, daß man sie für Lügen halten sollte, und die nichtsdesto-
weniger reine Wahrheiten sind.

GEORG CHRISTOPH LICHTENBERG

Man durchschaut den Lügner manchmal besser als einen, der
die Wahrheit spricht. Die Wahrheit blendet wie grelles Licht.
Wohingegen die Lüge ein milder Dämmerschein ist, der
jedem Ding Relief verleiht.

ALBERT CAMUS

Wer Augen hat zu sehen und Ohren zu hören, weiß, daß kein
Sterblicher ein Geheimnis für sich behalten kann. Wenn er
nicht mit den Lippen spricht, plappern seine Fingerspitzen;
die Täuschung dringt aus allen Poren.

SIGMUND FREUD

Kein Mensch sieht so aus, wie er wirklich ist.

OSCAR WILDE

Ein vollendeter Dummkopf aber ist, wer einen Menschen
nach seiner Kleidung und äußeren Lebensstellung beurteilt,
die ihn doch nur wie ein Gewand umgibt.

SENECA

Hüte dich, solange du lebst, die Leute nach ihrem Äußeren
zu beurteilen.

JEAN DE LA FONTAINE

Es gibt keinen größeren Verräter des Charakters als die
Stimme.

BENJAMIN DISRAELI

Selbst wenn die Menschen an dem, was sie sagen, nicht inter-
essiert sind, darf man nicht mit Gewißheit annehmen, daß sie
nicht lügen; denn es gibt Menschen, die lügen einfach, um zu
lügen.

BLAISE PASCAL

38

Menschenkenner ist ein Mensch, der bereits weiß, was ein anderer sagen wird, bevor dieser zu sprechen beginnt, und der weiß, was der andere im Gegensatz zu dem, was er ausspricht, wirklich denkt.
ARNO SÖLTER

Bigamie

(s. a. Monogamie)

Einmaleins des Blutes: Wer keine Frau hat, möchte eine; wer eine Frau hat, möchte zwei; wer zwei Frauen hat, möchte drei; wer drei Frauen hat, möchte keine usw.
ERNST R. HAUSCHKA

Der Unterschied zwischen Juristen und Philosophen besteht darin, daß die ersteren behaupten, ein Bigamist habe eine Frau zuviel. Philosophen meinen, er habe zwei zuviel.
ROBERT LEMBKE

Zwei bessere Hälften ergeben einen ganzen Bigamisten.
KARL GARBE

Bigamie und inflationäre Wirtschaftspolitik sind Versuche, ein Übel zu verkleinern, indem man es vergrößert.
LOTHAR SCHMIDT

Es wäre wenig sinnvoll, die Strafen für Bigamie zu verschärfen. Ein Bigamist hat zwei Schwiegermütter.
WINSTON CHURCHILL

Die Strafe für einen Bigamisten beginnt nach Verbüßung der Haft.
JEAN GENET

39

BRAGO

Gott sandte die Streitsucht, auf daß der Advokat zu leben hat.

AUS SPANIEN

―

Kosten: Im Blickfeld auch Ihres kurzsichtigsten Mandanten hängt doch hoffentlich die goldumrahmte Erinnerungsstütze Ihres großen Vorgängers M. T. Cicero: „Was nichts kostet, das ist auch nichts!"

ERNST TEUBNER

―

Wir dürfen nicht schlechthin fragen, ob sich der Reiche, der Mächtige den besseren Anwalt und damit die besseren Chancen leisten kann, sondern wir müssen fragen, ob eine Gesellschaft, die es zuläßt, daß sich der Mächtige den besseren Anwalt nehmen kann, die Gerechtigkeit pervertiert, ob sie das Recht, das auf Gerechtigkeit ausgerichtet ist, von Grund auf in Unordnung bringt und auf die Ungerechtigkeit hinführt.

HANS JAKOB MAIER

―

Rechtsanwälte helfen in erster Linie denen, die ihre Dienste bezahlen. Darob ist die Gerechtigkeit bisweilen sehr traurig.

WERNER MITSCH

―

Zu den Vorbedingungen und zur Durchführbarkeit einer hochstehenden Standesethik gehört auch die materielle Sicherstellung des Standes; eine verarmte oder ständig mit materieller Not kämpfende Anwaltschaft gerät in Gefahr, die Widerstandskraft gegenüber den Versuchungen des Berufs und der Armut einzubüßen.

MAX FRIEDLAENDER

―

Das kontrollierte Erwerbsstreben ist der Wagen, welcher die Möglichkeiten befördert, die der Sache des Rechts dienen können. Man müßte die Anwälte zu Beamten machen, wenn man nicht glauben könnte, daß die Spannung zwischen Berufsethos und Gewinnstreben eine fruchtbare Spannung ist. An Verbeamtung zu denken, erscheint absurd. Allein das zeigt die Dimensionen eines Berufs, der zu den großen Berufen der Menschheit zählt. HANS JAKOB MAIER

Die ideale Welt der anwaltlichen Honorarbemessung ist die Landschaft der BRAGO, vor allem dort, wo der Anwalt seinen Blick von den Streitwert-Gipfeln weit über die Niederungen der Mindestgebühr, die Untiefen der Betragsrahmengebühr und die Wüste der Sozialgerichtsgebühren auf die nächste Gebührenerhöhung richten kann. Auch die fetten Weiden der Honorarvereinbarung, zu deren Untermauerung die gesetzlichen Gebühren der BRAGO als Untergrenze herangezogen werden können, sind begehrt. Die Wirklichkeit der Gebührenwelt und ihre Entwicklung in der Zukunft sehen anders aus. KARL-PETER WINTERS

Bürgschaft

Es ist besser, eines anderen Opfer als sein Bürge zu sein.

AUS INDIEN

Verbürgst Du Dich aber, so versetzest Du Dich in einen unruhigen Zustand, der desto peinlicher ist, als Du Dich untätig, ja leidend verhalten mußt. Niemand verbürgt sich leicht, außer wenn er glaubt, er laufe keine Gefahr; ist aber die Verbürgung geschehen, so fühlt er sich gar bald, besonders in sorglichen Augenblicken, von einem in der Ferne sich zeigenden Übel bedroht, welches umso fürchterlicher erscheint, als er fühlt, daß er ihm nicht gewachsen sei, wenn es näher treten sollte.

JOHANN WOLFGANG VON GOETHE

41

Wer leiht ohne Bürgen und Pfand, dem sitzt ein Wurm im Verstand. SPRICHWORT

Bürokratie

(s. a. Beamte, Verwaltung)

Der ehrgeizige Bürokrat träumt davon, daß seine Feder eines Tages zur Lanze befördert wird. ŽARKO PETAN

Ich hatte einen gespenstischen Traum: den Staat, wo unlängst das Analphabetentum beseitigt wurde, überwucherte Bürokratie. STANISLAW JERZY LEC

Die Fesseln der gequälten Menschheit sind aus Kanzleipapier. FRANZ KAFKA

Die Bürokratie ist ein gigantischer Mechanismus, der von Zwergen bedient wird. HONORÉ DE BALZAC

Das ständige Wachstum der Bürokratie führt schließlich dazu, daß die Arbeitenden nicht mehr von den Produktionsmittelbesitzern, sondern von den Planstellenbesitzern ausgebeutet werden. HELMAR NAHR

Wenn die Bürokratie Vertrauen erwerben und erhalten will, muß sie zu einer Offenheit bereit sein, die ihr ganzes Verhalten als das eines ehrlichen Maklers zwischen den in Gesetzen festgelegten Volksinteressen und den Einzelinteressen der Bürger erscheinen läßt. HANS HÄMMERLEIN

Wir brauchen Bürokraten, um unsere Probleme zu lösen, aber wenn wir die haben, hindern sie uns daran, das zu tun, wofür wir sie brauchen.   RALF DAHRENDORF

Die Bürokratie aber ist krebsfräßig an Haupt und Gliedern, nur ihr Magen ist gesund, und die Gesetzesexkremente, die sie von sich gibt, sind der natürlichste Dreck von der Welt.

OTTO VON BISMARCK

Bundesgerichtshof

Noch mehr als die juristische Arbeit sonst ist die der Anwälte am Bundesgerichtshof also Kopfarbeit. Aus dem grünen Baum des Lebens müssen sie, wie die Spechte den Wurm, den Rechtsfehler herausklopfen. Für einen dogmatisch interessierten Juristen ist diese Tätigkeit aber nicht grau, sondern selbst ein Teil von des Lebens grünem Baum. Deshalb zieht der Karlsruher Platz auch nur einen bestimmten Anwaltstyp an: den Juristen, der zwischen Theorie und Praxis schwebt, eine Art praktischer Professor oder professoraler Praktiker.

RUDOLF GERHARDT

Anwälte, die ein Wettbüro darüber unterhalten, wie der BGH entscheiden wird, betreiben verbotenes Glücksspiel.

ERNST TEUBNER

Selbstverständlich darf der wertvolle Beitrag, den die höchstrichterliche Rechtsprechung zur Anpassung des Rechts an wechselnde soziale Verhältnisse und Wertvorstellungen leistet, nicht übersehen werden. Ein nahezu hundert Jahre altes Gesetzgebungswerk wie das BGB hätte nicht überlebt, wenn die Rechtsprechung es nicht verstanden hätte, die Rechtsnormen so zu interpretieren, wie es die Bedürfnisse der Zeit verlangten.   RUDOLF WASSERMANN

Bundesverfassungsgericht

Das oberlehrerhafte Schuriegeln (Abbürsten) der Instanzgerichte durch das BVerfG, d. h. durch Richter, von denen die Hälfte keine richterliche Erfahrung haben muß (und oft auch nicht hat), sollte aufhören. INGO VON MÜNCH

Während alle anderen Gerichte der scharfen Kontrolle des BVerfG unterliegen, von diesem „gedeckelt" werden können und ihnen ein solch Ungemach nicht eben selten, vielleicht sogar über Gebühr widerfährt, bleibt dem BVerfG, weil es grundsätzlich keinen korrigierenden Herrn über sich spürt, diese ebenso leidvolle wie lehrreiche Erfahrung erspart, aber auch vorenthalten. HORST SENDLER

Das Gericht (*Anm.* Bundesverfassungsgericht) ist nach der Ausgestaltung des Grundgesetzes der ruhende Pol an der Spitze der Hierarchie unserer Staatsgewalt. Es soll wie in einer gotischen Kirche als Schlußstein die Streben der Kreuzgewölbe mit allen in ihnen enthaltenen offenen und verborgenen Spannungen zusammenhalten, überwölben und zum Ausgleich bringen. KONRAD REDEKER

Nur wenn die Berufsrichter im Verfassungsgericht mit ihrer Aufgabe wachsen, ihre staatsmännische neben ihrer juristischen Aufgabe erkennen lernen und allmählich zu volksbekannten, vom allgemeinen Vertrauen getragenen Richterpersönlichkeiten werden – nur dann wird die Verfassungsgerichtsbarkeit eine die politischen Streitigkeiten nicht nur äußerlich beendende, sondern die politischen Kämpfe wahrhaft befriedigende Autorität gewinnen. GUSTAV RADBRUCH

44

Die Auffassung, wenn die Sachen nicht ganz in Ordnung sind, wird sie uns Karlsruhe schon zurückgeben, ist ebenso leichtfertig wie dumm. Die Verlagerung der endgültigen Gesetzgebung von Bonn nach Karlsruhe überfordert den Richter und entmannt die Legislative. AUGUST DRESBACH

Selbst in der Politik fallen wichtigste Entscheidungen als Entscheidungen von Gerichten, nämlich von Verfassungsgerichten. Die „dritte Gewalt", der die Schöpfer der Gewaltenteilungslehre wirklich so etwas wie einen dritten Rang hinter den beiden anderen, der Legislative und der Exekutive, einräumen wollten, ist im Begriff, sich zu einer vorherrschenden Gewalt zu entwickeln. Aber dieser Ausuferung des Aufgaben- und Wirkungsbereiches der Justiz entspricht keine Zunahme des Ansehens der Juristen. PAUL BOCKELMANN

45

D

Datenschutz

Datenschutz, Notwehr des gläsernen Bürgers gegen staatlichen Voyeurismus.   Ernst Teubner

Moderner Datenschutz ist mit Abstand die preiswerteste Form der Nächstenliebe.   Nikolaus Cybinski

Demokratie

(s. a. Diktatur, Wahlrecht)

Unter einer wirklich guten demokratischen Regierung stelle ich mir eine Regierung vor, die dem Menschen genügend Freiheiten läßt, die ihm aber auch gleichzeitig genügend Sicherheit gegen den Mißbrauch der Freiheiten garantiert.   Albert Einstein

Offensichtlich ist die Freiheit ein normales Ziel für den zivilisierten Menschen. Demokratie, der äußere Ausdruck dieser Freiheit, die nach machbaren Richtlinien organisiert ist, braucht ein Maß an Kultiviertheit in ihrer Ausführung. Verglichen mit einer reinen *laissez-faire*-Existenz ist sie der Rahmen, innerhalb dessen Menschen darin übereinstimmen können, unterschiedlich zu sein, und die Mehrheit der Gesetze wird für eine bestimmte Zeit eingehalten, wenn auch nicht schweigend.   Peter Ustinov

Die vollkommene Republik müßte nicht bloß demokratisch, sondern zugleich auch aristokratisch und monarchisch sein;

innerhalb der Gesetzgebung der Freiheit und Gleichheit müßte das Gebildete das Ungebildete überwiegen und leiten, und alles sich zu einem absoluten Ganzen organisieren.

FRIEDRICH VON SCHLEGEL

Gäbe es ein Volk von Göttern, so würde es sich demokratisch regieren. Eine so vollkommene Regierung paßt für uns Menschen nicht. JEAN-JACQUES ROUSSEAU

Demokratie ist gewiß ein preisenswertes Gut, Rechtsstaat aber ist wie das tägliche Brot, wie Wasser zum Trinken und wie Luft zum Atmen, und das Beste an der Demokratie gerade dieses, daß nur sie geeignet ist, den Rechtsstaat zu sichern.

GUSTAV RADBRUCH

Zu den wichtigsten Prinzipien der Demokratie gehört der Grundsatz: selbst wer unrecht hat, hat Rechte.

LOTHAR SCHMIDT

Wenn Sie z. B. einen Politiker fragen: „Was ist Demokratie?", so wird er antworten ohne zu zögern: „Demokratie ist Volk mal Wille geteilt durch Kompromiß hoch Sachzwang."

WERNER KOCZWARA

Die Demokratie beruht auf drei Prinzipien: auf der Freiheit des Gewissens, auf der Freiheit der Rede und auf der Klugheit, keine der beiden in Anspruch zu nehmen. MARK TWAIN

Ich habe mitunter den Eindruck, daß manche der Demokratie die Ohrfeigen versetzen, die eine Diktatur verdienen würde, die sie aber in einer Diktatur sich nicht trauen würden, ihr zu verabreichen. MANFRED ROMMEL

Der natürliche Nachteil der Demokratie ist eben, daß sie jenen, die es ehrlich mit ihr meinen, übermäßig die Hände bindet, während sie jenen, die sie nicht ernst nehmen, beinahe alles erlaubt. VÁCLAV HAVEL

Unermeßlich ist die Macht des Neides gerade in freien, demokratischen Nationen. Die Vorstellung der Gleichheit wird krampfhaft festgehalten, eben weil sie nicht wahr ist, weil die Ungleichheit der Personen als solcher uns überall entgegentritt. HEINRICH VON TREITSCHKE

Demokratie ist nicht Philanthropie. Sie ist nicht einmal Altruismus oder Sozialreform. Demokratie ist nicht auf Mitleid mit dem Mann auf der Straße gegründet; Demokratie ist auf Achtung vor dem Mann auf der Straße gegründet oder auch, wenn Sie wollen, sogar auf Furcht vor ihm. GILBERT KEITH CHESTERTON

Ein guter Zug an der Demokratie: Daß wir eine neue Regierung bekommen? Nein, daß wir die alte loswerden.

TOMMASO DA PONTE

Demonstration

Es protestieren und demonstrieren immer die, die etwas erlangen wollen, aber nie die, denen es genommen werden soll. JOHANNES GROSS

Ich möchte im übrigen in keinem Land mehr leben, in dem sich die Menschen nicht trauen zu demonstrieren, zu protestieren, auch etwas zu randalieren. Sie trauen sich, weil sie darauf vertrauen, daß der Staat sich an die Gesetze hält.

MANFRED ROMMEL

48

Wenn bei Demonstrationen Kosten für Polizeieinsätze anfallen, drohen die Behörden den Bürgern, die gewaltlos ein Grundrecht wahrnehmen, daß sie zur Kasse gebeten werden. Demokratische Politiker haben ernsthaft vorgeschlagen, die Kosten von Polizeieinsätzen auf Demonstranten abzuwälzen. Zur gleichen Zeit werden jedem Wirtschaftskriminellen und jedem Massenmörder Millionen für polizeiliche Ermittlungen und juristische Bewältigung aus Steuergeldern nachgeworfen.

Dagobert Lindlau

Deutsch(er)

Die deutsche Seele ist tief, aber sie ist auch schwer – nur die Schwere strebt zur Tiefe, und so ist es ihr immer wieder begegnet, sich in den Labyrinthen des Tiefsinns zu verwirren, sich in der Dunkelheit letzter Unbegreiflichkeiten zu gefallen, sich die Kraft zur Tat durch stumpfe Versonnenheit lähmen und die Weltfreude durch selbstquälerische Bedenklichkeit verkümmern zu lassen. Gustav Radbruch

Gehört nicht zu den Zügen unseres Nationalcharakters eine nörgelnde Rechthaberei, die uns, bei allem Respekt vor der Macht, den zu empfinden wir imstande sind, weithin unfähig macht, in Dingen des Rechts eine andere Instanz anzuerkennen als unser eigenes Rechtsgefühl. Paul Bockelmann

Der schweren deutschen Natur fehlt eine gefährliche Gabe der Franzosen, die Anmut der Sünde. Wenn der Deutsche auf solche Wege gerät, dann wird er plump und ungeschickt.

Heinrich von Treitschke

Worauf es uns ankommt, ist dies: den Deutschen, unsern Landsleuten, den Knechtsgeist auszutreiben, der nicht gehorchen kennt, ohne zu kuschen – der keine sachliche Unterordnung will, sondern nur blinde Unterwerfung. Kurt Tucholsky

Juden und Deutsche haben vieles gemeinsam. Sie sind strebsam, tüchtig, fleißig und gründlich verhaßt bei anderen. Juden und Deutsche sind Ausgestoßene. FRANZ KAFKA

Deutschland ist unter den Fremden das, was der Jude unter den Deutschen. KURT TUCHOLSKY

Devote Behördenfrömmigkeit und inbrünstige Wissenschaftsgläubigkeit sind zwei Erbübel des deutschen Menschen. ARNO SÖLTER

Selbst im Fall einer Revolution würden die Deutschen sich nur Steuerfreiheit, nie Gedankenfreiheit zu erkämpfen suchen. FRIEDRICH HEBBEL

In Deutschland entscheiden über einen Menschen nicht Vorzüge, sondern die Einwände. „Einwandfrei" muß der Mensch sein und die Sache „tadellos". Einwandfrei aber ist nur die klare, runde, tadellose Null. WALTHER RATHENAU

Diäten

Trotz ihrer Diäten nimmt die gesetzgebende Körperfülle ständig zu. KARL GARBE

Diäten: Der geglückte Versuch von Parlamentariern, die eigenen fetten Einkünfte durch einen Begriff zu verschleiern, der den gewöhnlichen Bürger an magere Schonkost und Hungerkur erinnert. RON KRITZFELD

Unsere Politiker: Amateure mit Profigehältern. ŽARKO PETAN

50

Diebstahl

(s. a. Kriminelle, Verbrechen)

Man setzt harte und fürchterliche Strafen für den Dieb fest, während man lieber dafür sorgen sollte, daß er ein sicheres Fortkommen im Leben findet. So würde niemand in die Zwangslage versetzt sein, erst zum Dieb zu werden und dann zugrunde zu gehen.   THOMAS MORUS

Kleptomane: Ein reicher Dieb.   AMBROSE BIERCE

Diebstahl: Aneignen nennt es der Gebildete.

WILLIAM SHAKESPEARE

Diebstahl: Straftat, deren Deliktscharakter allmählich durch Gewohnheitsrecht und Ministererlasse überwunden wird.

ERNST TEUBNER

Wenn man dort, wo viel ist, ein wenig wegnimmt, so ist das kein Diebstahl, sondern einfach Teilung.   MAXIM GORKI

Wer silberne Löffel stiehlt, gilt gemeinhin nicht als Gentleman, es sei denn, es gelingt ihm, sie seinen Söhnen und Enkeln zu vererben, bei denen sie allmählich zum respektablen Tafelmobiliar einer durchaus achtbaren Familie avancieren, das zu stehlen selbst die Nachkommen der ursprünglichen Besitzer den Ruf kosten würde, Gentlemen zu sein.

HANS KASPER

Ein Kerl, der einmal seine 100 000 Taler gestohlen hat, kann hernach ehrlich durch die Welt kommen.

GEORG CHRISTOPH LICHTENBERG

51

Diktatur

Hinter den Kulissen der Diktatur fließt Blut, hinter denen der Demokratie Geld. SIGMUND GRAFF

Demokratie: Die öffentliche Meinung schlägt sich in Gesetzen nieder. Diktatur: Die öffentliche Meinung wird in Gesetzen niedergeschlagen. LOTHAR SCHMIDT

Die Diktatur ist ein System, in dem man entweder vor der Tribüne oder vor dem Tribunal defiliert. JEANNINE LUCZAK

Diktaturen bieten Sicherheit. In Zuchthäusern.
HANS-HORST SKUPY

Die Begriffe zu vereinfachen, ist die erste Tat aller Diktatoren.
ERICH MARIA REMARQUE

Doktorgrad

(s. a. Titel)

Das Doktorwerden ist eine Konfirmation des Geistes.
GEORG CHRISTOPH LICHTENBERG

Der juristische Doktorgrad galt als eine Art Adelspatent, was dem Studium der Rechte die Aura eines „vornehmen Studiums" gab. HERMANN REUSS

Was ich studiere? Zuvörderst die Distinktionen (Unterscheidungen) und Subtilitäten (Spitzfindigkeiten), wodurch man

Recht und Unrecht einander ziemlich ähnlich gemacht hat;
das heißt, ich studiere auf einen Doktor beider Rechte.

JOHANN WOLFGANG VON GOETHE

Ehrendoktor: Käuflicher Vorname.   MICHAEL SCHIFF

Dr. h. c. = Doktor honoris cassa.   HANS-HORST SKUPY

Ehe
(s. a. Heirat, Mitgift, Monogamie, Verlöbnis)

Von allen Verbindungen, welche Menschen mit Menschen im Leben knüpfen, kenne ich keine, die ehrwürdiger, wichtiger und segensreicher wäre als die Ehe. HEINRICH ZSCHOKKE

Man soll sich beim Eingehen einer Ehe die Frage vorlegen: glaubst du, dich mit dieser Frau bis ins hohe Alter hinein gut zu unterhalten? Alles andere in der Ehe ist transitorisch, aber die meiste Zeit des Verkehrs gehört dem Gespräch.

FRIEDRICH NIETZSCHE

Fast alle Ehemänner leiden an ihrer Ehe, besonders aber die Juristen, denen ja aus der Judikatur der Idealzustand genau bekannt ist, die aber dann den Unterschied zwischen Ideal und Wirklichkeit doppelt empfinden. JULIUS VON POTH

Die Ehe ist der Versuch, zu zweit wenigstens halb so glücklich zu werden, wie man es allein gewesen ist. OSCAR WILDE

Die Ehe ist der Sonderfall eines Abonnements, das mehr Geld kostet, als wenn man einzelweise bezahlen würde.

GABRIEL LAUB

Die Ehe ist eine Institution. Vermißt man deshalb so oft in ihr Menschliches? HANS-HORST SKUPY

Was für das Tier die Instinkte, das sind für den Menschen die Institutionen. Sie sind Entlastungseinrichtungen. Wo kämen wir hin, wenn wir etwa jeden Morgen neu bestimmen müßten, wer denn „die" Frau und „der" Mann fürs Leben sei: Die Institution Ehe hat uns den Zwang der permanenten Entscheidung abgenommen.   NORBERT BLÜM

Die Ehe gibt dem Einzelnen Begrenzung und dadurch dem Ganzen Sicherheit.   FRIEDRICH HEBBEL

In unserer Zeit entspricht nichts den Gesetzen mehr als eine Ehe; und nichts widerspricht oft mehr dem Glück und der Vernunft.   DENIS DIDEROT

Die Zivilehe bedeutet in Wirklichkeit nichts weiter als die Eintragung in eine Liste, die der Staat wie so manche andere aufstellt, um über die Verhältnisse der einzelnen unterrichtet zu sein. In einem gesitteten Staat muß eben jeder seine Nummer haben.   ANATOLE FRANCE

Liebe ist ein Naturgesetz, Ehe das Bürgerliche Gesetzbuch.
                                    HELLMUT WALTERS

Die Ehe ist ein notwendiges Übel.   MENANDER

Was man eine glückliche Ehe nennt, verhält sich zur Liebe wie ein korrektes Gedicht zu improvisiertem Gesang.
                                    FRIEDRICH VON SCHLEGEL

Die Liebe ist die singende, sich in der Luft tummelnde Lerche. In der Ehe muß der Vogel gebraten auf der Schüssel liegen.   KARL JULIUS WEBER

Wenn zwei Menschen ihren Bund fürs Leben nur auf Gefühle gründen, haben sie ihre Quellen bald erschöpft, und Gleichgültigkeit, Sattheit und Widerwillen machen sich breit. Wenn die Gefühle erkaltet sind, was dann? HONORÉ DE BALZAC

———

Eine Vernunftehe schließen, heißt in den meisten Fällen, alle seine Vernunft zusammennehmen, um die wahnsinnigste Handlung zu begehen, die ein Mensch begehen kann.
MARIE VON EBNER-ESCHENBACH

———

In der Ehe pflegt gewöhnlich immer einer der Dumme zu sein. Nur wenn zwei Dumme heiraten – das kann mitunter gutgehn. KURT TUCHOLSKY

———

Wo auf Erden gibt es vernünftige Ehen? Man könnte genauso gut von vernünftigen Selbstmorden sprechen!
GILBERT KEITH CHESTERTON

———

Manche Ehen sind ein Zustand, in dem zwei Leute es weder mit noch ohne einander durch längere Zeit aushalten können. MARIE VON EBNER-ESCHENBACH

———

Gewisse Ehen halten nur in der Weise zusammen wie ineinander verbissene Tiere. GERHART HAUPTMANN

———

Manche Ehe ist ein Todesurteil, das jahrelang vollstreckt wird.
AUGUST STRINDBERG

———

In wohl eingerichteten Reichen und Republiken sollten die Ehen auf Zeit geschlossen und alle drei Jahre aufgelöst oder neu bestätigt werden wie jeder andere Pachtvertrag, statt für

das ganze Leben in Kraft zu bleiben, zur ewigen Marter für
beide Teile.　　　　　　　　　　　MIGUEL DE CERVANTES

Ehre

(s. a. Beleidigung)

Man kann sogar ein Lump sein und doch die Witterung für
das, was Ehre ist, nicht einbüßen.　　　FJODOR M. DOSTOJEWSKI

Wer gleichgültig gegen Ehre ist, ist auch gleichgültig gegen
Schande.　　　　　　　　　　　　KARL JULIUS WEBER

Kann eine Gesetzgebung wohl sittlich heißen, welche die
Angriffe auf die Ehre der Bürger weniger hart bestraft als die
auf ihr Leben?　　　　　　　　FRIEDRICH VON SCHLEGEL

Verlieren kann die Ehre nur, wer keine hat.　　PUBLILIUS SYRUS

Ehrenhaftigkeit ist ein Luxus für die oberen Zehntausend,
aber eine Notwendigkeit für den Hotelportier.

GILBERT KEITH CHESTERTON

Je länger er von seiner Ehre sprach, um so schneller zählten
wir unsere Löffel.　　　　　　　　RALPH WALDO EMERSON

Die ehrbaren Leute sind nichts anderes als Spitzbuben, die
das Glück gehabt haben, nicht auf frischer Tat ertappt worden zu sein.　　　　　　　　　　　　STENDHAL

Gewinn geht doch bei den meisten Menschen in der Rangordnung der Ehre vor. ARISTOTELES

Die Ehre ist, objektiv, die Meinung anderer von unserem Wert und, subjektiv, unsere Furcht vor dieser Meinung. ARTHUR SCHOPENHAUER

Die Ehre gleicht einer abschüssigen, unzugänglichen Insel. Man kann nicht wieder zu ihr zurückkehren, wenn man sie einmal verlassen hat. NICOLAS BOILEAU-DESPRÉAUX

Eid

Das Erpressungsmittel der Wahrhaftigkeit in äußeren Aussagen, der Eid, wird vor einem menschlichen Gerichtshofe nicht bloß für erlaubt, sondern auch für unentbehrlich gehalten; ein trauriger Beweis von der geringen Achtung der Menschen für die Wahrheit, selbst im Tempel der öffentlichen Gerechtigkeit, wo die bloße Idee von ihr schon für sich die größte Achtung einflößen sollte. IMMANUEL KANT

Eid: Im Rechtswesen die feierliche Berufung auf Gott, welche für das Gewissen dadurch verbindlich gemacht wird, daß Meineid unter Strafe steht. AMBROSE BIERCE

Ich kenne einen Kollegen, der jederzeit bereit ist, seine Behauptungen zu beschwören, es aber sorgfältig vermeidet, darauf zu wetten. ROBERT LEMBKE

Wenn einer schwört, so macht er sich dadurch nicht anheischig, daß er dich nicht betrügen will, sondern nur, daß er zugleich mit dir auch Gott betrügen will. FRIEDRICH HEBBEL

Schurken nehmen stets zum Meineid ihre Zuflucht.

JEAN RACINE

Es ist nicht der Eid, der den Mann glaubhaft macht, sondern
es ist der Mann, der den Eid glaubhaft macht. AISCHYLOS

Ein Lügner ist stets großzügig mit Eiden. PIERRE CORNEILLE

Eigentum
(s. a. Besitz)

Eigentum: Der Gegenstand kurzer menschlicher Raffgier und
langer Gleichgültigkeit. AMBROSE BIERCE

Eigentum: Eine der Säulen der Gesellschaft. Heiliger als die
Religion. GUSTAVE FLAUBERT

Taste aber nur einer das Eigentum an, und der Mensch mit
seinen Leidenschaften wird sogleich da sein.

JOHANN WOLFGANG VON GOETHE

Etwas muß jeder sein Eigen nennen, oder der Mensch wird
morden und brennen. FRIEDRICH VON SCHILLER

Ein Mensch, der kein Eigentum erwerben darf, kann auch
kein anderes Interesse haben, als so viel wie möglich zu essen
und so wenig wie möglich zu arbeiten. ADAM SMITH

Eigentumswohnung

Eigentumswohnung: Neuzeitliches Heim, das in idealer Weise alle Nachteile des eigenen Hauses mit denen der Mietwohnung vereinigt. RON KRITZFELD

Eltern

(s. a. Familie, Kinder, Vaterschaft, Züchtigungsrecht)

Kinder beginnen damit, ihre Eltern zu lieben, später beurteilen sie sie. Manchmal verzeihen sie ihnen. OSCAR WILDE

Das Gefühl der Liebe gegen ihre Eltern rettet unendlich viele Kinder vor dem Bösen in der Stunde der Versuchung.

JOHANN HEINRICH PESTALOZZI

Mäzene, die wissen, daß sie keinen Dank zu erwarten haben, nennt man Eltern. OLIVER HASSENCAMP

Es gibt leider nicht sehr viele Eltern, deren Umgang für ihre Kinder wirklich ein Segen ist. MARIE VON EBNER-ESCHENBACH

Der ständige Kontakt zwischen Eltern und Kindern ist nicht weniger gefährlich als der zwischen Ehegatten.

HONORÉ DE BALZAC

Man könnte erzogene Kinder gebären, wenn die Eltern erzogen wären. JOHANN WOLFGANG VON GOETHE

60

Emanzipation
(s. a. Gleichberechtigung)

Als eine Frau lesen lernte, trat die Frauenfrage in die Welt.

MARIE VON EBNER-ESCHENBACH

Die Frauen haben keineswegs unrecht, wenn sie die in der Welt geltenden Lebensregeln ablehnen, denn diese Regeln sind von den Männern ohne die Mitwirkung der Frauen gemacht worden.

MICHEL DE MONTAIGNE

In fast allen Ländern hat sich die Grausamkeit des bürgerlichen Gesetzes mit der Grausamkeit der Natur gegen die Frau verbündet.

DENIS DIDEROT

Es kommt stets ein Augenblick, da die Völker und die Frauen, sogar die dümmsten, merken, daß man ihre Unschuld mißbraucht.

HONORÉ DE BALZAC

Emanzipation: Eines Sklaven Übergang von der Unterdrückung durch einen anderen zur Unterdrückung durch sich selbst.

AMBROSE BIERCE

Der Prozeß, durch den sich Freiheit des verheirateten Mannes wieder herstellt, nennt man Emanzipation der Frau.

JOHANNES GROSS

Emanzipation: Jener enorme Fortschritt, der Frauen erlaubt, nicht nur Kinder zu haben und den Haushalt zu versorgen, sondern auch noch das nötige Geld für die Familie zu verdienen.

RON KRITZFELD

61

Eine gescheite Frau hat Millionen geborener Feinde: alle dummen Männer. MARIE VON EBNER-ESCHENBACH

Manche kluge Frau ist nur deshalb allein, weil sie es nicht verstanden hat, ihre Klugheit zu verbergen. DAPHNE DU MAURIER

Dummköpfe sind eingeschworene Feinde der weiblichen Ausbildung. STENDHAL

Mühsames Lernen und peinliches Grübeln, wenn es gleich ein Frauenzimmer darin hoch bringen sollte, vertilgen die Vorzüge, die ihrem Geschlecht eigentümlich sind.
IMMANUEL KANT

Entschiedene, eingreifende Aktivität ist dem Manne von Natur zugewiesen; passives Wesen und Leben dem Weibe. Beide Gesetze dürfen nicht ungestraft überschritten werden.
ERNST VON FEUCHTERSLEBEN

Frauen scheuen, von Natur aus konzilianter, die harte Auseinandersetzung. Sie werden sich daran gewöhnen. Je mehr die Frau in die Berufswelt des Mannes eindringt, desto stärker „vermännlicht" sie gemäß den bisherigen Vorstellungen. Ein Teil der Männer gleicht dies durch das Übernehmen weiblichen, manchmal sogar weibischen Verhaltens aus.
HORST LEUTHEUSSER

Vielleicht wird das Parlament der Welt noch der wahre Schauplatz für die Emanzipation der Frau, ein Ort, an dem einzig die Qualität uns alle den angeblichen Krieg der Geschlechter vergessen läßt. PETER USTINOV

Ob die Weiber so viel Vernunft haben als die Männer, mag ich nicht entscheiden; aber sie haben gewiß nicht so viel Unvernunft.

JOHANN GOTTFRIED SEUME

Keine anständige Frau würde atomare Vernichtungswaffen bauen oder sich Maschinen ausdenken, um irgendwelche Wesen zu den Sternen zu befördern. Das sind die verrückten und krankhaften Träume arroganter Männer.

JOHN SEYMOUR

Frauen sollten nicht besser sein müssen als Männer, um als menschliche Wesen betrachtet zu werden.

GOLDA MEÏR

Entschuldigung

Wer sich entschuldigt, klagt sich an.

HIERONYMUS

Wer die Menschen kennenlernen will, der studiere ihre Entschuldigungsgründe.

FRIEDRICH HEBBEL

Je ungebildeter ein Mensch, je schneller ist er mit einer Ausrede fertig.

MARIE VON EBNER-ESCHENBACH

Entschuldigungen sind immer mit Unwahrheiten vermischt.

AUS ARABIEN

Eine Entschuldigung ist ärger und scheußlicher als eine Lüge; denn eine Entschuldigung ist eine geschützte Lüge.

ALEXANDER POPE

Erben, Erbschaft

(s. a. Testament)

Das Weinen der Erben ist ein maskiertes Lachen.

PUBLILIUS SYRUS

Einem ehrlichen Manne, der es sich in der Welt hat sauer werden lassen, ist die Vorstellung des Grabes nicht so marternd als die Vorstellung eines lachenden Erben.

GOTTHOLD EPHRAIM LESSING

Wer der Erben wegen sich sorgt und sich selber nichts gönnt, der ist schon beinahe verrückt.

HORAZ

Wer mit einiger Aufmerksamkeit durch die Straßen geht, wird, wie ich glaube, die freudigsten Gesichter in Trauerkutschen vorfinden.

JONATHAN SWIFT

Moral ist gut, Erbschaft ist besser.

THEODOR FONTANE

Die Steigerung von Utopie heißt – Erbschaft.

GERHARD UHLENBRUCK

Wer möchte, daß die Hinterbliebenen trauern, darf ihnen nichts hinterlassen.

MARTIAL

Die Menschen vergessen eher den Verlust des Vaters als den Verlust des väterlichen Erbteils.

NICCOLÒ MACHIAVELLI

Behaupte niemals einen Menschen zu kennen, solange du keine Erbschaft mit ihm geteilt hast.

JOHANN KASPAR LAVATER

Zyankali: Veraltete Methode, Erbauseinandersetzungen zu
regeln. MICHAEL SCHIFF

Ermessen

Das positive Gesetz ist abstrakt; seine notwendige Einfachheit
vertilgt den Reichtum der individuellen Gestaltung. Deshalb
die Zwittergestalt der Billigkeit, des richterlichen Ermessens.
JULIUS HERMANN VON KIRCHMANN

Im Verwaltungsrecht gilt das Opportunitätsprinzip als das A
und O behördlichen Ermessens, auf dessen Ausübung Sie
bekanntlich keinen Anspruch haben, bis es auf Null
geschrumpft ist und Sie Ihren Nachbarn erschlagen haben,
der sich für Placido Domingo hielt. ERNST TEUBNER

Ermessen: Der Schlüsselbegriff, mit dessen Hilfe der Beamte
Wollen und Sollen in Einklang bringt. Will er etwas, was er
nicht soll, oder soll er etwas, was er nicht will, stets ist das
Ermessen zur Stelle und verhilft zum gewünschten Ergebnis.
Will der Beamte aber etwas, was er auch soll, so spricht man
von einer Ermessensreduzierung auf Null. HANSJÖRG STAEHLE

Erpressung

Es ist nicht ratsam, im Erpressungszeitalter zu reich und zu
berühmt zu werden. OLIVER HASSENCAMP

Menschen werden geraubt und als Geiseln gehalten, um
andere zu erpressen, mal einer, mal hundert. Es ist ja heute
schon eine alltägliche Sache, man hat sich an Erpressung

gewöhnt und auch daran, daß man der Erpressung in der Regel nachgibt. Gewohnheitssache. GABRIEL LAUB

Europa

Europa ist nicht ein Gebilde, das für sich leben könnte, Europa ist nur möglich innerhalb der Welt und innerhalb der Weltwirtschaft. GUSTAV STRESEMANN

So, wie kein Mieter das Recht hat, in seiner Wohnung Feuer anzuzünden, mit der Berufung auf die Heiligkeit des Heims, sowenig dürften Staaten ohne Gefährdung des Friedens Innenpolitik auf eigene Faust machen, soweit diese den Frieden in Frage stellt. Wir wohnen nicht mehr in einzelnen Festungen des Mittelalters, wir wohnen in einem Haus. Und dieses Haus heißt Europa. KURT TUCHOLSKY

Verschmilzt die Wirtschaft Europas zur Gemeinschaft, und das wird früher geschehen, als wir denken, so verschmilzt auch die Politik. WALTHER RATHENAU

Wir alle irren, wenn wir glauben, wir könnten Europa schaffen, indem wir es halb schaffen. Wenn Europa werden soll, dann muß man aufs Ganze gehen, dann muß man Europa zu einer ökonomischen, politischen und konstitutionellen Einheit machen. CARLO SCHMID

Beamter sein in Europa, das heißt: Europäer sein und helfen zu einen, was ohne zureichenden Grund getrennt ist.

OTTO MESSER

Euthanasie

Euthanasie: Medizynismus.   HANS-HORST SKUPY

Es ist Albernheit zu leben, wenn das Leben eine Qual wird, und wir haben die Vorschrift zu sterben, wenn der Tod unser Arzt ist.   WILLIAM SHAKESPEARE

Wenn ich zu alt werde, um noch von Nutzen zu sein, hoffe ich inständig, daß irgend jemand, der mich liebt und respektiert, meinem Leben ein Ende machen wird.   JOHN SEYMOUR

Auf den Einwand, dem Arzt widerstrebe es zutiefst, Leben zu vernichten, kann man nur erwidern: Dieses Widerstreben wird immer bleiben und überhaupt nur im Fall einer unaufhebbaren Antinomie überwunden werden können, wenn im Konflikt ärztlicher Pflichten die Hilfeleistung in der Not bzw. die Linderung der Qual nicht mehr anders möglich ist als durch eine erlösende Spritze, die erbeten ist. Auch in diesem Konflikt kann einseitiger ethischer Rigorismus zum Verrat an der Humanität werden.   PAUL KRAUSS

Sterbehilfe: Reisende soll man nicht aufhalten, aber umarmen.   GERHARD UHLENBRUCK

Der Tod, welcher der Hinfälligkeit zuvorkommt, kommt zur besseren Zeit als der, welcher ihr ein Ende bereitet.
                    FRANÇOIS DE LA ROCHEFOUCAULD

Fachanwalt

Experte: Ein Spezialist, der über etwas alles weiß und über alles andere nichts. AMBROSE BIERCE

Als wirklicher Fachmann wird von Kollegen nur ernstgenommen, wer sonst nichts kann. JOHANNES GROSS

Der Fachanwalt unterscheidet sich vom Fachidioten dadurch, daß bei letzterem meist überdurchschnittliche Kenntnisse auf seinem Fachgebiet zu erwarten sind. HANSJÖRG STAEHLE

Wie wohltuend ist es für einen Klienten, der mit seinem Rechtsfall zu einem Anwalt kommt, wenn dieser mit dem glanzbäckigen Lächeln des Genießers, dem eine Portion Austern vorgesetzt wird, so zubereitet, wie er sie in Paris in dem Schlemmerlokal mit den drei Sternen jüngst gegessen hat, zu ihm sagt: „Dafür bin ich Spezialist." Nur, leider versteht der Richter nichts davon – aber das sagt der Anwalt erst, wenn er den Prozeß verloren hat. HANS JAKOB MAIER

Spezialist ist ein Mensch, der immer perfekter einseitig wird. ARNO SÖLTER

Ein Kind, das nur seine Eltern kennt, kennt auch die nicht recht. Dieser Gedanke läßt sich auch auf viele andere Kenntnisse, ja auf alle anwenden, die nicht ganz reiner Natur sind. Wer nichts als Chemie versteht, versteht auch die nicht recht. JEAN-JACQUES ROUSSEAU

Fachliteratur

Aufsatz, juristisch wichtigstes Verständigungsmittel, je länger, desto besser; der ergiebigste Aufsatz ist der, in dem man jeden Satz mindestens dreimal lesen muß; der beste der, den nicht einmal sein eigener Autor versteht. ERNST TEUBNER

Auch der Dümmste bringt mit Hilfe der Literatur leicht eine Abhandlung zustande, in der er über alle Schriftsteller, die *vor* ihm über den Gegenstand geschrieben haben, zu Gericht sitzt; und es gehört bekanntlich nichts dazu, sie in irgend einer unserer gemeinrechtlichen juristischen Zeitschriften zum Druck zu bringen. RUDOLF VON IHERING

Eine besondere Gattung sind die Festschriften, Orchideenblüten auf dem juristischen Buchmarkt. . . . Jede Festschrift hat Verfasser und Leser. Aber die Behauptung, daß manche Festschriften mehr Verfasser haben als Leser, kann nur von der Mannschaft einer anderen Festschrift in die Welt gesetzt worden sein. . . . Monographien sind eher das Gegenteil einer Festschrift. Denn während hier viele über Vieles schreiben, schreibt in einer Monographie einer über Eines. Ganz abwegig aber ist die Behauptung, daß Monographien auch nur von einem zur Kenntnis genommen würden. . . . Die juristischen Zeitschriften, schließlich, sind gleichsam die Boulevardblätter dieser Wissenschaft. Sie haben ihr treues Publikum, bisweilen auch ein solches, das sie nur vom Fotokopieren kennt. RUDOLF GERHARDT

Alle lesen nur das Fettgedruckte, und was fettgedruckt wird, entscheidet der Redakteur. Das ist auch noch nicht untersucht worden: der Einfluß der „NJW"-Redakteure auf die

69

Rechtsfortbildung. Er ist wahrscheinlich größer als der des BGH. HERBERT ROSENDORFER

Recht und Gerechtigkeit liegen eben nicht auf der Straße, so daß sich jeder nur danach bücken müßte. Der Jurist muß – wie wir wissen – das Recht erst finden: das bedeutet aber zugleich, daß er das Recht auch zuerst suchen muß. Und allein der Umfang unserer aktuellen „Kurzkommentare" müßte jedem juristischen Laien klarmachen, daß die Suche nach dem Recht angesichts des Umfangs dieser Kommentare eben seine Zeit braucht. MEINHARD HEINZE

Falschgeld

(s. a. Geld)

Falschgeld nimmt der kluge Jurist nur zum halben Preis entgegen, denn Falschmünzer darf man nicht unterstützen.

ERNST TEUBNER

Laut Gesetz darf man mit Druckmaschinen nur indirekt Geld machen. WERNER MITSCH

Falschmünzerei: Strafbarer Versuch des Steuerzahlers, dem Staat mit gleicher Münze heimzuzahlen. RON KRITZFELD

Familie

(s. a. Eltern, Kinder, Verwandtschaft)

Familie, du bist die Heimstatt aller sozialen Laster, die Versorgungseinrichtung aller bequemen Frauen, die Ankerschmiede des Familienversorgers und die Hölle der Kinder!

AUGUST STRINDBERG

Der Familienverband ist notwendig, weil die menschliche Kindheit so lange dauert und weil jede Mutter, die kleine Kinder hat, bei der Nahrungsbeschaffung stark behindert ist.

BERTRAND RUSSELL

Der Reiz des Familienlebens ist das beste Gegengift gegen den Verfall der Sitten. JEAN-JACQUES ROUSSEAU

Wenn die Familie in Ordnung ist, wird der Staat in Ordnung sein. KONFUZIUS

Der Ton in der Familie heute bestimmt die Musik in der Gesellschaft morgen. NORBERT BLÜM

Die Familie ist die Grundlage des Staates. Menschen, die Familiensorgen haben, kümmern sich nämlich nicht um Politik. GABRIEL LAUB

Zerbrecht euch die Köpfe über die beste Staatsmaschine, die ihr wollt; ersinnt Gesetze, welche in ihrer klugen Berechnung das ganze Altertum beschämen; solange ihr nicht ein tüchtiges Familienleben, eine tüchtige bürgerliche Gesinnung und Tugend erzeugt und erzieht, den Geist weckt, in dem eure Gesetze erst Leben empfangen, werdet ihr Wasser in ein Sieb tragen. ADOLF KOLPING

Die Menschen machen die Gesetze, die Familien aber die Sitten. JOSEPH DE MAISTRE

Im Angriff auf die Familie vollzieht sich ein Stück Rebarbarisierung. Die neuen Hunnen kommen nicht auf Pferden und mit Kampfgeschrei daher. Auf den Schleichwegen eines Fortschritts, der sich als Emanzipation verkleidet, unterminieren sie die Familie. NORBERT BLÜM

Faustrecht

Mancher glaubt schon deshalb höflich zu sein, weil er sich überhaupt noch der Worte und nicht der Fäuste bedient.
FRIEDRICH HEBBEL

Es gibt wohl ein Recht des Weiseren, nicht aber ein Recht des Stärkeren. JOSEPH JOUBERT

Mit der Aufhebung des Faustrechts wurde an die Stelle des Rechts des Stärkeren das Recht des Klügeren gesetzt.
ARTHUR SCHOPENHAUER

Das Faustrecht ist heutzutage verschwunden, bis auf die Freiheit, jedem eine Faust in der Tasche zu machen.
GEORG CHRISTOPH LICHTENBERG

Das Faustrecht ist nicht abgeschafft. Es ist nur in die Ellbogen umgezogen. WERNER MITSCH

Folter

Wer die Qualen der Folter aushalten kann, sagt die Wahrheit nicht, und wer sie nicht aushalten kann, auch nicht.
MICHEL DE MONTAIGNE

Da das Foltern als Akt der Seelenrettung und Rehumanisierung und das Töten von Nichtmenschen den Wert einer guten Tat hatte, konnte und durfte es mit gutem Gewissen getan, lustvoll und in einem mehr oder weniger diffusen Sinne erotisiert erlebt werden. Die sadistisch-erotisierte Atmosphäre, in der es zentral um Körper, Leibliches und Sexualität ging, geht aus den überlieferten Berichten mit einer makabren Deutlichkeit hervor. EBERHARD SCHORSCH/NIKOLAUS BECKER

Es ist möglich, daß eine zukünftige Gesellschaft gesetzliche Tortur wieder einführt, mit dem ganzen Apparat von Folter und Scheiterhaufen. GILBERT KEITH CHESTERTON

Sie folterten ihn nur fünf Minuten lang. Auch wenn es ihm vorkam wie eine geschlagene Stunde. RUPERT SCHÜTZBACH

Freiheit

(s. a. Gleichheitssatz)

Erst die Möglichkeit der Wahl macht den Menschen frei. Wir wissen auch, daß es genug Menschen gibt, denen die Freiheit lästig ist und die sich lieber Befehle und Kommandos geben lassen, weil das bequemer für sie ist und von der Verantwortung entbindet. Auch da wird der ethische Apparat von vielen nicht begriffen oder für nicht wichtig erachtet. WERNER FINCK

Das einzige, was ich an der Freiheit liebe, ist der Kampf um sie; aus dem Besitz mache ich mir nichts. HENRIK IBSEN

Das muß schon ein Mensch von hoher Art sein, dem die Sehnsucht nach Freiheit etwas anderes bedeutet, als die Begier nach Verantwortungslosigkeit. ARTHUR SCHNITZLER

Die Welt hat nie eine gute Definition für das Wort Freiheit gefunden. ABRAHAM LINCOLN

Was die wahre Freiheit und den wahren Gebrauch derselben am deutlichsten charakterisiert, ist der Mißbrauch derselben. GEORG CHRISTOPH LICHTENBERG

Die Geschichte der Freiheit ist die Geschichte des Widerspruchs. WOODROW WILSON

Die Freiheit des Menschen liegt nicht darin, daß er tun kann, was er will, sondern daß er nicht tun muß, was er nicht will. JEAN-JACQUES ROUSSEAU

Die Freiheit besteht darin, daß man alles das tun kann, was einem andern nicht schadet. MATTHIAS CLAUDIUS

Völlig frei zu sein und zugleich völlig unter der Herrschaft des Gesetzes zu stehen, ist das ewige Paradoxon des Menschenlebens, das jeder Augenblick uns spürbar macht. OSCAR WILDE

Die Freiheit ist das Recht, zu tun, was die Gesetze erlauben. MONTESQUIEU

Seitdem es Waffen gibt, die ein Volk in Sekunden auszulöschen vermögen, dürfte der Begriff der Freiheit sekundär gegenüber dem der Existenz geworden sein. Toten ist die Freiheit gleichgültig. SIGMUND GRAFF

74

Bürgerlicher Anstand zählt in Deutschland mehr als bürgerliche Freiheit. Das ist die Chance des starken Mannes. Er muß nur anständig rangehen. NIKOLAUS CYBINSKI

So lief es immer in Deutschland. Während man vorne noch: Nieder mit den Tyrannen! brüllte, schrie man im Hintergrund schon: Aber Ruhe und Ordnung wahren! Die deutsche Freiheit steht im Konditionalis. MICHAEL KUNZE

Der Engländer liebt die Freiheit wie sein rechtmäßiges Weib, der Franzose wie seine Braut – der Deutsche wie seine alte Großmutter. HEINRICH HEINE

Freiheit ist der Inbegriff der demokratischen Gesinnung.
GUSTAV RADBRUCH

Freiheitsstrafe

(s. a. Geldstrafe, Strafe, Todesstrafe)

Menschen, die sich nicht an die Regeln halten, werden zu Ausnahmen deklariert und wandern ins Gefängnis.
WERNER MITSCH

Unter einer Regierung, die irgend jemanden unrechtmäßig einsperrt, ist das Gefängnis der angemessene Platz für einen gerechten Menschen. HENRY DAVID THOREAU

Die wenigsten Verbrechen kommen in Gefängnissen vor. Unter Gefangenen. STANISLAW JERZY LEC

Um einen Staat zu beurteilen, muß man sich seine Gefängnisse von innen ansehen. LEO TOLSTOI

75

Ein Zuchthaus sei kein japanischer Blumentempel. Es sei aber auch kein sadistisches Kabinett. KURT TUCHOLSKY

Daß die Menschen einen Kerker für eine Strafe halten, beweist, daß sie Geselligkeit für Belohnung halten; denn sonst wäre ja im Kerker alles zu haben, wenn man Menschen ausnimmt. JEAN PAUL

Die Gemeinschaftshaft macht schlechter – die Einzelhaft macht schwächer. Die Einzelhaft ist darauf angelegt, in einsamer Zerknirschung bösen Willen zu brechen. GUSTAV RADBRUCH

Einzelhaft gilt als strafverschärfend. Das verstehe, wer kann. Wenn schon im Gefängnis, dann doch bitte in der Einzelzelle. Es ist überhaupt eine merkwürdige Welt, das Gefängnis. Dort ist alles erhältlich, worauf der Unbescholtene in Freiheit nicht unbedingt besteht – Schwulenliebe, Rauschgifte, Waffen, Schnaps und ein Kommunikationsnetz, welches das der Telekom bei weitem übertrifft. JOHANNES GROSS

Trennung durch Gefängnismauern: ein Tötungsersatz. TOMMASO DA PONTE

Die Todesstrafe ist in der Tat die Speerspitze der Strafe, und wer sie abschafft, der rührt an das Strafen im ganzen. Denn die lebenslange Freiheitsstrafe setzt an die Stelle der Hinrichtung das Sterben über Jahrzehnte. Der Verzicht auf das Übel der Todesstrafe zwingt zum Nachdenken darüber, was das zufügt, was an ihre Stelle tritt. GERHARD MAUZ

Gegen die Todesstrafe wird eingewendet, daß sie irreversibel ist. Irreversibel ist aber auch jede Freiheitsstrafe. Es gibt keinen gleichwertigen Ersatz, keine Entschädigung für die Lebenszeit, die ein Unschuldiger hinter Gittern verbracht hat. Wer Jahre seiner Jugend, seines Mannesalters eingebüßt hat, dem hülfe es nicht einmal, wenn die Justiz Längerleben im Alter anstücke̱n könnte.   JOHANNES GROSS

Ich bin zutiefst überzeugt, daß man in fünfzig oder hundert Jahren unsere lebenslangen Zuchthausstrafen mit demselben Staunen und Schauder betrachten wird, den wir heute empfinden, wenn wir uns vergegenwärtigen, wie man früher Nasen durchlöcherte oder einen Finger an der linken Hand abhackte.   ANTON TSCHECHOW

Gefängnisse werden aus den Steinen der Gesetze errichtet, Bordelle aus den Ziegeln der Religion.   WILLIAM BLAKE

Die Strafzeit ist eine Enklave, ein Stück leerer Zeitablauf, ein Stück Tod mitten im Leben – wir haben keine verstümmelnden Leibesstrafen mehr, aber wir haben in der Freiheitsstrafe eine Strafe, die das Leben verstümmelt.   GUSTAV RADBRUCH

Ich hatte mich immer verwundert gefragt, nach welchen Gesichtspunkten die Verfasser der Gesetzbücher ihre vermutlich als heilsam angesehenen Medikamente dosieren. Sie schienen mir da Geheimformeln zu haben, nach denen sie die Dauer der Haft ausklügelten.   FERDINAND SAUERBRUCH

Fremdenfeindlichkeit

In Deutschland wählte der Patriotismus die aggressive Form. Die Liebe zum Heimischen kleidete sich in den Haß gegen Fremdes.   WALTHER RATHENAU

In Wahrheit waren die Deutschen nie selbstbewußt, im Gegenteil, sie haben immer gekuscht. Die Franzosen haben sie gehaßt, weil sie sie beneidet haben, ähnlich war es mit den Engländern. Und dann hat man auf die Stammtische gehauen und erklärt: Wir sind ja eigentlich viel besser als die anderen. Der Größenwahn ist der Zwillingsbruder des Minderwertigkeitskomplexes. MICHAEL KUNZE

Der Prüfstein für eine Zivilisation ist, wieviel „Andersartigkeit" bereitwillig ertragen und aufgenommen wird; denn eines ist das Kennzeichen aller primitiven Gesellschaften – sie verabscheuen die Mannigfaltigkeit. SYDNEY J. HARRIS

Es gibt überhaupt keine Abneigung – weder bei uns noch in den Vereinigten Staaten, in Frankreich, Britannien pp. – gegen Ausländer, die ihre Rechnungen von mitgebrachtem Geld bezahlen. Aber das verlogene Zeitalter will sich nicht eingestehen, daß die angeblich rassistischen Konflikte fast alle ökonomisch-soziale sind, von der Unterklasse ausgehen und die Unterklasse treffen. Was in Zeiten vor unserer egalitären Gesellschaft unvorstellbar gewesen wäre: daß Bürger Lichterketten bilden, um sich für Proleten zu schämen. JOHANNES GROSS

Nur wenige können glücklich sein, ohne andere Menschen, Völker oder Rassen zu verachten. BERTRAND RUSSELL

Junge Menschen, deren Leistungen ihrem Ehrgeiz nie gemäß sind, suchen sich einen Gegenstand zum Zerreißen, aus Rache, meistens Menschen, Stände, Rassen, welche nicht gut Wiedervergeltung üben können. FRIEDRICH NIETZSCHE

Fremdworte

(s. a. Gesetzessprache)

Ein Fremdwort ist wie ein unscharfes Foto.

KARL HEINRICH WAGGERL

Fremdwörter sind für den Juristen, was für den Reiter die Jodhpurs.

ERNST TEUBNER

Der abrupte Wechsel des Juristen ins Lateinische signalisiert untrüglich, daß er mit seinem Latein am Ende ist.

HANSJÖRG STAEHLE

Fußgänger

Es gibt zwei Arten von Fußgängern – die schnellen und die toten.

ROBERT LEMBKE

Das Auto ist jene technische Erfindung, welche die Anforderungen an die Reaktionsgeschwindigkeit der Fußgänger beträchtlich gesteigert hat.

LOTHAR SCHMIDT

Der verantwortungsbewußte Fußgänger von heute tut drei Dinge: Er läßt seinen Anzug panzern, er schließt ein Dutzend Versicherungen ab, und er bleibt zu Hause.

DANNY KAYE

G

Geld

(s. a. Falschgeld, Inflation)

Es gibt nichts Schlimmeres auf der Welt als Geld. Es läßt Städte verwaisen; Menschen ihr Zuhause aufgeben; es verführt und verdirbt ehrliche Menschen und verwandelt Tugend in Falschheit; es lehrt Niedertracht und Respektlosigkeit, Gottlosigkeit.
SOPHOKLES

Geld ist geprägte Freiheit.
FJODOR M. DOSTOJEWSKI

Geld ist eine neue Form der Sklaverei.
LEO TOLSTOI

Das Geld ist mit dem Verstande durchaus vergleichbar: beide machen reich und arm zugleich.
ERNST R. HAUSCHKA

Vielleicht verdirbt Geld den Charakter. Auf keinen Fall aber macht Mangel an Geld ihn besser.
JOHN STEINBECK

Geld ist die Garantie dafür, daß, wenn wir etwas wollen, wir es in Zukunft haben können. Auch wenn wir im Moment nichts brauchen, sichert es die Möglichkeit, einen neuen Wunsch zu befriedigen, wenn er auftaucht.
ARISTOTELES

Geld ist der sechste Sinn. Der Mensch muß ihn haben, denn ohne ihn kann er die anderen fünf nicht voll gebrauchen.
WILLIAM SOMERSET MAUGHAM

Geld ist jener sechste Sinn, der die Würdigung der anderen fünf erst ermöglicht. ORSON WELLES

Wer kein Geld hat, der hat auch keinen Mut. Er fürchtet allerorten zurückgesetzt zu werden, glaubt jede Demütigung ertragen zu müssen und zeigt sich allerorten in schwachem Lichte. ADOLPH FREIHERR VON KNIGGE

Als ich jung war, glaubte ich, Geld sei das Wichtigste im Leben; jetzt, wo ich alt bin, weiß ich, daß es das Wichtigste ist. OSCAR WILDE

Im Deutschen reimt sich *Geld* auf *Welt*; es ist kaum möglich, daß es einen vernünftigeren Reim gäbe; ich biete allen Sprachen Trotz! GEORG CHRISTOPH LICHTENBERG

Geldstrafe
(s. a. Strafe)

Die Geldstrafe ist Bestrafung und nicht Schadenersatz. LENIN

Geldstrafen bezahlen neuerdings sozial eingestellte Richter für bedürftige Verurteilte, weil sie sich dadurch nun nicht mehr dem Vorwurf der Strafvereitelung aussetzen. ERNST TEUBNER

Gentechnologie

Die Genetiker sind die Raumfahrer nach innen: Sie haben das Leben im Mikrokosmos entdeckt und beginnen es zu steuern. ERNST R. HAUSCHKA

Während sich der Zusammenbruch der allgemeinen Moral abzeichnet, tut sich die Chance der Gen-Manipulation auf. Die Throne und Herrschaften, die der Schlechtigkeit unter den Untertanen nicht mehr Herr sind, werden sie nutzen wollen. JOHANNES GROSS

Der Gedanke, das Sosein eines Menschen von den eugenischen Vorstellungen, Ambitionen und Mißgriffen eines Experimentators abhängig zu wissen, ist für jeden freiheitlich Gesinnten unerträglich. Gesetzlich nicht sanktionierte genetische Manipulationen, durch die eine Wesensänderung eines Menschen erstrebt wird, würden jede Rechts- und Gesellschaftsordnung, gleichviel welchen Gesellschaftssystems, sprengen. Solche Experimente würden einen nicht verantwortbaren Eingriff in die Intimsphäre und Freiheit des Einzelnen darstellen, bevor er überhaupt existierte. PAUL KRAUSS

Mutig schreitet die Wissenschaft voran! Klaglos die Rechtsprechung hinterher. Momentan versucht sie noch zumindest Sichtkontakt zu halten, bevor der biochemische Fortschritt endgültig hinterm Horizont verschwunden ist. Bis die Rechtsprechung ebenfalls dort anlangt, hat die Gentechnik bereits jede Menge frischerfundene Monster im Kühlschrank und pocht auf das Recht des eingefrorenen Lebens. WERNER KOCZWARA

Gerechtigkeit

(s. a. Jurisprudenz, Recht, Ungerechtigkeit)

Wenn der Haß feige wird, geht er maskiert in Gesellschaft und nennt sich Gerechtigkeit. ARTHUR SCHNITZLER

Es hat noch niemand acht gegeben auf die Verwandtschaft der Rachsucht mit der Gerechtigkeitsliebe. FRANZ GRILLPARZER

—

Die Rache ist eine Art von wildwachsender Gerechtigkeit, die das Gesetz, je mehr die menschliche Natur dazu hinneigt, um so dringender ausrotten sollte. FRANCIS BACON

—

Ich habe es selbst erlebt, daß die Wahrheit alles andere als gerecht war, und ich habe mit angesehen, daß die Gerechtigkeit Werkzeuge und Mittel benutzte, die ich nicht mit der Feuerzange berühren möchte. WILLIAM FAULKNER

—

Die Ausübung der Gerechtigkeit in ihrer jetzt schon seit Jahrtausenden bestehenden Gestalt ist die stete Anhäufung von Blutschuld auf unserem Geschlecht. FRIEDRICH HEBBEL

Henker treten meist in Masken der Gerechtigkeit auf.

STANISLAW JERZY LEC

Gerechtigkeit ist nichts anderes als der Vorteil des Stärkeren.

THRASYMACHOS

—

Gerechtigkeit ist Wahrheit in Aktion. BENJAMIN DISRAELI

—

Wahrheit und Gerechtigkeit sind Elemente des mitmenschlichen und gesellschaftlichen Seins, die wie ein Zahnradsystem ineinandergreifen. Die Gerechtigkeit soll jedem das Seine geben. Aber was jedem zusteht, sagt die Gerechtigkeit nicht ohne weiteres. Um dies festzustellen, muß erst die Wahrheit gefunden werden. HANS JAKOB MAIER

Jeder ist für Gerechtigkeit, weil er glaubt, sie belohne ihn, und sorge dafür, daß dem Nachbarn recht geschieht.

LOTHAR SCHMIDT

Gerechtigkeit ist nur eine lebhafte Furcht davor, man könne uns nehmen, was uns gehört; von daher rührt die Hochachtung und der Respekt für die Ansprüche unserer Mitmenschen und die peinliche Sorgfalt, ihnen keinen Schaden zuzufügen.

FRANÇOIS DE LA ROCHEFOUCAULD

Gerecht ist im Rechtsalltag für viele Bürger, manchmal sogar für einflußreiche Politiker das, was optimal ihren Interessen oder ihren weltanschaulichen Vorverständnissen entspricht. Gerechtigkeitsurteile sind in aller Regel Mischungen aus Glaubensüberzeugungen und Interessenbewertungen. Sie sind stark subjektiv geprägt.

BERND RÜTHERS

Die seelische Haltung, die jedem das Seine gibt und das Interesse der menschlichen Gesellschaft freigebig und gleichmäßig gegen alle im Auge behält, heißt Gerechtigkeit.

CICERO

Die Gerechtigkeit entspringt dem Neide, denn ihr oberster Satz ist: Allen das Gleiche.

WALTHER RATHENAU

Die Gerechtigkeit gleicht jenen chemischen Stoffen, die man nie völlig rein, sondern nur unter Beimischung eines anderen Stoffes darstellen kann.

ARTHUR SCHOPENHAUER

Wer den ersten Gedanken der Gerechtigkeit hatte, war ein göttlicher Mensch; aber noch göttlicher wird der sein, der ihn wirklich ausführte.

JOHANN GOTTFRIED SEUME

Tapferkeit und Klugheit sind immer seltene Tugenden unter den Menschen, aber die seltenste ist wohl die Gerechtigkeit.

PLUTARCH

Wenn die Gerechtigkeit untergeht, hat es keinen Sinn mehr, daß Menschen auf Erden leben. IMMANUEL KANT

Jedes Quentchen weniger als volle Gerechtigkeit macht den Bösen zum Gewinner und den Guten zum Verlierer.

MARK MCCORMACK

Geht der Gerechtigkeit aus dem Weg. Sie ist blind.

STANISLAW JERZY LEC

Recht ist Wille zur Gerechtigkeit. GUSTAV RADBRUCH

Wenn man im innersten Herzen die Gerechtigkeit liebt, kann man vielleicht nicht anders, als an der Justiz zu leiden.

HERBERT ROSENDORFER

Das eigene Rechtsgefühl dem autoritativen Rechtsgefühl zu opfern; nur zu fragen, was rechtens ist, und niemals, ob es auch gerecht sei; möglicherweise der Ungerechtigkeit zu dienen in einem Berufe, der ohne Liebe zur Gerechtigkeit nicht freudig betrieben werden kann: das ist die Aufgabe und die Tragödie des Juristen. GUSTAV RADBRUCH

Als die erste Pflicht, welche die Gerechtigkeit ihren Pflegern auferlegt, achte ich die gründliche reife Überlegung, welche dem Gewissen für die Wahrheit und Rechtlichkeit der Entscheidung bürgt. Als zweite Pflicht achte ich, daß der Rechtsu-

85

chende sein Recht so viel möglich in der kürzesten Zeit erlange. Ein verspäteter Rechtsgewinn ist öfters so schlimm, oft verderblicher als ein zeitiger Rechtsverlust.

ANSELM VON FEUERBACH

Ein wesentlicher Umstand bei der Gerechtigkeit, die man anderen schuldet, ist, daß man sie ihnen sogleich und ohne Aufschub widerfahren läßt; sie auf sie warten lassen ist Ungerechtigkeit.

JEAN DE LA BRUYÈRE

Das Recht ist kein logischer, sondern es ist ein Kraftbegriff. Darum führt die Gerechtigkeit, die in der einen Hand die Waagschale hält, mit der sie das Recht abwägt, in der andern das Schwert, mit dem sie es behauptet. Das Schwert ohne die Waage ist die nackte Gewalt, die Waage ohne das Schwert die Ohnmacht des Rechts. Beide gehören zusammen, und ein vollkommener Rechtszustand herrscht nur da, wo die Kraft, mit der die Gerechtigkeit das Schwert führt, der Geschicklichkeit gleich kommt, mit der sie die Waage handhabt.

RUDOLF VON IHERING

Gerechtigkeit ohne Stärke ist Ohnmacht: Macht ohne Gerechtigkeit ist Tyrannei. Deshalb muß man die Gerechtigkeit und die Macht in Übereinstimmung bringen und zu diesem Zwecke bewirken, daß das Gerechte auch stark sei, und das, was stark ist, auch gerecht sei.

BLAISE PASCAL

Gericht

(s. a. Justiz, Rechtsprechung, Richter)

Wie beurteilt man einen Staat am gerechtesten? Einfach – auf Grund seiner Gerichtsbarkeit.

STANISLAW JERZY LEC

Gibt doch die Beschaffenheit der Gerichte und der Heere die genaueste Einsicht in die Beschaffenheit irgendeines Reiches. JOHANN WOLFGANG VON GOETHE

———

Der Gerichtssaal ist einer der wenigen Orte, wo sich in Deutschland noch Obrigkeit zelebriert. JOHANNES GROSS

———

Die Deutschen sind gerichtsscheu. Wer von sich sagen kann, daß er noch niemals mit dem Gericht zu tun gehabt habe, glaubt sich eines moralischen Verdienstes rühmen zu dürfen, und er fürchtet den Verlust dieses Verdienstes schon dann, wenn er auch nur als Zeuge vor Gericht geladen wird. PAUL BOCKELMANN

Gerichtsvollzieher

Die letzte Instanz in der Planwirtschaft ist der Scharfrichter, in der Marktwirtschaft der Gerichtsvollzieher. WILHELM RÖPKE

———

Gerichtsvollzieher können beruhigt Besuche machen, ohne Gegenbesuche befürchten zu müssen. ROBERT LEMBKE

———

Alles geht vorüber. Nur der Tod und der Gerichtsvollzieher nicht. WERNER MITSCH

Gesetzessprache
(s. a. Fremdworte)

Normblähsucht: Die 10 Gebote zählen 279 Wörter, die amerikanische Unabhängigkeitserklärung von 1776 kommt auf

300, die EWG-VO über die Einfuhr von Karamelbonbons enthält 25.911 Wörter. Ernst Teubner

Ein Gesetz muß kurz sein, damit es von Unkundigen desto leichter behalten werde und sei einer von der Gottheit ausgehenden Stimme gleich: Es befehle daher und erörtere nicht. Seneca

Die Sprache des Gesetzes wird niemals der Sprache der Zeitung, des Buches, des Verkehrs gleichen können. Sie ist eine knappe Sprache, die kein Wort zuviel sagt, eine barsche Sprache, die befiehlt, ohne zu begründen, eine kalte Sprache, die sich niemals erregt, und in allen diesen Eigentümlichkeiten so berechtigt wie nur irgendeine andere Stilform. Gustav Radbruch

Was für eine barbarische Sprache doch die Sprache des Gesetzes ist! Emile Zola

Wenn, wie es in Deutschland oft geschieht, Gesetze in der Sprache von Befehlen abgefaßt werden, gewöhnt man die Bürger daran, Gesetze als bloße Befehle anzusehen, denen man folgt, nicht weil man sie ehrt, sondern weil man sie fürchtet. Ludwig Börne

Der Gesetzgeber soll denken wie ein Philosoph, aber reden wie ein Bauer. Rudolf von Ihering

Recht ist in Sätzen (Rechtssätzen) gefaßt. Es existiert nur in sprachlicher Formulierung. Es kann ohne Sprache nicht gedacht werden. Es kann nur in der Sprache vermittelt, angewendet, verändert werden. Sprache ist die Existenzform des

Rechts. Die Sprache ist – nicht nur, aber auch – das unverzichtbare, unentrinnbare Arbeitsgerät des Juristen. Die
Sprachbeherrschung dient als Arbeitsgrundlage.

BERND RÜTHERS

Das Gesetz muß aus dem Gedanken des Volkes heraus gesprochen sein. Der verständige Mann, der es liest, der über die
Zeit und ihre Bedürfnisse nachgedacht hat, muß die Empfin-
dung haben, es sei ihm aus dem Herzen gesprochen.

EUGEN HUBER

Der Papierstil trennt den Gebildeten, vor allem den Gesetzgeber und Beamten, von dem übrigen Volk. Wer dem einfachen
Mann nahekommen will, darf sich nicht einer Sprache bedienen, die das Volk gottlob nicht versteht, selbst wenn es ihren
äußeren Sinn erfaßt. Er muß sich freimachen von Übergründ-
lichkeit und Breitspurigkeit, von der Überschätzung des
Nebensächlichen und des Formwesens, er muß sich bekennen zu dem fest zupackenden Griff der Redesprache.

LUDWIG REINERS

Es läßt sich beobachten, daß die Klasse der Gesetzgeber eine
eigene Sprache hat oder einen Dialekt spricht, den kein anderer Sterblicher verstehen kann. In dieser Sprache sind alle
ihre Gesetze geschrieben und sie bemühen sich emsig, sie
immer mehr auszubauen. JONATHAN SWIFT

Die Sprache der Juristen ist bis zu einem gewissen Grade eine
Fachsprache und wie alle Fachsprachen bis in ihre letzten
Bedeutungen hinein in vollem Umfang (bestenfalls!) nur dem
Fachmann verständlich. Aber geht man nicht zu weit, wenn
man meint, die ganze Juristerei sei nur dazu da, um für den
Laien klare Dinge mittels unergründlicher Begriffsbestim-
mungen wissenschaftlich zu verwirren? SIEGFRIED SICHTERMANN

Gesetzgebung

(s. a. Paragraph, Recht)

Das Gesetz ist ein Vertrag, worin man sich gegenseitig das Recht verbürgt. Aber es ist nicht imstande, die Bürger zu Sittlichkeit und Gerechtigkeit anzuhalten. LYKROPHON

Vernunft ist für den Vernünftigen, was für den Unvernünftigen das Gesetz ist. LOTHAR SCHMIDT

Alle Kraftmenschen und Originale sind immer gegen das „Gesetz". Gott sei Dank, daß wir das Gesetz haben, aber in seiner oft silbenstecherischen, auf Formen zugeschnittenen Handhabung ist etwas, was den natürlichen Menschen verdrießt. THEODOR FONTANE

Überflüssige Gesetze tun den notwendigen an ihrer Wirkung Abbruch. MONTESQUIEU

Der kindliche Glaube an die Allmacht der Gesetze ebenso wie die Interessenlage der professionellen Gesetzgeber und Gesetzesvorbereiter haben zu einer Flut von Gesetzen, Verordnungen, Durchführungsbestimmungen, Erlassen, Anordnungen usw. geführt, die weder durchschau- noch handhabbar sind. Nicht für die Verwaltung und noch weniger für das Publikum. MICHAEL BENJAMIN

Wo Normen fehlen, wuchern die Gesetze. HERBERT EISENREICH

Wenn man alle Gesetze studieren wollte, so hätte man gar keine Zeit, sie zu übertreten. JOHANN WOLFGANG VON GOETHE

90

Gesetze sind wie Arzneien. Sie sind gewöhnlich nur Heilung einer Krankheit durch eine geringere oder vorübergehende Krankheit.   OTTO VON BISMARCK

Man mag hier annehmen was man will, die Wahrheit bleibt allemal: Je einfacher die Gesetze, und je allgemeiner die Regeln werden, desto despotischer, trockener und armseliger wird ein Staat.   JUSTUS MÖSER

Das Gesetz erzeugt nicht die Gerechtigkeit. Das Gesetz ist nichts als die Erklärung und Anwendung dessen, was bereits gerecht ist.   PROUDHON

Das Gesetz hat die Menschen nicht um ein Jota gerechter gemacht; gerade durch ihren Respekt vor ihm werden auch die Wohlgesinnten jeden Tag zu Handlangern des Unrechts.
HENRY DAVID THOREAU

Der Mensch gönnt seiner Gattung nichts, daher hat er die Gesetze erfunden. Er darf nicht, also sollen die andern auch nicht.   KURT TUCHOLSKY

Gesetze wurden gemacht, damit der Stärkere seinen Willen nicht in allen Dingen durchsetze.   OVID

Die Gesetze schinden die Armen und die Reichen beherrschen die Gesetze.   OLIVER GOLDSMITH

Wo die Willkür und Gesetzlosigkeit frech und dreist ihr Haupt zu erheben wagt, da ist dies immer ein sicheres Zeichen, daß diejenigen, welche berufen waren, das Gesetz zu verteidigen, ihrer Pflicht nicht nachgekommen sind.
RUDOLF VON IHERING

Schlechte Gesetze sind die schlimmste Form der Tyrannei.

EDMUND BURKE

Jedes Gesetz ist von Übel, denn jedes Gesetz ist eine Verletzung der Freiheit.

JEREMY BENTHAM

Man bemerkt, daß strenge Gesetze sich sehr bald abstumpfen und nach und nach loser werden, weil die Natur immer ihre Rechte behauptet.

JOHANN WOLFGANG VON GOETHE

Ein zaghaftes Gesetz ist gewöhnlich ein schlechtes Gesetz.

LOUIS SÉBASTIEN MERCIER

Wenn die Menschen müde sind, fallen sie in Anarchie; sind sie aber froh und kraftvoll, so schaffen sie sich Gewohnheiten, Konventionen – sie machen dann unweigerlich Gesetze und Regeln.

GILBERT KEITH CHESTERTON

Die Kraftlosigkeit liebt die Gesetzlosigkeit; denn nicht die Schwäche, nur die Kraft will immer dasselbe, und dasselbe heißt eben Gesetze.

JEAN PAUL

Meistens gelangen die Menschen erst durch die Folgen der Unordnung zur Einführung der Ordnung, und Gesetzlosigkeit führt gewöhnlich erst zu Gesetzen.

FRIEDRICH VON SCHILLER

Der oft unüberlegten Hochachtung gegen alte Gesetze, alte Gebräuche und alte Religion hat man alles Übel in der Welt zu danken.

GEORG CHRISTOPH LICHTENBERG

Jede große Reform hat nicht darin bestanden, etwas Neues zu tun, sondern etwas Altes abzuschaffen. Die wertvollsten Gesetze sind die Abschaffungen früherer Gesetze gewesen.

THOMAS BUCKLE

Dann gibt es aber auch noch andere Paragraphenjünger, deren Gesetzesliebe darauf beruht, sie entwerfen zu dürfen. Das berauschende Gefühl, mit einem Federstrich in die persönliche Sphäre von Millionen einzudringen, ist vielleicht auch ein Schlüssel für die Gesetzesflut der letzten Jahre.

HANS HÄMMERLEIN

Karl der Große erließ in der Zeit seiner Herrschaft hundertzwanzig Gesetze. Ein so armseliges Ergebnis kostet eine gesetzgeberische Versammlung unserer Tage nur ein Auflachen.

KURT FRIEBERGER

Im Jahre 1957 beschloß der Deutsche Bundestag das Mühlengesetz, mit dem (nach der Begründung der Bundesregierung) „eine volkswirtschaftlich unerwünschte Erweiterung der Mühlenkapazität durch wirtschaftslenkende Maßnahmen verhindert werden" sollte. Man kann auf den Gedanken kommen, daß auch die Kapazitäten der Gesetzesmühle eines regulierenden Eingriffs bedürfen, weil die Normenflut zu unerwünschten Folgen führt.

ERNST BENDA

Ein Staat, worin ein jeder der vollkommensten Freiheit genießt und das allgemeine Beste zugleich im höchsten Grad erhalten wird, ist unstreitig besser, glücklicher und prächtiger als ein andrer, worin das letzte mit einer größern Aufopferung der Freiheit aufs teuerste erkauft werden muß. Jener aber wird gewiß eine größere Mannigfaltigkeit in seinen Gesetzen haben als dieser.

JUSTUS MÖSER

Man muß doch schon sehr kindisch und vertrauensvoll sein, um von der Gesetzgebung eine Verbesserung der persönlichen Lage zu erhoffen. OTTO VON BISMARCK

—

Die Gesetzgebung ist das große Wagnis der Menschheit, ihre eigene Vorsehung zu spielen. OSKAR BÜLOW

—

Das Mißtrauen ist die erste Pflicht jedes Gesetzgebers. Gesetze sind ja nicht gemacht gegen die Guten, sondern gegen die Schlechten, und je mehr Schlechtigkeit ein Gesetz bei seinem Adressaten voraussetzt, um so besser ist es selbst.
GUSTAV RADBRUCH

—

Geh mir mit deiner Erde! Auf ihr teilt die Wahrheit das Los des Pegasus im Joche, sie wird dort geknechtet von euern Gesetzgebern und Praktikern, denen der Sinn für die Wahrheit, welche den alleinigen Leitstern im Recht abzugeben hat, abgeht. RUDOLF VON IHERING

—

Die Mehrzahl der Gesetzgeber waren beschränkte Menschen, welche der Zufall an die Spitze der anderen stellte und welche fast nichts anderes zurate gezogen haben als ihre Vorurteile und ihre Narrheiten. MONTESQUIEU

—

Mit Gesetzen ist es wie mit Würstchen. Es ist besser, wenn man nicht sieht, wie sie gemacht werden. OTTO VON BISMARCK

—

Laß es dir nie einfallen, willkürliche Gesetze ohne anderer Rat zu machen; denn das pflegen die Dummen zu tun, die für scharfsinnig wollen gehalten werden. MIGUEL DE CERVANTES

Alle Gesetze sind von Alten und Männern gemacht. Junge und Weiber wollen die Ausnahme, Alte die Regel.

JOHANN WOLFGANG VON GOETHE

Der lächerliche Zufallsbrei, den da Beamte, parlamentarische Wichtigtuer und Duckmäuser zusammenkochen, heißt nachher Gesetz und wird einer mächtigen Bürokratie willkommener Anlaß sein, auch weiterhin auf den schafsgeduldigen Deutschen herumzuregieren. KURT TUCHOLSKY

Daß unsere Gesetze immer schlechter stilisiert und immer lüderlicher redigiert werden, liegt wesentlich an der Menge von Abgeordneten, die an ihnen herumpfuscht.

NICOLAI HARTMANN

Wer ein Gesetz verfaßt, betrachte den Sinn seiner Zeiten.

JOHANN WOLFGANG VON GOETHE

Philosophie der Gesetzgebung ist nichts anderes als die Wissenschaft der Regeln, die den Gesetzgeber binden und leiten sollen; was aber den Gesetzgeber bindet und leitet, das ist Weisheit, und Weisheit ist nichts anderes als Klugheit im Dienste der Gerechtigkeit. ANSELM VON FEUERBACH

Handle so, daß die Maxime deines Willens jederzeit zugleich als Prinzip einer allgemeinen Gesetzgebung gelten können.

IMMANUEL KANT

Geständnis

Geständnis: Im Zivilprozeß peinliche Königin der Beweise, aus deren Umschlingung man sich nur lösen kann, wenn man beweist, daß sie unwahrhaftig war und man sich außerdem in ihr noch geirrt hatte. Im Strafprozeß ist das Geständnis keine Königin, sondern eine femme fatale, die der freien Beweiswürdigung unterliegt. ERNST TEUBNER

Manches gestehen, das bedeutet meist einen hinterhältigeren Betrug als *alles* verschweigen. ARTHUR SCHNITZLER

Wir gestehen unsere kleinen Fehler nur, um zu überzeugen, daß wir keine großen haben. FRANÇOIS DE LA ROCHEFOUCAULD

Gewalt

Gewalt löst keine Probleme! Oh doch, und gar nicht so selten. JOHANNES GROSS

Vor 300 Jahren galt die Folter als ebenso notwendig wie heute die Gewalt. Wie die Folter sehr bald zu den gewünschten Ergebnissen führte, so tut es heute die Gewalt. LEO TOLSTOI

Dazu kommt, daß Menschen, je mehr sie mit Gewalt erreichen, um so hemmungsloser Gewalt anwenden. Raubtiere pflegen sich nicht plötzlich auf Spinat umzustellen.
ERICH KÄSTNER

Zur Gewalt neigt nicht nur der Kriminelle. Sie ist in allen Menschen gegenwärtig, die in einer Welt leben, deren Fundament die Gehorsamsbereitschaft ist. ARNO GRUEN

Die Menge an Gewalt in der Gesellschaft scheint konstant zu sein. Je mehr die Obrigkeit davon abgibt, desto mehr nimmt

96

der lüsterne Untertan. Das einstige Gewaltmonopol des Staates wird parzelliert. Wenn die Lehrer nicht prügeln, tun es die Schüler. JOHANNES GROSS

———

Gewalt birgt immer ein Element der Verzweiflung. THOMAS MANN

———

Jeder, der einmal die Gewalt als seine Methode proklamiert hat, muß unvermeidlich die Lüge zu seinem Prinzip wählen. ALEXANDER SOLSCHENIZYN

———

Gewalt erniedrigt die nicht weniger, die sie ausüben, als jene, die sie erdulden müssen. OSCAR WILDE

Gewerkschaft

Gewerkschaft: Organisation, die dafür kämpft, daß immer mehr Menschen für immer mehr Geld immer weniger leisten. MICHAEL SCHIFF

———

Gewerkschaften nutzen ihre Macht selten, wenn überhaupt, zu dem Zwecke, gute Arbeit zu garantieren; fast immer verwenden sie einen Großteil ihrer Macht darauf, schlechte Arbeit zu schützen. HENRY LOUIS MENCKEN

———

Die Gewerkschaften haben viel für ihre Mitglieder getan. Am meisten aber für die Automation. OLIVER HASSENCAMP

———

Post-soziale Gesellschaft: ein Industriestaat, in dem die Gewerkschaften wegen totaler Automation des Produktions- und Verteilungsprozesses funktionslos geworden sind.

ARNO SÖLTER

Gewissen

Die großen Zweifler an der Wissenschaft und dem Werte des Rechts, ein Tolstoi, ein Daumier, ein Anatole France und so auch ein Kirchmann, sind für den werdenden Juristen unschätzbare Mahner zur Selbstbesinnung. Denn ein guter Jurist kann nur der werden, der mit schlechtem Gewissen Jurist ist.
GUSTAV RADBRUCH

Gewissen und Feigheit sind in Wirklichkeit ein und dasselbe. Das Gewissen ist nur der öffentliche Geschäftsname der Doppelfirma.
OSCAR WILDE

Man ist nie scharfsinniger, als wenn es darum geht, sich selbst zu täuschen und seine Gewissensbisse zu unterdrücken.
FÉNELON

Sein Gewissen war rein. Er benutzte es nie. STANISLAW JERZY LEC

Es ist ein Gott. Sein Bevollmächtigter ist das Gewissen.
THEODOR GOTTLIEB VON HIPPEL

Der Glaube an Autorität ist die Quelle des Gewissens: Es ist also nicht die Stimme Gottes in der Brust des Menschen, sondern die Stimme einiger Menschen im Menschen.
FRIEDRICH NIETZSCHE

Die Gesetze des Gewissens, von denen wir meinen, sie stammten aus der Natur, sind Kinder der Gewohnheit. Ein jeder hält für sich die Auffassungen und die Sitten hoch, die um ihn her gebilligt und als gültig anerkannt werden; er kann sich ihnen nicht ohne Gewissensbisse entziehen, sich ihnen nicht ohne Beifall fügen.   MICHEL DE MONTAIGNE

Christlich Erzogene sollten ihr Gewissen rechtsstaatlich trainieren. In dubio pro reo, ne bis in idem, Unschuldsvermutung bis zum Urteil, nulla poena sine lege; das kann zum Seelenfrieden viel beitragen. Überhaupt muß man dem Jüngsten Gericht nicht allzuviel vorarbeiten.   JOHANNES GROSS

Die Stimme des Gewissens wäre ein besserer Berater, wenn wir ihr nicht immer soufflierten, was sie sagen soll.   JEAN ANOUILH

Niemals tut man so vollständig und so gut das Böse, als wenn man es mit gutem Gewissen tut.   BLAISE PASCAL

Rechtsgefühl und Gewissen stehen in einem psychologischen Gegensatz, das Gewissen bindet, das Rechtsgefühl entfesselt den Eigennutz.   GUSTAV RADBRUCH

Die Gewissen der Menschen sind so wie ihre Leiber, nicht allein nicht gleich zart, sondern auch bei einem Menschen zart, wo sie beim anderen schweinsledermäßige Dicke haben.

GEORG CHRISTOPH LICHTENBERG

Es ist jetzt Mode, Schnallen an den Beinkleidern zu tragen, womit man sie nach Belieben weiter und enger schnürt. Wir wollen uns ein Gewissen nach der neuesten Façon anmessen lassen.   FRIEDRICH VON SCHILLER

Gewissenlosigkeit ist nicht der Mangel des Gewissens, sondern der Hang, sich an dessen Urteil nicht zu kehren.

IMMANUEL KANT

Gewohnheitsrecht

Immer wieder behauptete Unwahrheiten werden nicht zu Wahrheiten, aber, was schlimmer ist, zu Gewohnheiten.

OLIVER HASSENCAMP

Es ist mit vielen Dingen eine schlimme Sache um die Gewohnheit. Sie macht, daß man Unrecht für Recht und Irrtum für Wahrheit hält.

GEORG CHRISTOPH LICHTENBERG

Das ständige Unrecht scheint ein beständiges Gewohnheitsrecht in unserer Welt zu sein.

GERHARD UHLENBRUCK

Unrecht gewinnt oft Rechtscharakter einfach dadurch, daß es häufig vorkommt.

BERTOLT BRECHT

Die Summe dieser Ansicht also ist, daß alles Recht auf diese Weise entsteht, welche der herrschende, nicht ganz passende Sprachgebrauch als Gewohnheitsrecht bezeichnet, das heißt, daß es erst durch Sitte und Volksglaube, dann durch die Jurisprudenz erzeugt wird, überall also durch innere, stillwirkende Kräfte, nicht durch die Willkür eines Gesetzgebers.

CARL VON SAVIGNY

Gläubiger
(s. a. Kredit, Schulden, Zinsen)

Gläubiger sind Leute, die kommen, wenn die Kunden ausbleiben.

LOTHAR SCHMIDT

Korrekte Menschen sind „feine Kerle" für die andern, wenn sie etwas geben, und „Pedanten", wenn sie etwas zurückverlangen.

FRIEDL BEUTELROCK

Fersengeld ist nicht selten das einzige Geld, das der Schuldner dem Gläubiger gibt.

HELLMUT WALTERS

Gläubiger haben meistens ein besseres Gedächtnis als Schuldner. Fälligkeitstermine sind für sie dasselbe, was die hohen Festtage des Jahres für die übrigen Menschen sind.

BENJAMIN FRANKLIN

Willst du etwas los sein, leih es einem guten Freund.

TITUS MACCIUS PLAUTUS

Gleichberechtigung

(s. a. Emanzipation)

Was kann dümmer und schädlicher für die Frauen sein als die modernen Gespräche von der Gleichheit der Geschlechter oder sogar von der Überlegenheit der Frauen gegenüber den Männern.

LEO TOLSTOI

Je verdorbener das Zeitalter, desto mehr Verachtung der Weiber.

JEAN PAUL

Gleichberechtigung in Zeiten der Rechtlosigkeit, das ist was!

STANISLAW JERZY LEC

Zwar betont das Grundgesetz, das „vier Mütter hatte und 66 Väter", den Gleichheitssatz gleich mehrfach in ein und dem-

101

selben Artikel, als könnte irgend jemand Zweifel daran
haben, daß Frauen auch Menschen im Sinne der Verfassung
sind. Aber dennoch war es ein weiter Weg von jenem Postulat
bis zu seiner Einlösung – und er ist, wie es scheint, noch
heute nicht zu Ende. RUDOLF GERHARDT

Gleichberechtigung zwischen Mann und Frau ist nur
möglich, wenn die Frau sich unterordnet. MARTIAL

Die Garantie der Rechtsordnung ist Gewalt, letztlich rohe
Gewalt. Bei ihrer Ausübung sind die Frauen – infolge der
modernen Waffen heute allerdings viel weniger als früher –
im Hintertreffen. IRIS VON ROTEN

Ich leugne nicht, daß man den Frauen früher einmal Unrecht
getan hat; aber ich bezweifle, ob sie jemals so sehr gequält
worden sind wie durch den sinnlosen Versuch unserer Zeit,
sie gleichzeitig im Hause zur Kaiserin und im Geschäft zur
Schreiberin zu machen. GILBERT KEITH CHESTERTON

Merken die Frauen nicht, wie unauflöslich sie die Macht der
Männer zementieren, wenn sie sich auf den Weg der totalen
Anpassung verstoßen lassen und darum betteln, in der
Männerwelt, in Berufen, zu deren Ausübung man nichts weiter können muß, als jeder Mann kann – mitarbeiten zu
dürfen? . . . Wie soll der schaudervolle Streß, dem uns alle die
Zwänge der Berufswelt aussetzen, gemildert, beseitigt werden,
wenn nun auch die Frauen noch *ihre* totale Mobilmachung
auf dem Arbeitsmarkt vollziehen, um im Leerlauf des männli-
chen Energie-Verschleißes mit mannernster Blödigkeit bis zur
Auszehrung mitzuhetzen? ROLF HOCHHUTH

Man kann ruhig zugeben, daß die Frau das Maß rücksichtsloser Sachlichkeit, das für die Rechtsanwendung doch wohl unentbehrlich ist, häufiger entbehre als der Mann, wenn man nur zugleich nachdrücklich betont, daß sie dafür in höherem Grade als der Mann andere Eigenschaften besitze, die der Rechtsanwendung kaum weniger förderlich sind.

GUSTAV RADBRUCH

Von allen menschlichen Begabungen liegt keine dem Weibe so fern wie der Rechtssinn. Fast alle Frauen lernen, was Recht ist, erst durch ihre Männer.   HEINRICH VON TREITSCHKE

Man will die Frauen nicht als Richterin, weil sie Männer ins Zuchthaus bringen könnten. Man denke: Männer von Frauen zu Freiheitsstrafen verurteilt!...Von einer Frau verurteilt zu werden, ist einem dumpfen Empfinden zufolge ein größerer Schimpf als die Strafe selbst.   IRIS VON ROTEN

Rechtsanwältinnen und Richterinnen scheinen oft so, wie sie die mit ihnen in Konkurrenz stehenden Kollegen erscheinen lassen wollen: So fürsorglich, so vermittelnd und ausgleichend, daß ihnen die Herren des Personals am liebsten die Rechtsfelder zuteilen möchten, die sie von Hause aus gewöhnt sind: Familie und Jugend.   HANS MARTIN SCHMIDT

In dieser Lage des schwankenden Rohrs halten sich gerade Frauen ungern an ein anderes schwankendes Rohr. Und das ist die Rechtsanwältin, solange ihr Beruf nicht als selbstverständliche Tätigkeit für Frauen anerkannt ist und die Frauen politisch von geringerer Bedeutung als die Männer sind.   IRIS VON ROTEN

In den modernen und weitgehend von einer bestimmten ethnischen Herkunft abgenabelten Formen des organisierten Verbrechens spielen Frauen vor allem deshalb keine Rolle, weil es ihnen nicht so leicht möglich ist, das für Reputation und disziplinäre Macht unerläßliche Killer-Prestige zu erwerben. Man traut Frauen – begründet oder unbegründet – den erforderlichen Zynismus weniger zu als Männern.

Dagobert Lindlau

Gleichheitssatz

„Alle Menschen sind gleich." Vielleicht der einzige menschheitsbewegende Satz, der von keinem Menschen je für wahr gehalten wurde.

Johannes Gross

Gleichheit mag vielleicht ein Recht sein, aber keine menschliche Macht kann sie in die Tat umsetzen.

Honoré de Balzac

Die Ungleichheit ist das Natürliche, die Gleichheit ist eine Leistung.

Carl Friedrich von Weizsäcker

Eine über die Gleichheit der Chancen hinausgehende Gleichmachung der Menschen ist die höchste Ungerechtigkeit.

Karl Jaspers

Die Menschen wurden ungleich geboren. Das größte Verdienst der Gesellschaft ist es, diese Ungleichheit so weit wie möglich zu verringern, jedem Sicherheit zu gewähren, notwendigen Besitz sowie Erziehung.

Joseph Joubert

Wer die Menschen gleichmachen will, sollte zunächst den Beweis erbringen müssen, daß er ungleiche menschliche

104

Hirne gleichmachen kann, ohne die Unversehrtheit der Person und die Menschenrechte zu verletzen.　ARNO SÖLTER

Immer sind es die Schwächeren, die nach Recht und Gleichheit suchen, die Stärkeren aber kümmern sich nicht darum.

ARISTOTELES

Gleichheit ist immer der Probestein der Gerechtigkeit, und beide machen das Wesen der Freiheit aus.

JOHANN GOTTFRIED SEUME

Gesetzgeber oder Revolutionäre, die Freiheit und Gleichheit zugleich versprechen, sind Phantasten oder Scharlatane.

JOHANN WOLFGANG VON GOETHE

Das Gesetz in seiner majestätischen Gleichheit verbietet den Armen wie den Reichen, unter den Brücken zu schlafen, auf den Straßen zu betteln und Brot zu stehlen.　ANATOLE FRANCE

Vor dem Gesetz sind alle Menschen gleich. Welche Menschen gemeint sind, bestimmt das Gesetz.　LOTHAR SCHMIDT

Die Gleichheit vor dem Gesetz ist ein Betrug, denn sie trägt nicht den natürlichen und sozialen Erfordernissen Rechnung und führt tatsächlich zur Ungleichheit.　ANATOLE FRANCE

Wo die Gleichheitsidee aus dem Gesetz verschwindet, ist eine Diskussion über Rechtsfragen überhaupt nicht mehr möglich, da entscheidet das Faustrecht, und alle Dinge treiben dem Untergang zu.　JOHANN GOTTFRIED SEUME

Es gibt keine größere Ungerechtigkeit als diejenige, ungleiche Dinge gleich zu behandeln. ERNEST RENAN

Grundgesetz
(s. a. Verfassung)

Grundgesetze sind Gebilde aus schlechtem Gewissen und
Phantasielosigkeit – wie alles Grundsätzliche dieser Welt.
HORST JANSSEN

Wichtiger noch: Das Grundgesetz der Bundesrepublik wurde
nicht von Revolutionären, sondern von Honoratioren entwor-
fen. JOHANNES GROSS

Meine Beobachtungen haben mich gelehrt, daß der Respekt
vor einer Hundertschaft Polizei oft geringer ist als vor einem
Polizeihund, weil feststeht, daß dieser das Grundgesetz nicht
gelesen hat. MANFRED ROMMEL

Handel

Die Neigung zu handeln, zu tauschen und auszutauschen, ist der ganzen Menschheit gemein und kommt bei keiner anderen Tiergattung vor. ADAM SMITH

Hier ist die Regel für den Handel: „Betrüge andere, denn sie würden es genauso tun". Das ist das einzig wahre Geschäftsprinzip. CHARLES DICKENS

Für den Händler ist selbst die Ehrbarkeit noch eine Spekulation auf Gewinn. CHARLES BAUDELAIRE

Im Handel hört alle Freundschaft auf, im Handel sind alle Menschen die bittersten Feinde. GEORG WEERTH

Die Moral sinkt, wo der Handel sich ausbreitet. OLIVER GOLDSMITH

Der Handel ist die Schule des Betrugs. VAUVENARGUES

Was mir den Handel akzeptabel erscheinen läßt, sind sein Unternehmungsgeist und sein Mut. Er faltet nicht die Hände und betet zu Jupiter. HENRY DAVID THOREAU

Handelsgesellschaften

Die im Handels-Gesetzbuch aufgeführten Gesellschaftsformen sind längst zur Farce herabgesunken; findige Juristen spielen mit diesen Formen, der Schutz der Aktionäre ist ein Witz, aber kein guter, der Gläubigerschutz steht auf dem Papier, und alle diese Gesellschaftsformen dienen in Wahrheit nur einem einzigen Zweck: die Haftung der Unternehmer auf ein Minimum herabzudrücken.   Kurt Tucholsky

Handelsgesellschaften können keinen Verrat begehen, weder geächtet noch exkommuniziert werden, denn sie haben keine Seele.   Edward Coke

KG: Einer für alle – aber nicht umgekehrt.   Michael Schiff

OHG: Gesellschaftsform, bei der der Gerichtsvollzieher bis ins Schlafzimmer kommt.   Michael Schiff

Bei einer Holdinggesellschaft übergibst du einem Komplizen die Beute, während du selbst von der Polizei durchsucht wirst.   Will Rogers

Viele Gesellschaften mit beschränkter Haftung sind mir lieber als eine mit unbeschränkter Verhaftung.   Gabriel Laub

Aktiengesellschaft: Großbetrieb, in dem die leitenden Angestellten so tun, als gehöre er ihnen.   Michael Schiff

Unter den Augen unserer Gesetzgeber haben sich die Aktiengesellschaften in organisierte Raub- und Betrugsanstalten ver-

108

wandelt, deren geheime Geschichte mehr Niederträchtigkeit, Ehrlosigkeit, Schurkerei in sich birgt als manches Zuchthaus, nur daß die Diebe, Räuber und Betrüger hier statt in Eisen in Gold sitzen. RUDOLF VON IHERING

Handlung
(s. a. Tat)

Handlung kennt der Jurist nur als Unterschied zum Reflex: Wer stechende Bienen totschlägt, handelt nicht, wohl aber, wer sie seinem Vorgesetzten ins Klo legt. ERNST TEUBNER

Jede Handlung aber muß frei von Unbesonnenheit und Leichtsinn sein, und man darf nichts tun, wovon man sich keinen vernünftigen Grund angeben kann. CICERO

Das Leben und der Mensch sind nicht aus einzelnen Handlungen zusammengesetzt, ebensowenig wie das Meer aus einzelnen Wellen besteht. Sie sind Totalitäten, die einzelnen Handlungen ineinander verfließende Bewegungen eines unteilbaren Ganzen. GUSTAV RADBRUCH

Aber man kann zweifeln, ob es wohlgetan ist, alle Handlungen der Menschen durch eine Kette von Gesetzen fest zu umgrenzen, so daß sie eine Übertretung nicht mehr wagen.
COMENIUS

Heirat
(s. a. Ehe, Verlöbnis)

Was Männer und Frauen im Himmel tun, wissen wir nicht; sicher ist nur, daß sie nicht heiraten und auch nicht verheiratet werden. JONATHAN SWIFT

109

Heiraten ist gut, aber nicht heiraten ist noch besser.

THEODOR FONTANE

Wer um des Geldes willen heiratet, weiß wenigstens ganz genau, warum er geheiratet hat. GABRIEL LAUB

Um der Schönheit willen heiraten ist ebensoviel, als um der Rose willen ein Landgut kaufen. Ja, das letztere wäre noch vernünftiger; denn die Rosenzeit kommt doch jährlich wieder. AUGUST VON KOTZEBUE

Heiraten, das heißt, Nachtigallen zu Hausvögeln machen.

CHRISTIAN DIETRICH GRABBE

Leider haben überhaupt die Heiraten – verzeihen Sie mir den lebhafteren Ausdruck – etwas Tölpelhaftes; sie verderben die zartesten Verhältnisse. JOHANN WOLFGANG VON GOETHE

Mit der Verheiratung ändert sich das System. Der Verheiratete verlangt Ordnung, Sicherheit und Ruhe – er wünscht, als Familie, in einer Familie zu leben – in einem regelmäßigen Hauswesen – er sucht eine echte Monarchie. NOVALIS

Genial ist nur die Ledigkeit, Heirat ist Spießbürgerei.

JOHANN NEPOMUK NESTROY

Gut gehängt ist besser als schlecht verheiratet.

WILLIAM SHAKESPEARE

Es ist besser, unglücklich verliebt zu sein als unglücklich verheiratet. Manchen gelingt sogar beides. GUY DE MAUPASSANT

Die Heirat ist die einzige lebenslängliche Verurteilung, bei der man aufgrund schlechter Führung begnadigt werden kann.
ALFRED HITCHCOCK

Die Musik beim Hochzeitsgeleite erinnert mich immer an die Musik bei in die Schlacht ziehenden Soldaten. HEINRICH HEINE

Humor

Juristischer Humor hat stets feinsinnig, wohltuend, gesund, versöhnlich, nie bissig, makaber oder gar destruktiv zu sein.
ERNST TEUBNER

Der gute, der echte Juristenhumor ist kaustisch – und damit köstlich. Warm und versöhnlich ziert er den weisen, wahrhaft königlichen Richter, dem das Recht nie stupide, sondern stets schmackhaft und lebensnah erscheint, . . . MAX HOGREFE

Es gilt als Probestück des richtigen französischen Koches, daß er Leder so zuzubereiten verstehe, daß der Unkundige, der es ißt, nie etwas Besseres auf der Zunge gehabt zu haben glaubt. . . . Ich zweifle nicht daran, daß ein Mann mit dem rechten Humor und Witz jenes Probestück auch mit einer juristischen Materie – es gibt darunter welche, die es mit jedem Leder auf- nehmen – fertig bringen würde. RUDOLF VON IHERING

Vom Gesetzgeber ohne Humor zum Inquisitor ist es nur ein kleiner Schritt.
CARL AUGUST EMGE

Merke: Eine Verwaltung, die über sich selbst lachen kann, verfügt über eine fast unbegrenze Stabilität. MICHAEL BENJAMIN

Er lachte nur im Geiste – und wenn, dann in dem des Gesetzes. STANISLAW JERZY LEC

—

Der deutsche Humor fängt bei der Schadenfreude an und
hört beim Schadenersatz auf. GERHARD UHLENBRUCK

—

Eine einfache Faustregel empfiehlt fürs Verhandeln: Humor
gegenüber Ernst, aber Ernst gegenüber Humor. Konkreter
gesprochen: Antworten Sie auf humorlosen Ernst mit
versöhnlicher Heiterkeit, aber auf irreführende Späße mit
nachdrücklichem Ernst. HANS FRANZEN

—

Humor ist ein Reservat, aus dem die Gewißheit, daß es ohne
Nachsicht nicht geht, eine Art Zaubertrank schöpft.
MARTIN KESSEL

—

Richter sollten es sich also gründlich überlegen, ob und in
welcher Form sie sich in Urteilen des Mittels des Humors
bedienen, und sich dabei zu besonderer geistiger (Selbst)dis-
ziplin aufgerufen fühlen. Denken sollten sie daran, daß sie
über eine richterliche Gabe verfügen sollten, die wichtiger ist
als sprühender Witz und bittere Ironie, als Verstandesschärfe
und kritisches Vermögen: die Demut. HORST SENDLER

—

Jedes Milieu versteht nur seinen eigenen Humor.
KURT TUCHOLSKY

112

I

Inflation

(s. a. Falschgeld, Geld)

Inflation, das ist zunächst nur ein laues Bad, dann wird das Wasser immer heißer, und am Schluß explodiert die Wanne.

ANDRÉ KOSTOLANY

Inflation: Teuerung, an deren Beginn die Beteuerung, es sei keine Inflation, besonders billig zu haben ist.   RON KRITZFELD

Inflation ist das erste Wundermittel des schlecht regierten Staates. Das zweite Wundermittel ist der Krieg. Beide führen zu vorübergehendem Wohlstand und beide führen zum völligen Zusammenbruch.   ERNEST HEMINGWAY

Inflation erzeugt Haßliebe. Die meisten Menschen hassen die Inflation, lieben aber alles, was sie hervorruft.

LOTHAR SCHMIDT

J

Jugendkriminalität

(s. a. Strafrichter)

Die Generation, die sich über die Rücksichtslosigkeit der Jugend beschwert, hat vielleicht mehr mit ihrem Auto als mit ihrem Kind gespielt. SIGMUND GRAFF

Alle Kinder sind im Grunde kriminell. DENIS DIDEROT

Auch unsere zur Inquisition abgeordneten Hofräte folgten nur geschriebenem Recht, erfüllten nur das Gesetz, an dem so gut wie niemand Anstoß nahm. Vielleicht wird man eines Tages ähnlich fassungslos über die amtlich-ungerührten Mienen von Richtern unserer Zeit sein, die Untersuchungshaft gegen jugendliche Straftäter verhängen. Man wußte auch damals, daß man den Gefangenen Schreckliches und Menschenunwürdiges antat, aber man tat es nüchtern und amtlich, in der Überzeugung, der Rechtspflege zu dienen.

MICHAEL KUNZE

Die Unmöglichkeit, etwas hinsichtlich der zunehmenden Jugendkriminalität zu tun, ist nahrhaft. Sie nährt die Hoffnung darauf, daß sich eines Tages die Existenz des geborenen Verbrechers doch noch wird nachweisen lassen. Ist es, was die zunehmende Jugendkriminalität angeht, nicht doch so, daß einfach immer mehr Verbrecher geboren werden, gegen die man sich wehren muß und wehren darf wie gegen eine Naturkatastrophe? GERHARD MAUZ

114

Jugendliche Verbrecher haben keine gesicherte Zukunft. Es könnten aus ihnen noch anständige Menschen werden.

GABRIEL LAUB

Jurastudium

Wäre mein Gehirn kräftiger entwickelt, dann hätte mich das Rechtsstudium nicht vor Langeweile krank gemacht; statt Elend hätte ich daraus Gewinn gezogen. GUSTAVE FLAUBERT

Warum ich mich der Jurisprudenz ergab? Es ist das Studium, das man ohne besondere Neigung ergreifen kann; auch war mein Vater ja Jurist. THEODOR STORM

Mein wohlbestandenes Examen hatte mir ein gewisses Selbstgefühl und Vertrauen eingeflößt, es dauerte aber keinen Monat, daß dasselbe der bittersten Mutlosigkeit Platz machen sollte. Ich kam mir vor wie einer, der auf dem Trockenen das Schwimmen gelernt hat und jetzt ins Wasser gesetzt wird. Die Glanzpartien meines Wissens erwiesen sich als völlig wertlos, ja sie dienten, wie z. B. die verschiedenen Formen der römischen Bürgschaft, zum Teil nur dazu, mich völlig rat- und hilflos zu machen, und mehr und mehr stellten sich bei mir Zweifel darüber ein, ob ich statt etwas *vom* Recht etwas *Rechtes* gelernt habe. RUDOLF VON IHERING

Nicht die Kürze der Studienzeit trägt die Schuld an der dürftigen Bildung so vieler in die Praxis eintretenden Juristen, sondern die Einrichtung des akademischen Studiums und des Examens. Beide leiden an demselben Gebrechen: der vorherrschenden, vielfach geradezu ausschließlichen Richtung auf die Theorie, der Vernachlässigung der praktischen Bestimmung des Rechtsstudiums. RUDOLF VON IHERING

Der juristische Positivismus, der mehr oder weniger auf allen Lehrstühlen gelehrt wurde, hatte die Juristen gewöhnt, jeden Staatswillen in Gesetzesform als Recht anzuerkennen.

GUSTAV RADBRUCH

Welches Recht wird in Unrechtsstaaten gelehrt?

HANS-HORST SKUPY

Die Spitzbuben würden allerdings gefährlicher sein, oder es würde eine neue Art von gefährlichen Spitzbuben geben, wenn man einmal anfangen wollte, die Rechte zu studieren, um zu stehlen, als man sie studiert, um ehrliche Leute zu schützen; es muß unstreitig zur Vollkommenheit der Gesetze beitragen, wenn es Spitzbuben gibt, die sie studieren, um ihnen mit heiler Haut auszuweichen.

GEORG CHRISTOPH LICHTENBERG

Um Recht zu tun, braucht's wenig, und insofern hätte Cicero recht, wenn er binnen drei Tagen ein Rechtsgelehrter zu werden sich getraute, aber um ungestraft Unrecht zu tun, dazu gehört ein Studium. KARL JULIUS WEBER

Jurisprudenz

(s. a. Recht)

Rechtswissenschaft ist die Kunst, mit Methode zu ignorieren, was sonst jedermann weiß. JEREMY BENTHAM

Wie alles menschliche Streben und Handeln ist auch die Jurisprudenz mit Mängeln gezeichnet und Gefahren ausgesetzt. Aber man darf vermuten, daß sie, der so viele hervorragende Menschen ihre ganze Kraft gewidmet haben, nicht von allen guten Geistern verlassen ist. KARL ENGISCH

Die Jurisprudenz fängt an, mir zu gefallen. So ist's doch mit allem wie mit dem Merseburger Bier, das erste mal schauert man, und hat man's eine Woche getrunken, so kann man's nicht mehr lassen.   JOHANN WOLFGANG VON GOETHE

Gerechtigkeit und Persönlichkeit sind untrennbar, alles Persönliche nach Kräften auszuschalten aber das Wesen der Jurisprudenz.   GUSTAV RADBRUCH

Die Grundsätze des Rechts sind: ehrbar zu leben, andere nicht zu verletzen und jedem das Seine zuzugestehen. Die Jurisprudenz ist die Kenntnis von göttlichen und menschlichen Dingen, die Wissenschaft vom Gerechten und Ungerechten.   ULPIANUS

Ich habe mir stets die Jurisprudenz als die Mathematik des Rechts gedacht. Der Jurist rechnet mit seinen Begriffen, wie der Mathematiker mit seinen Größen; wenn nur das Facit logisch korrekt ist, so hat er sich um nichs weiter zu bekümmern.   RUDOLF VON IHERING

Ich habe Momente, wo ich die ganze Jurisprudenz – wenigstens unsere antiquarisch-theoretische – zum Teufel wünsche. Es steckt gar zu viel ungesundes Zeug darin. Könnte ich noch einmal meinen Beruf wählen, ich würde schwerlich Jurist werden, wenigstens kein Romanist oder überhaupt kein Theoretiker.   RUDOLF VON IHERING

Die Jurisprudenz sieht die individuellen Menschen in ihren konkreten Schicksalen nur durch die Brille des gesetzlichen Allgemeinbegrifs, nur wie durch einen dicken Schleier, der lediglich die gröbsten Umrisse zu sehen gestattet – durch die Binde der Themis.   GUSTAV RADBRUCH

117

In der Rechtswissenschaft gibt es keine Erfinder oder sollte es wenigstens keine geben. Nur was das Leben wirksam und schaffend an Rechtsstoff schon enthält, weist sie auf und beschreibt sie.

OTTO MAYER

Die Jurisprudenz trägt einen Januskopf: Sie ist dem Leben und dem Rechte zugewandt.

HELMUT COING

Was sind dagegen die Leistungen der Rechtswissenschaft? Ich suche eifrig nach allen Richtungen, und was ich finde, sind Formulare zu Rechtsgeschäften und Prozeßhandlungen; eine Menge von Verwarnungen, Belehrungen, Formen und Klauseln, angeblich zur Hemmung des Leichtsinns und zum Schutz gegen Schikane; endlich das Gebäude des gemeinen Prozesses, voll Gründlichkeit und Gelehrsamkeit, kurz alles, nur nicht der Weg, bei seinem Leben zu seinem Recht zu kommen.

JULIUS HERMANN VON KIRCHMANN

Die Jurisprudenz muß für ihr Recht ein anderes Fundament finden als den menschlichen Egoismus, den historischen Besitz oder die willkürliche Vorschrift eines parlamentarischen Gesetzgebers. Das wird alles kommen; aber wir werden es nicht erleben und unsere Kinder und Enkel auch nicht.

KARL HILTY

Juristen

(s. a. Jurisprudenz, Rechtsanwalt, Richter, Strafrichter)

Keine Rechtsordnung kann bestehen, wenn im Volke nicht wenigstens *eine* Kerntruppe zur Verfügung steht, die das Recht kennt und um seiner selbst willen als verpflichtend anerkennt: der Juristenstand.

GUSTAV RADBRUCH

Wir brauchen nach unserer Meinung einen festgefügten Stand deutscher Juristen nicht um dieser Juristen willen, sondern von Rechts wegen. Wer dem Rechte dienen soll, muß in sich stark sein. Er muß auf sich selbst vertrauen und darf nicht, wie die „Rechtswahrer" von gestern, in der Stunde der Gefahr den Kopf einziehen, um sich selbst zu verleugnen.

KARL SIEGFRIED BADER

Ein Jurist, der die Würde des Rechts gegen Zumutungen der Bürokratie verteidigt, dient dem Staat mehr als einer, der einem Kabinett zuliebe dem Recht Gewalt antut. In dem zukünftigen Deutschland, von dem ich träume, werden die Juristen das Gewissen der Nation sein. MICHAEL KUNZE

Ein Jurist, Machtworte aussprechend: Er beruft sich auf das Gesetz. Damit weist er alle Verantwortung für seinen Spruch von sich. Der Archetypus des Juristen: Pilatus.

TOMMASO DA PONTE

Juristen sind Leute, die die Gerechtigkeit mit dem Recht betrügen. HAROLD PINTER

Die Unkenntnis des Gesetzes befreit nicht von der Verantwortung. Aber die Kenntnis oft. STANISLAW JERZY LEC

Menschen zu beugen ist leichter als das Recht. Das wissen kluge Juristen. NIKOLAUS CYBINSKI

Daß die Juristen das Recht an den Anfang stellen, ist nur allzu verständlich. Sie zehren vom Anspruch, es zu kennen.

TOMMASO DA PONTE

Gerade der „Jurist ohne Eignung und Neigung" sucht dann oft, wenn er die Klippen des Studiums sowie der Examina und der praktischen Ausbildung mehr glücklich als erfolgreich umschifft hat, sein inneres Vakuum durch doppelt aufgetragenen äußeren Berufsstolz auszugleichen. HERMANN REUSS

Ein Jurist ist immer der Jurist, den seine jeweilige Rolle als Jurist von ihm verlangt. GERHARD MAUZ

Das Jonglieren mit Begriffen, der scholastische Drahtseilakt waren Künste, die den neuen Berufsstand der Juristen zu einem in jedem politischen System einsetzbaren Werkzeug der Obrigkeit machten. Was immer man ihm als „Recht" vorgab, er fand eine logisch einwandfreie Begründung dafür. Diese Fähigkeit wird immer noch hoch geschätzt. MICHAEL KUNZE

Bestimmt liegt den „Machthabern" an den wissenschaftlichen Künsten als solchen wenig. Der Machthaber steht schmunzelnd neben dem Automaten, aus dem der Jurist nach allerlei wichtigen Manipulationen, nach genauem Studium der Gebrauchsanweisung schließlich die Bonbons herauszieht, die der Inhaber des Automaten und Verleiher, der Machthaber vorher hineingesteckt hat. CARL AUGUST EMGE

Was ich hier gesagt habe, beweist aber auch zugleich, wie sehr viel dazu gehört, auf den Titel eines würdigen Richters und den eines edlen Sachwalters Anspruch machen zu dürfen, und es ist, am gelindesten gesprochen, sehr übereilt geurteilt, wenn man behauptet, es werde, um ein guter Jurist zu sein, wenig gesunde Vernunft, sondern nur Gedächtnis, Schlendrian und ein hartes Herz erfordert, oder die Rechtsgelehrsamkeit sei nichts anders als die Kunst, die Leute auf privilegierte Art um Geld und Gut zu bringen. Freilich, wenn man unter einem Juristen einen Mann versteht, der nur sein römisches Recht im Kopfe hat, die Schlupfwinkel der Schikane kennt und die spitzfindigen Distinktionen der Rabulisten studiert hat, so mag man recht haben; aber ein solcher entheiligt auch sein ehrwürdiges Amt.

ADOLPH FREIHERR VON KNIGGE

Uns Juristen ist das Schwierigste auferlegt: an unseren Lebensberuf zu glauben und doch zugleich in irgendeiner tiefsten Schicht unseres Wesens immer wieder an ihm zu zweifeln.

GUSTAV RADBRUCH

Bis vor kurzem war es sogar noch völlig ungeklärt, was einen Menschen dazu veranlaßt, aus freien Stücken Jurist zu werden. Jüngste Forschungsergebnisse haben nun aber gezeigt, daß eine Überfunktion der Nebennierendrüse für diese Fehlentwicklung verantwortlich ist. Die Heilungschancen sind gering, weil der Betroffene sich im allgemeinen uneinsichtig zeigt und die dringend notwendige Konsultation eines Arztes ablehnt.

WERNER KOCZWARA

Am folgenden Morgen lag ich in wilden Phantasien, vom heftigsten Fieber geschüttelt, auf dem Krankenlager, die Ärzte zweifelten, ob es bloße Gehirnentzündung oder Wahnsinn sei, – von der eigentümlichen Krankheitsform, die mich befallen hatte: dem spezifisch juristischen Delirium hatten sie keine Ahnung.

RUDOLF VON IHERING

Die Notwendigkeit der Juristen liegt in einer Funktion, die dem Wirken der Darmflora vergleichbar ist. Alles Geklage wird aufgelöst in eine verdauliche Lösung für den Riesenmo-

loch „Recht", damit dieser gesund und prächtig gedeihe. Am
Ende kommt dann heraus... HORST JANSSEN

Wenn ein Jurist nicht mehr weiß denn die terminos iuris und
die Worte der Rechte, so ist er ein pur lauter Narr.
JOHANN OLDENDORP

Nur ein gebildeter Mensch kann ein wahrhaft tüchtiger Jurist
sein. GUSTAV RADBRUCH

Ein Jurist, der nicht mehr ist denn ein Jurist, ist ein arm Ding.
MARTIN LUTHER

Der Pöbel hätte mich fast gesteinigt wie er hörte, ich sei ein
Jurist. JOHANN WOLFGANG VON GOETHE

Man liebt den Juristen nicht wegen seiner kühlen Ferne, seines Abstand- und Maßhaltens, seiner Art, nicht sofort die
Interessen einer Partei oder eines Gesuchstellers zu seinen
eigenen Interessen zu machen. Gerade das ist es aber, was wir
heute in all den Spannungen, Kämpfen und Verschiebungen
unseres wirtschaftlichen und sozialen Lebens brauchen,
nämlich die objektiv regelnde Hand, die nicht engagierte
Hand. HANS-GERHART NIEMEIER

Der Jurist befindet sich in der entgegengesetzten Position wie
der Geologe: Er kann nur existieren, wenn er sich von der
Zeit imponieren läßt. Dispositionen über Jahrtausende sind
ihm verwehrt. CARL AUGUST EMGE

Die Tätigkeit des Juristen entbehrt, anders als die des Arztes
oder Technikers, vollständig jeder spektakulären Sinnfällig-

keit, abgesehen vielleicht vom Strafprozeß, der aber nur selten dazu geeignet ist, den an ihm beteiligten Juristen Sympathien zu erwerben. So läßt es sich wohl verstehen, daß der Jurist nicht gerade geschätzt ist. PAUL BOCKELMANN

Bei den meisten Juristen allerdings ist der Berufsstolz keine „ursprüngliche" Haltung. sondern erst ein Abwehrreflex gegenüber dem Unverständnis und dem oft anmaßenden Spott, auf den „der Jurist" in weiten Kreisen stößt, die damit oft nur ihrem Gefühl intellektueller Unterlegenheit freien Lauf lassen. HERMANN REUSS

Die deutschen Juristen leiden, was wir erst in unseren Jahren mit aller Deutlichkeit erkannten, an einem Minderwertigkeitskomplex, der, vielfältig bedingt, ihnen zäh anhaftet. Erscheinungen dieser Art werden, wie uns Psychologie und Psychoanalyse lehren, häufig überdeckt durch Überkompensationen, die bei flüchtigem Betrachten fast den gegenteiligen Eindruck erwecken: den Eindruck allzu großer Selbstbetonung. Begleiterscheinungen pflegen menschliche Hybris oder übertriebene Empfindlichkeit zu sein. KARL SIEGFRIED BADER

Wenn die Juristen nur durch gerichtliche Urteile und ihre Vorbereitung Streitentscheidung zu betreiben hätten, so könnte ihnen die Art, wie diese ihre Äußerungen auf die Parteien und das Publikum wirken, ziemlich gleichgültig sein. Diese Art von Kundschaft entgeht uns nämlich nicht, und die im Justizdienst tätigen Juristen wissen genau, daß das viel beschriebene Unbehagen am Gerichtsverfahren das Publikum in seiner großen Masse weniger denn je davon abhält, bei ihnen arbeiten zu lassen. HARM PETER WESTERMANN

123

Ich werde mich hüten zu behaupten, die Unbeliebtheit komme daher, daß die Juristen klüger seien als die Leute, die sie nicht leiden können. Siegfried Sichtermann

Das Image des Rechts ist hierzulande seit langem besser als das Image der Juristen. Eine sinnvolle Unterscheidung? Ein Aberglaube. Tommaso da Ponte

Erbarmen mit den Juristen: Sind sie besser als ihr Ruf? Wenn ihr „gesunder Menschenverstand" den Drill ihrer Ausbildung überlebt. Wenn sie wissen, daß das Leben nicht ohne Rest aufgeht, nachdem man es durch die Zahl der Paragraphen teilt. Wenn sie sich den Verlockungen entziehen, die die Macht unweigerlich ausübt. Wenn sie es zulassen, daß ihr Herz mitdenkt, während ihr Kopf richtet. Wenn ihnen die Menschen nicht fremd werden, weil ihnen nichts Menschliches fremd bleibt. Wenn sie sich mit der Einsicht bescheiden, daß man das „Recht" nicht auf geheimnisvolle Weise „findet", als läge es irgendwo im Beratungszimmer herum, sondern daß auch das Recht, wie alle Erkenntnis, zwischen *„trial und error"* gesucht werden muß: Dann sind sie meilenweit von dem Schattenriß entfernt, den sie in der Öffentlichkeit oft werfen. Rudolf Gerhardt

Wir Juristen sind gleichsam die mitbeteiligten Protokollführer und Archivare der durch die gesamte Menschheitsgeschichte geführten Gerechtigkeitsdefinition. Eine darüber hinausreichende eigenständige wissenschaftliche Monopolkompetenz in Sachen Gerechtigkeit haben die Juristen nicht. Bernd Rüthers

Justitiar

Vergeblich wird man nach Karikaturen über den Beratungsanwalt, den Justitiar, Ausschau halten. Gibt er zu Karikatur und Anekdote kaum Anlaß, weil er, wie der gute Hausarzt, den Mandanten erst gar nicht „krank" werden läßt, möglichst keine Prozesse führt, nur ungern zum Gericht geht? Er regelt alles ausgleichend und subkutan, arbeitet mit wohlausgewogenen Allgemeinen Geschäftsbedingungen. Und sollte doch einmal ein verblendeter Gegner wirklich klagen, ziehen diese Beratungsanwälte, die Kollegen in den Rechtsabteilungen großer Werke, siegessicher aus der Rechtsprechungskartei *ihres* Spezialgebietes *die* fünf Entscheidungen, die bisher überhaupt zu dieser Rechtsfrage ergangen sind.

MAX ARNOLD NENTWIG

Dringliche Empfehlung an einen jüngeren Kollegen: Wenn Sie etwas Gescheites und Gewagtes vorhaben, fragen Sie nicht die Rechtsabteilung! Sie wird immer abraten, das Risiko, die Last der Verantwortung und Arbeit vermeiden. Ein freier Advokat ist schon besser, der sieht den möglichen Schaden, aber auch die Chance der Reparatur.

JOHANNES GROSS

Der Jurist / die Juristin in der Wirtschaft: Sie sind die eilfertigen Erfüllungsgehilfen ihres Dienstherrn, die ihm am besten nach dem Munde reden. Oder sie sind die Bremser vom Dienst, die ewigen Bedenkenträger, die die schönsten unternehmerischen Aktionen mit Meltau versehen.

HANS MARTIN SCHMIDT

Justiz

(s. a. Gericht, Rechtsprechung, Richter, Staatsanwaltschaft)

Die Justiz ist ein gut funktionierender Verwaltungs- und Rich-terversorgungsapparat, der mit der Gerechtigkeit ungefähr soviel zu tun hat wie die Landeskirchenverwaltung mit dem lieben Gott.　　　　　　　　　　　　　HERBERT ROSENDORFER

Justizorgane sind die Gerichte, die Staatsanwaltschaften und die Justizverwaltung, die ersten sind wichtig, die zweiten fühlen sich wichtig, die dritten tun am wichtigsten.

ERNST TEUBNER

Die Justiz hat es wirklich verstanden, ihren „gelähmten" Zustand unter die Leute zu bringen. Sie hat sich so erfolg-reich als überlastet dargestellt, daß sie nachgerade in jeder Hinsicht als entlastet gilt. Die Justiz mag schleifen lassen, ver-säumen oder fehlen, doch sie ist unschuldig daran. Keiner schlampt, niemand ist rücksichtslos und alle verstehen ihr Handwerk: es ist allemal die Überlastung, die zuschlägt.

GERHARD MAUZ

Die heilige Justitia ist noch bis heute der Gegenstand des Spottes im Volke; und selbst der Gebildete, auch wenn er im Rechte ist, fürchtet in ihre Hände zu geraten; vergeblich sucht er sich in ihren Formen und Prozeduren zurecht zu fin-den.　　　　　　　　　JULIUS HERMANN VON KIRCHMANN

Die Justiz ist eine stille Staatsgewalt, und sie ist keine beliebte Staatsgewalt, obwohl die Macht, die sie ausübt, längst nicht allen bekannt ist. Von den Menschen, die in den Gerichtssaal hineingehen, so sagte einmal ein Kenner, kommt jedenfalls die Hälfte verärgert wieder heraus. Es ist die Hälfte, die, da nur einer gewinnen kann, notwendigerweise ihren Prozeß verlieren muß. Aber auch die andere Hälfte ist oft der Ansicht, daß sie ihr gutes Recht zu spät bekommt – und nach zuviel Aufwand.   RUDOLF GERHARDT

Einen besseren Rat weiß ich nicht zu geben als den: Man hüte sich, mit seinem Vermögen oder seiner Person in die Hände der Justiz zu fallen.   ADOLPH FREIHERR VON KNIGGE

Justiz und Jurisprudenz sind in allen geschichtlichen Epochen überwiegend Diener der jeweiligen „Systemgerechtigkeit" gewesen. Das gilt auch für die Unrechtsstaaten des Nationalsozialismus und des SED-Sozialismus. Juristen leben – wie alle „öffentlichen" Berufe, etwa auch die Journalisten – in der professionellen Nähe zur jeweils herrschenden Ideologie und ihren Machthabern. Das gilt im Rechtsstaat wie im Unrechtsstaat.   BERND RÜTHERS

Justizirrtum

Aus der Problematik des Rechts: bis zu wie vielen Toten darf man sich irren?   STANISLAW JERZY LEC

Ein Justizirrtum widerfährt der Hälfte aller Bürger, die einen Prozeß am Halse haben.   ERNST TEUBNER

Wer Würfeljustiz oder ähnliches zu vermuten geneigt ist, sollte doch überlegen: aus dem Gesetz der Wahrscheinlichkeit folgt, da ja immer nur eine Partei von zweien verlieren kann, daß bei einer sehr großen Zahl von Entscheidungen etwa die Hälfte richtig sein muß. – Freilich wird sich ein unverbesserli-

127

cher Urteilsschelter durch das Argument nicht sonderlich beeindrucken lassen, sondern seine verlorenen Prozesse stets der anderen – unrichtigen – Hälfte zurechnen.

HANS JAKOB MAIER

Ein bestrafter Schuldiger ist ein Exempel für den Pöbel, ein unschuldig Bestrafter geht alle ehrbaren Leute etwas an.

JEAN DE LA BRUYÈRE

Die auf Strafverfolgung ausgehenden Staatsorgane können sich irren, und die Strafe kann dann einen Unschuldigen treffen. Wenn das geschieht, geht etwas Schreckliches vor sich. Der Rechtsstaat selbst, der das Recht zu setzen und zu wahren hat, begeht Unrecht. Er begeht es durch seine eigene, der Rechtsverwirklichung verpflichtete Justiz. Von allen Formen des Unrechts ist seinem Wesen nach dieses justizielle Unrecht der Obrigkeit das schlimmste. Es bedeutet die Pervertierung des Rechtsstaats.

HANS DAHS

Es ist einmal so eingerichtet in der Welt, daß die Juristen und Ärzte die Erfahrungen *machen,* die Parteien und Patienten sie *bezahlen.* Damit muß man sich trösten, es kommt der Menschheit und der Wissenschaft zugute.

RUDOLF VON IHERING

Die Pannen, die unseren Ärzten passieren, werden von keiner Heilsünderkartei, die unserer Richter von keiner Justizsünderkartei registriert: Gerade die Berufe, denen wir das größte Vertrauen entgegenbringen sollen, entziehen sich am hartnäckigsten der öffentlichen Kontrolle.

SIGMUND GRAFF

Justizskandale sind Lern-Prozesse.

GERHARD UHLENBRUCK

128

Wer unschuldig verurteilt wird, ist selbst schuld – er hätte doch was verbrechen können! GABRIEL LAUB

Ein Fehlurteil wird niemand zugefügt. Ein Fehlurteil zieht man sich zu wie einen Leberschaden durch Saufen.

GERHARD MAUZ

Justizprüfungsamt

Justizprüfungsamt, Kreißsaal der Justiz. ERNST TEUBNER

Examen bleibt unter allen Umständen eine Art Lotto.

THEODOR FONTANE

In Prüfungen stellen Narren Fragen, die Weise nicht beantworten können. OSCAR WILDE

Übrigens dürfen Prüfer in einem juristischen Staatsexamen ihren Kandidaten auch nicht derart naheliegende Fragen stellen, wie es etwa in dem afrikanischen Staat Mali aussieht und wie die Städte dort heißen. Die Richter am Bundesverwaltungsgericht haben nämlich daran erinnert, daß Fragen sachbezogen sein müssen – dann jedenfalls, wenn sie nicht eine Plauderei zu Beginn des Examens sein sollen, sondern für dessen Endnote wichtig. Wie bitte: für das Prüfungshonorar den vollen Steuersatz zahlen müssen und nicht einmal mit der „Allgemeinbildung" ein bißchen klimpern, wem macht denn da noch das Prüfen Spaß? Vielleicht – dem Prüfling.

RUDOLF GERHARDT

Der ganze Wert des Examens hängt an der Tauglichkeit der Examinatoren. RUDOLF VON IHERING

Ein edles Pferd bedarf eines guten Reiters, damit es in allen Gangarten vorgeführt werden kann. Trifft ein guter Kandidat auf einen guten Prüfer, dann kann die Prüfung sogar ausnahmsweise einmal zu einem Genuß auf beiden Seiten werden.

HANS LIERMANN

Wäre Bismarck seinerzeit durch das Examen gefallen, so existierte das Deutsche Reich nicht. Die Stimme eines einzelnen Examinators kann das Schicksal Europas bestimmen – gewiß eines der triftigsten Motive für die Milde der Examinatoren, das sich diejenigen, welche mild gesinnt sind, gegen ihre strengeren Kollegen nicht entgehen lassen sollten.

RUDOLF VON IHERING

Kauf

Wer etwas kauft, macht immer ein bedenkliches Geschäft. Er tauscht Geld gegen Ware, eine Möglichkeit gegen eine Realität, ein Stückchen Freiheit gegen ein Stückchen Eigentum. Selbst das größte Vergnügen am erworbenen Gegenstand bleibt im hintersten Kopf getrübt durch den Verdacht, sich betrogen zu haben.   JOHANNES GROSS

Wollt ihr immer kaufen, was ihr nicht unbedingt nötig habt, so werdet ihr bald das wirklich Nötige verkaufen müssen.

BENJAMIN FRANKLIN

Kinder
(s. a. Eltern, Familie, Leihmutter, nichteheliche Kinder)

In einer Ehe sollte das Kind der lachende Dritte sein und keine Koalition mit einem Elternteil eingehen müssen.

GERHARD UHLENBRUCK

Der Geschlechterkampf macht aus Kindern Handgranaten oder Rettungshunde.   WERNER SCHNEYDER

Die beste Erziehungsmethode für ein Kind ist, ihm eine gute Mutter zu verschaffen.   CHRISTIAN MORGENSTERN

Man sollte schlechterdings niemand heiraten lassen, der nicht ein Examen über Erziehung bestanden hat. Das Wissen allein macht nicht alles, aber etwas, ja viel. Es ist niemand berechtigt, Kinder zu erzeugen, der nichts von Erziehung weiß.

KARL GUTZKOW

Die Gefährdung des Menschen, die darin besteht, daß er Kinder bekommen und sogar wollen kann, ohne – mangels bestimmter Voraussetzungen – Kinder haben zu können, ignoriert das Gesetz.

GERHARD MAUZ

Es war eine Zeit in Rom, da man die Fische besser erzog als die Kinder. Wir erziehen die Pferde besser.

GEORG CHRISTOPH LICHTENBERG

Kinder sind eigentlich ein Luxusartikel, den nur, wie Pferde und Wagen, vornehme Leute zu halten berufen sind.

THEODOR FONTANE

Nicht die Kinder werden schlechter, sondern diese Welt wird immer schlechter für Kinder.

GERHARD MAUZ

In Deutschland wird die Verfügungsgewalt über das Kind mit der gleichen Rücksichtslosigkeit ausgeübt, die man auch sonst Minoritäten gegenüber für angebracht hält.

ALEXANDER MITSCHERLICH

Klageerwiderung

(s. a. Prozeßgegner, Prozeßtaktik, Schriftsatz)

Der Standpunkt macht es nicht, die Art macht es, wie man ihn vertritt.

THEODOR FONTANE

Man widerlegt lieber den, der zu schwer als der zu leicht zu widerlegen ist.　　　　　　　　　　　　　　　JEAN PAUL

Argumente sollten vermieden werden. Sie sind immer vulgär und oft überzeugend.　　　　　　　　　　　　OSCAR WILDE

Gegner glauben uns zu widerlegen, wenn sie ihre Meinung wiederholen und auf die unsrige nicht achten.

JOHANN WOLFGANG VON GOETHE

Den besseren Gründen müssen gute weichen.

WILLIAM SHAKESPEARE

Kollegialität

(s. a. Standesrecht)

Anwälte gewinnen uns durch ihre Entrüstung. Ihre Meinung ist käuflich. Ihr Verhältnis zu dem Freund unserer Feinde kollegial.　　　　　　　　　　　　　　SIGMUND GRAFF

Tun wir gleich Advokaten im Prozeß, die tüchtig streiten, doch als Freunde schmausen!　　　　WILLIAM SHAKESPEARE

Socii sind ein gefährlicher Negerstamm. Man lernt immer nur einen kennen. Der andere ist stets der stärkere und die Seele vons Buttergeschäft. Immer beeinflußt der andere den einen. Deinen. Soziusse sind, was die Unruhe in der Uhr. Sie stoppen ab.　　　　　　　　　　　　KURT TUCHOLSKY

Kollegiale Höflichkeit ist ein System, mit Hilfe dessen Anwälte sich selbst und ihren Kollegen das Leben leichtermachen, im allgemeinen auf Kosten ihrer Mandanten.　　MARK MCCORMACK

133

Man trifft immer wieder Anwälte an, die sich positiv oder negativ über die Arbeit von anderen Kollegen äußern, sich offenbar aufgrund eigener Erfahrung ein Urteil darüber zutrauen. Überraschend ist dann festzustellen, daß die Frage nach der Einschätzung der eigenen Qualität ihnen schwerfällt, auch die Einstufung im Vergleich zu anderen. Natürlich spielt dabei auch eine gewisse Verlegenheit eine Rolle, entscheidend ist aber, daß die große Mehrzahl zu einer präzisen Einschätzung der Qualität ihrer Arbeit mangels entsprechender Analyse nicht in der Lage ist. KARL-PETER WINTERS

Kompromiß

(s. a. Vergleich)

Der Kompromiß ist das sogenannte faule Ei der Rechtsprechung. WERNER MITSCH

—

Er war unnachgiebig. Er zwang sie zum Kompromiß.

STANISLAW JERZY LEC

—

Ein Kompromiß ist die Kunst, einen Kuchen so zu teilen, daß jeder meint, er habe das größte Stück bekommen.

LUDWIG ERHARD

—

Kompromiß: Die Beilegung eines Interessenkonfliktes, die jedem der Kontrahenten die Genugtuung verschafft anzunehmen, er erhalte, was ihm eigentlich nicht gebührt, und ihm werde nur vorenthalten, was ihm rechtens zustand.

AMBROSE BIERCE

—

Maximaler Kompromiß liegt vor, wenn jede der Parteien der festen Überzeugung ist, daß sie die andere Seite übers Ohr gehauen hat. ARNO SÖLTER

Bei jedem Kompromiß gewinnt nur jene Seite, die keine Kompromisse hätte machen müssen.   GABRIEL LAUB

Konkurs

Offenbarungseid: Wenn man keine Mäuse mehr hat, muß man die Katze aus dem Sack lassen.   GERHARD UHLENBRUCK

Pleite, hebr., peleta, Entrinnen, Rettung, nämlich des Schuldners (Pleitegeiers = Pleitegehers) vor der Schuldhaft in den Schutzraum des Konkurses.   ERNST TEUBNER

Konkurs: Beliebte Form der Sanierung für Unternehmer, die sich übernommen haben.   MICHAEL SCHIFF

Konkurs: Nichts wie weg – wenn alles weg ist!

GERHARD UHLENBRUCK

Die Fähigkeit, auf welche die Menschen den meisten Wert legen, ist die Zahlungsfähigkeit.   OSKAR BLUMENTAHL

Korruption

Geld korrumpiert – vor allem jene, die es nicht haben.

PETER USTINOV

Wer selbst nichts kaufen kann, ist leicht selbst käuflich.

STANISLAW JERZY LEC

Wenn es heißt, ein Mensch sei unbestechlich, so frage ich mich unwillkürlich, ob man ihm genug geboten hat.

JOSEPH FOUCHÉ

Korruption ist, wenn man durch Bestechung des einen den anderen ausstechen will. GERHARD UHLENBRUCK

———

Die Korruption ist die Verbeugung des Rechts vor den Realitäten, die um so tiefer ausfällt, je größer der Abstand zwischen beiden ist. LOTHAR SCHMIDT

———

Wer der Meinung ist, daß man für Geld alles haben kann, gerät leicht in den Verdacht, daß er für Geld alles zu tun bereit ist. BENJAMIN FRANKLIN

———

Man müßte sich die Unbestechlichkeit bezahlen lassen können. WERNER SCHNEYDER

———

Der Unterschied zwischen Sponsoring und Bestechung: Beim Sponsoring kann man einen guten Ruf gewinnen, bei der Bestechung kann man einen guten Ruf verlieren.

GERHARD UHLENBRUCK

———

Läßt sich der Staat bestechen, nennt man das „Kaution".

OLIVER HASSENCAMP

———

Bestechungsgelder werden von einer bestimmten Höhe an Provisionen, von einer höheren Höhe an Maklergebühren genannt und sind als solche voll und offen verbuchungsfähig.

ROLF HOCHHUTH

———

Politiker zu kaufen, ist altmodisch; in der modernen Demokratie kauft man Wähler. JOHANNES GROSS

———

Meide unbestechliche Menschen. Sie könnten Fanatiker sein.

OLIVER HASSENCAMP

Manch einer hält sich für unbestechlich, weil er Argumente ignoriert. HELMAR NAHR

Die bürgernahe Verwaltung ist die korrupte Verwaltung. JOHANNES GROSS

Merke: Versprochene Vorteile sind wirksamer als angedrohte Nachteile. Erwiesene Vorteile sind wirksamer als versprochene. MICHAEL BENJAMIN

Polizeibeamte, Ärzte, Anwälte, Geistliche und Journalisten sind ebensowenig gegen kriminelle Infektion immun wie andere Berufe. Mit einem bestimmten Maß an Korruption muß man leben. DAGOBERT LINDLAU

Korruption ist schlimm. Schlimmer als Korruption aber ist der Versuch, Korruption zu vertuschen und zuzudecken. KARL CARSTENS

Korrumpieren ist immerhin die mildere Form der Vergewaltigung. GABRIEL LAUB

Die schon erwähnte deutsche Volksweisheit, daß nur der gut fährt, der gut schmiert, ist in einem weit tieferen Sinne wahr als gemeinhin begriffen wird. Das Geld, und der Bakschisch insbesondere, sind jene Substanz, die vor allem hilft, die Reibungsverluste zu vermindern, die das komplizierte und schwerfällige Getriebe der Verwaltung hervorbringt, und die den gesellschaftlichen Mechanismus manchmal zum Stillstand bringen können. MICHAEL BENJAMIN

Kredit

(s. a. Banken, Gläubiger, Schulden, Zinsen)

Das verrückteste Ding auf der Welt ist der Kredit. Wenn man ihn nicht nötig hat, kann man ihn leicht bekommen. Wenn man ihn aber dringend braucht, kriegt man ihn nicht.

JEROME K. JEROME

Wenn du den Wert des Geldes kennenlernen willst, versuche, dir welches zu borgen! BENJAMIN FRANKLIN

Kredit ist schlummerndes Mißtrauen. THOMAS PAINE

Kredit ist wie Kaffee: Bei der Aufnahme bereitet er Genuß, aber in der Nacht raubt er den Schlaf. RON KRITZFELD

Jede Wirtschaft beruht auf dem Kreditsystem, das heißt auf der irrigen Annahme, der andere werde gepumptes Geld zurückzahlen. KURT TUCHOLSKY

Der Kredit ist eine durch reale Leistungen erzeugte Idee der Zuverlässigkeit. JOHANN WOLFGANG VON GOETHE

Kriminelle

(s. a. Jugendkriminalität, Opfer, Verbrechen)

Es gibt keine geborenen Verbrecher! Alle, die gegen das Gesetz verstoßen, sind Opfer ihrer Veranlagung und ihrer Umwelt. Echte Kriminelle, das sind große Ausnahmen, kaum zehn Prozent der Angeklagten. Alle anderen verdienen unser Mitleid und unsere Hilfe. AUGUST-DETLEV SOMMERKAMP

Seit dreißig Jahren versuche ich nachzuweisen, daß es keine Kriminellen gibt, sondern nur normale Menschen, die kriminell werden. GEORGES SIMENON

Gäbe es in den totalitären Ländern tatsächlich weniger Kriminelle als woanders, wäre es kein Wunder – dort wurde auch das Verbrechen verstaatlicht. GABRIEL LAUB

Kriminologie

(s. a. Jugendkriminalität, Opfer, Verbrechen, Viktimologie)

Sei kein Skeptiker. Beginne endlich an die Existenz des immanent Bösen zu glauben. STANISLAW JERZY LEC

Wenn die Physiognomik das wird, was Lavater von ihr erwartet, so wird man die Kinder aufhängen, ehe sie die Taten getan haben, die den Galgen verdienen; es wird also eine neue Art von Firmelung jedes Jahr vorgenommen werden...

GEORG CHRISTOPH LICHTENBERG

Physiognomie: die Kunst, den Charakter eines anderen zu bestimmen anhand der Ähnlichkeiten und Unterschiede zwischen seinem Gesicht und meinem. Letzteres ist der Maßstab für alles Hervorragende. AMBROSE BIERCE

Ich bin noch nie zuvor einem wirklich verdorbenen Menschen begegnet. Mir ist etwas bange. Ich fürchte so sehr, daß er aussehen wird wie jeder andere. OSCAR WILDE

Aus der Physiognomie läßt sich keine feste Regel für die Beurteilung des Charakters der Menschen schöpfen; sie kann uns nur zu Mutmaßungen dienen. JEAN DE LA BRUYÈRE

Es ist ein Glück, daß wir im allgemeinen Genaueres nur von unseren Eltern, bestenfalls noch von unseren Großeltern wissen. Wäre uns auch von unseren entfernteren Ahnen so viel bekannt, dann gäbe es wohl keinen Charakterfehler und keine Schurkerei, die wir nicht mit unserer erblichen Belastung zu rechtfertigen suchten. ARTHUR SCHNITZLER

Es wäre wirklich Zeit, endlich aufzuhören, die Schuld apathisch auf das „Milieu" abzuwälzen. Es ist allerdings wahr, daß es vieles erstickt, alles aber kann es uns doch niemals nehmen. Und wie oft hat ein geriebener und sachverständiger Schurke nicht nur seine Schwächen, sondern selbst seine größten Gemeinheiten mit dem Einfluß des „Milieus" äußerst gewandt zu verdecken oder sogar zu rechtfertigen gewußt.

FJODOR M. DOSTOJEWSKI

Der Renegat ist immer ein Mensch, der sich seiner eigenen Minderwertigkeit dunkel bewußt ist, und den feigen oder tückischen Versuch unternimmt, seine Familie, seine Nation, seine Rasse für seine höchst individuellen Mängel verantwortlich zu machen. ARTHUR SCHNITZLER

Seit Jahrzehnten schon hat die unglückliche Kindheit Konjunktur. Neuerdings kommt der sexuelle Mißbrauch durch die Eltern en vogue. Teil einer allgemeineren Tendenz; sich als Opfer definieren; selbst nicht für Gemütsverfassung und Lebenslauf verantwortlich sein; dafür die andern im Anklagezustand, am besten die Toten. JOHANNES GROSS

Jammert ein Krimineller über seine schwere Kindheit, kommen heutigen Richtern amtliche Tränen. OLIVER HASSENCAMP

140

Eltern, die ihren Kindern eine sorglose Kindheit verschaffen, handeln unvernünftig. Worauf werden sich dann die Kinder ausreden, wenn sie mal vors Gericht kommen? GABRIEL LAUB

Die Zahl der von ihrer Biographie her Verkrüppelten ist unendlich größer als die Zahl derer, die in die Kriminalstatistik einziehen. GERHARD MAUZ

Kunstfreiheit

Gesetze, Zeiten, Völker überleben sich. Nur die Sternbilder der Kunst schimmern in alter Unvergänglichkeit über den Kirchhöfen der Zeit. JEAN PAUL

Die Kunst ist das Gewissen der Menschheit. FRIEDRICH HEBBEL

Die Kunst schreitet voran – und ihr hinterher die Wächter. STANISLAW JERZY LEC

Das Interesse des Staates an der Kunst ist weit gefährlicher als seine Gleichgültigkeit. GRAHAM GREENE

Der dumpfe Ärger juristischer Spießer gegen alles, was in der Kunst frische Luft heißt, hat sich zu Hause auszutoben. KURT TUCHOLSKY

Wer im Bereich der Kunst aus Angst vor Mißbrauch die Freiheit lieber eingeschränkt sehen würde, handelt wie ein Mann, der aus Angst vor dem Tod Selbstmord begeht. MANFRED ROMMEL

141

Es ist unmöglich, Künstler zu sein und dabei der Schranken und Gesetze nicht zu achten. Die Kunst ist Begrenzung; zum Wesentlichen eines Bildes gehört der Rahmen.

GILBERT KEITH CHESTERTON

Die Dichtung ist auf das Recht nicht eben gut zu sprechen – nicht nur, weil so viele Dichter entlaufene Jünger der Rechtsschule sind. Das Recht, das starrste unter den Kulturgebilden, und die Kunst, die wandlungsfähigste Ausdrucksform des wandelbaren Zeitgeistes, leben in einer natürlichen Feindschaft. GUSTAV RADBRUCH

L

Lärmbelästigung

Der Mensch ist ein Wesen, das klopft, schlechte Musik macht und seinen Hund bellen läßt. Manchmal gibt er auch Ruhe – aber dann ist er tot. KURT TUCHOLSKY

Weit mehr Lärm als Reparaturwerkstätten macht – Freizeit. OLIVER HASSENCAMP

Rufe nicht nachts um Hilfe. Du könntest die Nachbarn wekken. STANISLAW JERZY LEC

Die Menschen brauchen den Lärm. Ohne Lärm sind die Menschen einsam. WERNER MITSCH

Lärm: Gestank im Ohr. Ungezähmte Musik. Haupterzeugnis und Echtheitszeichen der Zivilisation. AMBROSE BIERCE

Leben

Dem Leben kommt an Wert nichts anderes gleich. EURIPIDES

Die Ehrfurcht vor dem Leben ist die höchste Instanz. ALBERT SCHWEITZER

Alles Leben, auch nur einer Minute hat ewige Gesetze hinter sich. JEAN PAUL

Die Menschen haben vor dem Tod zu viel Achtung, gemessen an der geringen Achtung, die sie vor dem Leben haben.

HENRY DE MONTHERLANT

Leihmutter

Leihmütter sind bislang sittenwidrige Bauchsklavinnen.

ERNST TEUBNER

Und ich war nie der Meinung, keine Kinder zu haben, sei ein Mangel, der das Leben weniger vollständig und erfreulich mache. Der Stand der Unfruchtbarkeit hat auch seine Annehmlichkeiten. Die Kinder gehören zu den Dingen, die man sich nicht zu sehr wünschen sollte, besonders heutigentags, da es so schwer sein würde, etwas Gutes aus ihnen zu machen.

MICHEL DE MONTAIGNE

Lohn

„Gutes Geld für gute Arbeit." Dies ist nicht mehr als eine Selbstverständlichkeit. Es ist das immerwährende Recht des Menschen.

THOMAS CARLYLE

Die Arbeit statt durch Lohn durch Zwang regulieren, heißt, die Gesellschaft in ein Arbeitshaus verwandeln und die nationale Arbeit auf die der Hand einschränken, denn nur die Hand, nicht der Geist, läßt sich zwingen.

RUDOLF VON IHERING

Ich werde nicht nach Leistung bezahlt – daher leiste ich nach Bezahlung.

ŽARKO PETAN

Es ist eine Binsenweisheit, daß dort am besten gearbeitet wird, wo die Löhne am höchsten sind. Schlecht bezahlte Arbeit ist untaugliche Arbeit, auf der ganzen Welt.

HENRY GEORGE

Jedermann weiß, daß bei uns die Lohnstückkosten zu hoch sind. Jedermann könnte wissen, daß in die Lohnstückkosten auch die zuweilen sehr üppigen Vorstandsbezüge eingehen. Aber sie machen doch nur Bruchstücke von Pfennigen aus! Gewiß, aber das könnte der einzelne Arbeiter sich auch im Hinblick auf seine Bezahlung sagen. Der moralische Unterschied: Der einen sind sehr viele, der andern sehr wenige.

JOHANNES GROSS

Lügen

(s. a. Aussage, Beweiswürdigung, Wahrheitspflicht)

Neben der Akribie, die wir auf unsere Lügen verwenden, nehmen sich die Wahrheiten ungehobelt aus.   OLIVER HASSENCAMP

Der Wahrheit zeigt der Mensch die kalte Schulter; für Lügen ist er Feuer und Flamme.   JEAN DE LA FONTAINE

Mit der Wahrheit kann man allenfalls etwas leger umgehen – lügen muß man ganz genau.   HANS KASPER

Eine sogenannte Halbwahrheit, sie mag sich aufspielen wie sie will, wird niemals eine ganze Wahrheit werden. Ja, wenn wir ihr nur scharf genug ins Auge sehen, so ist sie immer eine ganze Lüge gewesen.   ARTHUR SCHNITZLER

145

Halbe Wahrheit ist gefährlicher als ganze Lüge; diese ist leichter zu erkennen als jene, welche sich im Schein zu kleiden pflegt, um doppelt zu betrügen.

THEODOR GOTTLIEB VON HIPPEL

Oft ist die Wahrheit so ungeheuerlich, daß wir schon aus Höflichkeit lügen müssen.

GERHARD UHLENBRUCK

Die Lüge ist ein sehr trauriger Ersatz für die Wahrheit, aber sie ist der einzige, den man bis heute entdeckt hat.

ELBERT HUBBARD

Flunkerei: Eine Lüge, die noch keine Zähne hat. Eines Gewohnheitslügners größtmögliche Annäherung an die Wahrheit.

AMBROSE BIERCE

Es ist wohl immer noch der sicherste Weg, zur Wahrheit zu kommen, wenn wir uns langsam heranlügen.

NIKOLAUS CYBINSKI

Die Lüge des Wahrhaftigen ist besonders solide untermauert.

HANS ARNDT

Am feinsten lügt das Plausible.

EMIL GÖTT

Das Tüttelchen Wahrheit, das in mancher Lüge enthalten ist, das macht sie furchtbar.

MARIE VON EBNER-ESCHENBACH

Ein Lügner muß über ein gutes Gedächtnis verfügen.

QUINTILIAN

146

Keines Menschen Gedächtnis ist so gut, daß er ständig erfolgreich lügen könnte.   ABRAHAM LINCOLN

Der beste Lügner ist der, der mit den wenigsten Lügen am längsten auskommt.   SAMUEL BUTLER

Wer eine Lüge sagt, merkt nicht, welch große Aufgabe er übernimmt, denn er wird gezwungen sein, zwanzig weitere zu erfinden, um diese eine aufrechtzuerhalten.   ALEXANDER POPE

Wer ein Lügennetz spinnt, darf den Faden nicht verlieren.
                                                  GERHARD UHLENBRUCK

Der Lügendetektor beruht auf dem einfachen Prinzip, daß es anstrengender ist, zu lügen, als die Wahrheit zu sagen.
                                                  DAGOBERT LINDLAU

Die Lüge ist Wegwerfung und gleichsam Vernichtung seiner Menschenwürde. Ein Mensch, der selbst nicht glaubt, was er einem anderen sagt, hat einen noch geringeren Wert, als wenn er bloß Sache wäre.   IMMANUEL KANT

Bei Lügnern kann man nur *die* Tatsache ernst nehmen, *daß* sie lügen.   FRIEDL BEUTELROCK

M

Makler

Börsenmakler: Allesamt Diebe.   GUSTAVE FLAUBERT

Dem Wort Wohnungsmakler wohnt Makel inne ...

HANS-HORST SKUPY

Industriemakler: Leute, denen es nicht um die Vergesellschaftung von Produktionsmitteln, sondern um die Vermittlung von Produktionsgesellschaften geht.   RON KRITZFELD

Zwei Drittel dieser Leute, die überall und nirgends sind, die Gott und die Welt kennen, gehören in den Handelsstädten zu der ehrsamen, wohlbekannten Gilde der Makler, zu jenen emsigen, höchst nützlichen Individuen, welche die Geschäfte zwischen Käufer und Verkäufer vermitteln und gewissermaßen im Handel die Rolle übernehmen, welche die Kuppler in der Liebe spielen.   GEORG WEERTH

Mandant
(s. a. Advokat, Rechtsanwalt)

Man fragt den andern um Rat, nicht, weil man nicht weiß, was man tun soll, sondern weil man es weiß, aber nicht gern tut – der andere soll dann einer guten oder bösen Neigung den Ausschlag geben.   JEAN PAUL

In den empfindlichen Sachen wird der Anwalt, genau besehen, nicht darum bestellt, den Rechtshandel zu gewinnen oder einen Freispruch zu erwirken, sondern um die gekränkte Seele zu balsamieren. Es ist doch wenigstens einer da, in der fremden, feindseligen Umgebung, der in Wort und Schrift mir zuruft: Du hast recht, du hast recht, du hast recht – der andere irrt oder ist ein Lump. Der Anwalt als Seelentröster – das erklärt den Erfolg vieler Advokaten, die darin ihre Klientel gut zufriedenstellen, wenngleich sie aufs Gericht keinen Eindruck machen und mit dürftigem Ergebnis aus dem Prozeß hervorgehen. Ein guter Publikumsanwalt leistet mehr als ein Psychotherapeut, er hält sich nicht lange mit der Diagnose auf, sondern schreitet gleich zur Therapie.

JOHANNES GROSS

Wer Gutes bewirken, Unheil verhindern und auch langfristig selbst Erfolg haben will, darf nicht bequem und liebenswürdig den Auftrag einfach und unüberlegt entsprechend den Vorstellungen, Konkretisierungen und Weisungen des Mandanten ausführen.

HANS FRANZEN

Wer Rat erbittet, scheint die größte Hochachtung vor der Meinung seines Freundes zu hegen, obwohl er nur danach trachtet, seine Zustimmung zu der eigenen zu erlangen und ihn zum Gewährsmann für das eigene Handeln zu machen. Und wer Rat erteilt, belohnt das Vertrauen, das man ihm entgegenbringt, mit glühendem und uneigennützigem Eifer, obwohl er bei seinen Ratschlägen meist nur das eigene Interesse oder den eigenen Ruhm im Auge hat.

FRANÇOIS DE LA ROCHEFOUCAULD

Auch Ratsuchende mit fragwürdigem Hintergrund, manchmal gerade sie, bevorzugen den bei Gericht angesehenen Anwalt, selbst wenn er ihr Mandat mit erkennbarer Reserve und manchmal spitzen Fingern übernimmt.

HANS FRANZEN

149

Dem Seelsorger offenbart sich der Mensch in seiner Gewissensnot, dem Arzt in der Not seines Leibes. Beide fordern Mitleid. Dem Juristen dagegen enthüllt der Mitmensch nur gar zu oft die ganze Schäbigkeit und Schändlichkeit seines Herzens. Das kann zum Zynismus führen. PAUL BOCKELMANN

Der amerikanische Verteidiger Edward Bennett Williams hat als Resümee eines erfüllten Advokatenlebens hinterlassen: Der ideale Klient ist der Reiche, der Angst hat.
JOHANNES GROSS

Glaube nicht, daß der Anwalt in dieser schwierigen Entseuchungsarbeit durch die Dankbarkeit derer gestärkt wird, die zu seiner Kunst ihre Zuflucht nehmen: Wagt er es, dem Klienten höflich zu erklären, daß der Anwalt nicht dazu da ist, als Wandschirm für seine Lügen zu dienen, so ist dieser beleidigt; rät er ihm davon ab, sich in einen waghalsigen Prozeß einzulassen, so hält ihn der Klient für einen Feigling; weist er ihn darauf hin, daß man, um die Richter nicht zu langweilen, mäßig im Schreiben und Sprechen sein muß, so nennt der Klient ihn einen Faulprelz. PIERO CALAMANDREI

Nichts macht einen Menschen unverträglicher als das Bewußtsein, genug Geld für einen guten Rechtsanwalt zu haben.
RICHARD WIDMARK

Meinungsfreiheit
(s. a. Redefreiheit)

Ich bin zwar anderer Meinung als Sie, aber ich würde mein Leben dafür geben, daß Sie Ihre Meinung frei aussprechen dürfen. RENÉ DESCARTES

Jeder hat das Recht auf seine eigene Meinung, aber er hat keinen Anspruch darauf, daß andere sie teilen.   MANFRED ROMMEL

Was wäre aus mir geworden, wenn ich nicht gelernt hätte, die Meinung anderer zu respektieren.

JOHANN WOLFGANG VON GOETHE

Meinungen durch Gesetze ändern zu wollen, ist schlimmer als nutzlos; es schlägt nicht nur fehl, sondern verursacht eine Reaktion, welche die Meinungen stärker als je zurückläßt.

THOMAS BUCKLE

Wir können nie sicher sein, daß eine Meinung, die wir zu unterdrücken suchen, wirklich falsch ist; und selbst wenn wir sicher wären, wäre ihre Unterdrückung noch immer von Übel.   JOHN STUART MILL

Mensch

Der Mensch ist immer gefährlich. Wenn nicht durch seine Bosheit, dann durch seine Dummheit. Wenn nicht durch seine Dummheit, dann durch seinen Verstand.

HENRY DE MONTHERLANT

Ich fürchte, die Tiere betrachten den Menschen als ein Wesen ihresgleichen, das in höchst gefährlicher Weise den gesunden Tierverstand verloren hat – als das wahnwitzige Tier, als das lachende Tier, als das weinende Tier, als das unglückselige Tier.   FRIEDRICH NIETZSCHE

Der Mensch ist das einzige Tier, das lacht und eine Staatsverfassung hat.   SAMUEL BUTLER

151

Im Menschen vollendet sich und endet offenbar die Erde. Der Mensch – ein Exempel der beispiellosen Geduld der Natur.
CHRISTIAN MORGENSTERN

Der Sand im Getriebe der Welt heißt Mensch.
OLIVER HASSENCAMP

Der Mensch ist die Dornenkrone der Schöpfung.
STANISLAW JERZY LEC

Fragt man, ob die Menschengattung als eine gute oder schlimme Rasse anzusehen sei: so muß ich gestehen, daß nicht viel damit zu prahlen ist.
IMMANUEL KANT

Es gibt zu viele Menschen? Ich fürchte, sie werden seltener.
STANISLAW JERZY LEC

Der Computer ist die logische Weiterentwicklung des Menschen: Intelligenz ohne Moral.
JOHN OSBORNE

Mensch zu werden ist eine Kunst.
NOVALIS

Gott hat den Menschen erschaffen, weil er vom Affen enttäuscht war. Danach hat er auf weitere Experimente verzichtet.
MARK TWAIN

Der Mensch: Ein durch die Zensur gerutschter Affe.
GABRIEL LAUB

Der Mensch sollte sich selbst immer als ein Experiment der Natur betrachten.
FRIEDRICH HEBBEL

Nur der Banause fühlt sich in jedem Augenblick als fraglos nützliches Glied der menschlichen Gesellschaft.

GUSTAV RADBRUCH

Es gibt im Leben genauso viele Gelegenheiten, über den körperlichen Mut des Tieres „Mensch" unter Streß erstaunt zu sein, wie es Gründe gibt, über den Mangel an moralischem Mut deprimiert zu sein. PETER USTINOV

Die Menschheit ist in keiner Hinsicht vollkommen, weder im Bösen noch im Guten. Der Schurke hat seine Tugenden wie der Redliche seine Schwächen. PIERRE CHODERLOS DE LACLOS

Der Mensch ist nicht so böse, wie man manchmal denken sollte. Aber er wird nie so gut werden, wie Idealisten sich das denken. KURT TUCHOLSKY

Ich habe mich wohl schon tausendmal über diese Fähigkeit des Menschen gewundert, das höchste Ideal neben der niedrigsten Gemeinheit in seiner Seele hegen zu können, und beides mit vollkommener Aufrichtigkeit. FJODOR M. DOSTOJEWSKI

Da es das Teuflische im Menschen mit Sicherheit gibt, muß es logischerweise auch das Gegenteil, das Göttliche im Menschen geben, denn kein Pol ist ohne Gegenpol.

GERHARD UHLENBRUCK

Der Mensch ist das einzige Tier, das lacht und weint, denn er ist das einzige Tier, das betroffen wird von dem, wie die Dinge sind, und von dem, wie sie sein sollten. WILLIAM HAZLITT

Der Mensch ist vielleicht halb Geist und halb Materie, so wie der Polyp halb Pflanze und halb Tier. Auf der Grenze liegen immer die seltsamsten Geschöpfe.

GEORG CHRISTOPH LICHTENBERG

Habe keine zu künstliche Idee vom Menschen, sondern urteile natürlich von ihm, halte ihn weder für zu gut noch zu böse. GEORG CHRISTOPH LICHTENBERG

Wer die Menschen verachtet, ist kein großer Mensch.

VAUVENARGUES

Menschenverachtung: Ein Panzer, der mit Stacheln gefüttert ist. MARIE VON EBNER-ESCHENBACH

Nehmen Sie die Menschen wie sie sind, andere gibt es nicht.

KONRAD ADENAUER

Erst wenn die Mutigen klug und die Klugen mutig geworden sind, wird das zu spüren sein, was irrtümlicherweise schon oft festgestellt wurde: ein Fortschritt der Menschheit.

ERICH KÄSTNER

Menschenwürde

Heiliger noch als das Leben muß uns die Würde des Menschen sein. ERNST JÜNGER

Die Würde des Menschen ist unantastbar und obendrein schwer zu definieren. WERNER MITSCH

154

Die Würde mancher Menschen steht nicht ohne Grund im Konjunktiv.
RON KRITZFELD

Das Menschengeschlecht, wie es jetzt ist, und wahrscheinlich noch lange sein wird, hat seinem größten Teil nach keine Würde. Man darf es eher bemitleiden als verehren.
JOHANN GOTTFRIED VON HERDER

Jeder Mensch, wer er auch sei und wie tief er auch erniedrigt wäre, verlangt doch – wenn auch nur instinktiv, ganz unbewußt – Achtung vor seiner Menschenwürde.
FJODOR M. DOSTOJEWSKI

In der Verletzung der Menschenwürde liegt ein Keim des Todes verborgen.
FRANÇOIS RENÉ DE CHATEAUBRIAND

Miete

Mietwucher ist alles, was der Mieter nicht bezahlen will.
ERNST TEUBNER

Ablösung: Ungesetzliches Lösegeld, durch das man zu einer Wohnung kommt.
MICHAEL SCHIFF

Mitbestimmung

Mitbestimmung ermöglicht, daß jeder die Schuld auf die anderen schieben kann.
ARNO SÖLTER

Benehmen sich Arbeitgeber und Arbeitnehmer wie Verwandte bei einer Erbschaft, handelt es sich um Mitbestimmung.
OLIVER HASSENCAMP

Mitgift

(s. a. Ehe, Heirat)

Keiner arbeitet so hart für sein Geld wie der, der es heiratet.

KIN HUBBARD

Die Mitgift, die eine Frau ins Haus bringt, ist eine Glocke: Sooft du daran vorbeigehst, schlägt dir der Klöppel ins Gesicht.

AUS ARMENIEN

Weshalb soll ich's denn heiraten, wenn es sich nicht rentiert? Der Eh'stand, wenn er kinderlos ist, ist um fünfzig Prozent kostspieliger als der ledige; kommt Familie, so steigt es auf hundert Prozent; Gall' und Verdruß kann man auch auf etliche Prozent anschlagen; ergo muß die Frau immer etwas mehr Vermögen haben als der Mann, sonst schaut für unsereinen ein klares Defizit heraus.

JOHANN NEPOMUK NESTROY

An der Mitgift ist manchmal das Entbehrlichste – die Braut.

FRIEDL BEUTELROCK

Des Weibes Schädlichkeit zeigt schon der Brauch, daß sein Erzeuger, der es aufgezogen, die Mitgift draufgibt, um es loszuwerden.

EURIPIDES

Monogamie

(s. a. Bigamie, Ehe, Heirat)

Monogamie bezeichnet die westliche Sitte, nur eine Frau und fast keine Geliebten zu haben.

SAKI

156

Das Wesen, das die Einehe erfunden hat, ist noch ganz anderer Heldentaten fähig.

JOHANNES GROSS

Der Mensch, der die Monogamie eingeführt hat, muß ein Prinzipienreiter gewesen sein. Sicher hat er auch siebenmal in der Woche Sauerkraut gegessen.

WERNER MITSCH

Mord

Mord. Die Tötung eines Menschen durch einen anderen. Es gibt vier Arten von Mord: verbrecherischen, entschuldbaren, gerechtfertigten und rühmlichen, doch dem Ermordeten ist es egal, welcher Art er zum Opfer fiel – die Klassifizierung ist nur zum Nutzen der Juristen da.

AMBROSE BIERCE

In der größeren Zahl der Fälle kann er sich des Eindrucks nicht erwehren, daß bei allem Wohlwollen und bei aller Verständnisbereitschaft auch das Gericht, also jene, die sich beruflich mit strafbaren Handlungen und denen, die sie verübt haben, auseinanderzusetzen haben, wie auch jene, die als Laien mit geringerer Erfahrung damit konfrontiert werden, im Grunde bei Tötungsdelikten von dem Klischee des „Mörders" ausgehen und sich von diesem nicht freimachen können.

REINHART LEMPP

Für mich ist jede Tötung von Menschen gemeiner Mord, auch wenn es der Staat im Großen tut.

ALBERT EINSTEIN

Alles, was man von der Geschichte sagt, kommt aufs Schlachten und Morden hinaus. Die Ehre und den Ruhm, den sie den Eroberern beilegt, welche meistenfalls nur die Henker des Menschengeschlechts waren, bringt den heranwachsen-

157

den Jüngling vollends auf den Gedanken, daß Menschenmord das rühmlichste Geschäft und die größte Heldentugend sei.

JOHN LOCKE

Wenn es Hunger hat, mordet sogar das Tier, der Mensch bedarf dazu so entscheidenden Anlaß nicht.

MAX JACOB FRIEDLÄNDER

Verteidigung des Mörders: „Wie kann ein Mensch für unmenschliche Taten bestraft werden?"

STANISLAW JERZY LEC

Musik

Die Musik hat von allen Künsten den tiefsten Einfluß auf das Gemüt. Ein Gesetzgeber sollte sie deshalb am meisten unterstützen.

NAPOLEON I.

Musik, für Juristen verderbliche Kunstrichtung, weil in ihr nicht definiert, sondern gespielt wird.

ERNST TEUBNER

Am Anfang bestimmter Lieder stand statt des Violinschlüssels – ein Paragraph.

STANISLAW JERZY LEC

Das Musikinstrument, das den größten Einfluß auf die Kultur ausgeübt hat, ist die Pfeife. Die des Polizisten.

GABRIEL LAUB

N

Nachbar

Das Gesetz kann niemanden zwingen, seinen Nachbarn zu lieben, aber es kann es schwteriger für ihn machen, seinem Haß Ausdruck zu verleihen. NEILL LAWSON

Sieh dir die Nachbarschaft an, bevor du eine Bleibe wählst. AUS CHINA

Die Klagen über die bösen Nachbarn sind so zahlreich wie die Beteuerungen eigener Schuldlosigkeit. FRIEDRICH VON SCHILLER

Ich habe mich stets gewundert, warum jeder sich selbst am meisten liebt, aber seines Nachbarn Meinung über sich höher schätzt als seine eigene. MARK AUREL

Mein Nachbar hatte für mich nicht viel übrig. Aber er gab mir den Rest. RUPERT SCHÜTZBACH

Namensrecht

Bei vielen Leuten ist nur der Name etwas wert. Wenn man sie recht aus der Nähe besieht, taugen sie weniger als nichts; nur aus der Entfernung machen sie Eindruck. JEAN DE LA BRUYÈRE

Es kommt auf dieser Welt viel darauf an, wie man heißt; der Name tut viel. HEINRICH HEINE

Große Namen taugen nur dazu, die Menge zu blenden, die kleinen Geister zu täuschen und den Scharlatanen Stoff für ihr Geschwätz zu liefern. DENIS DIDEROT

Wenn ich ein zweites Mal geboren werde, laß ich mich gleich unter einem falschen Namen eintragen. STANISLAW JERZY LEC

Nichteheliche Kinder

Wir sind so albern, daß wir immer auf das Natürliche dringen; andre Nationen sind klüger, in London heißt *he is a natural* nicht ein Haar weniger als: er ist ein dummer Teufel, und wer weiß nicht, daß *natürlicher Sohn* soviel ist als ehrloser Bastard und daß sie in vielen Ländern von Deutschland von allen Ehrenämtern ausgeschlossen sind, wozu nur die unnatürlichen gelangen können. GEORG CHRISTOPH LICHTENBERG

Kein Wunder, daß uneheliche Kinder gemeiniglich die besten Köpfe sind; sie sind die Folgen einer geistreichen Stunde, die eheligen oft der Langeweile. THEODOR GOTTLIEB VON HIPPEL

Man könnte meinen, unsere Kanarienvögel hätten standesamtlich geheiratet. Ihre erzwungene Vereinigung, hinter dem Gitter bewacht, ist albern wie eine Ehe. Sie haben grämliche, bläßliche Junge, die niemals frei fliegen werden wie die Kinder der Liebe. EMILE ZOLA

Notar

Notar, lat., amtlicher Schreiber, von dem früher nur ein beschränktes Maß juristischen Wissens verlangt wurde, heute ein wenig mehr. ERNST TEUBNER

160

Doch – die Notare sind gar nicht so. Sie sind die Mediatoren der sogenannten freiwilligen Gerichtsbarkeit, die Dompteure der unterschiedlichsten Interessen und bringen sie, auch wenn's mal hakt, unter einen Hut.   HANS MARTIN SCHMIDT

Obduktion

Schließlich wird der Mensch weder durch Deduktion noch durch Induktion untersucht, sondern durch Obduktion.

STANISLAW JERZY LEC

Die Leichenöffnungen können diejenigen Fehler nicht entdecken, die mit dem Tode aufhören.

GEORG CHRISTOPH LICHTENBERG

Opfer
(s. a. Verbrechen, Viktimologie)

Um manche Delikte zu begreifen, genügt es, wenn man die Opfer kennt.

OSCAR WILDE

Besser ein Opfer zu sein als ein Henker.

ANTON TSCHECHOW

Hat nicht der Staat selbst die meisten Verbrechensopfer auf dem Gewissen? Er produziert die Täter massenhaft.

TOMMASO DA PONTE

Für die Opfer gibt es meistens mehr Entschuldigungen als für die Mörder. Nur – sie helfen ihnen nicht mehr.

GABRIEL LAUB

Ein getöteter Krebs errötet. Was für ein nachahmungswürdiges Feingefühl des Opfers.

STANISLAW JERZY LEC

Opportunitätsprinzip

(s. a. Ermessen, Strafe)

Niemand ahnt, wie nahe er ständig am Gefängnis entlanglebt, oder besser gesagt: die wenigsten wissen, daß sie eigentlich ständig ins Gefängnis gehören. Das Staatsleben ist nur möglich, weil es unmöglich ist, alle Delikte zu kennen, geschweige denn zu verfolgen und zu bestrafen. Es ist schon deshalb unmöglich, weil, wenn alles ordnungsgemäß verfolgt würde, niemand mehr da wäre, um zu verfolgen und zu bestrafen. Selbst die Richter säßen im Gefängnis.

HERBERT ROSENDORFER

Dieser Staat hat so viele und so lächerliche Vorschriften erlassen, daß es ein großes Wunder ist, nur ein Sechstel seiner Gesamtbevölkerung – also von 60 Millionen 10 – bestraft zu sehen.

KURT TUCHOLSKY

Ordnung

Nur auf dem Begriff von „Ordnung" kann jener der „Freiheit" ruhen.

KLEMENS FÜRST METTERNICH

Durch die Gewalt, meint die Vorstellung oft, hinge der Staat zusammen. Aber das Haltende ist allein das Grundgefühl der Ordnung, das alle haben.

GEORG WILHELM FRIEDRICH HEGEL

Ordnung: Welche Verbrechen werden in deinem Namen begangen!

GUSTAVE FLAUBERT

Alle eingefleischten Anhänger totalitärer Regime leben nach dem Goethe-Wort – ohne zu wissen, daß es von Goethe ist –, sie könnten leichter eine Ungerechtigkeit ertragen als eine Unordnung.   ROLF HOCHHUTH

P

Paragraph

(s. a. Gesetzgebung, Recht, Unrecht)

Paragraphen sind Schutzgitter unseres Lebens und als solche notwendig; aber es ist möglich, daß wir uns durch sie den Blick auf das Leben verbauen und den Eindruck gewinnen, die Welt sei ein Gefängnis.   Ernst R. Hauschka

---

Das Paragraphenzeichen allein sieht aus wie ein Folterwerkzeug.   Stanislaw Jerzy Lec

---

Zu den nicht so seltenen Beamtentypen gehören jene „Paragraphenreiter", die juristische Spitzfindigkeit als die höchste Verwaltungskunst ansehen und mitleidig auf das Heer der unwissenden Nichtjuristen herabsehen. Der Rechtsstaat regelt das Zusammenleben sowie die Rechte und Pflichten seiner Mitglieder durch Gesetze, die als Extrakte des Gemeinschaftswillens nicht die Herrschaft jener Paragraphenreiter begründen, sondern nur deren Reitwege abstecken wollen. Je mehr der gesetzesfreie Raum eingeschränkt wird, desto größer wird die Versuchung, etwas jenseits der Legalität zu galoppieren. Hier werden Paragraphenreiter heute zu Inquisitoren, wenn sie sich dem Irrglauben hingeben, daß das Gesetz gegen das Leben eingesetzt werden muß.   Hans Hämmerlein

---

Paragraphenreiter sitzen meist fest im Sattel und oft auch noch auf dem hohen Roß.   Gerhard Uhlenbruck

Man sagt, daß die formalistische Paragraphenreiterei den Juristen auszeichne. Was ist aber diese Paragraphenreiterei wirklich? Sie ist doch ihrem Kern nach nichts anderes als die Entscheidung auf Grund einer objektiven, einer neutralen Regel.

Hans-Gerhart Niemeier

Vor Gericht kann man sich gelegentlich ganz gut auf Gummiparagraphen stützen!

Gerhard Uhlenbruck

Parteien

In naiven Darstellungen wird eine Partei gewöhnlich als Zusammenschluß gleichgesinnter Menschen geschildert, die sich zusammengefunden haben, um gemeinsame Ziele zu erreichen. Das stimmt nicht. Diese Aufgabe wird heute einzig und allein von der *Lobby* wahrgenommen – und es gibt ebenso viele Lobbies, wie es besondere Interessen gibt. Eine politische Partei ist heutzutage vor allem ein Apparat zur Auswahl von Kandidaten mit der Aufgabe, diese in Amt und Würden zu bringen.

Laurence J. Peter & Raymond Hull

Die Partei ist der Wahn vieler zum Nutzen weniger.

Alexander Pope

Je mehr von Amts wegen geschieht, desto mehr Bürger werden vor den Kopf gestoßen. Wir brauchen minimalistische Parteien, d. h. solche, die ihr Programm auf das beschränken, was möglichst vielen Bürgern als Ausgleich ihrer entgegengesetzten Wünsche annehmbar erscheint.

Werner Finck

Im demokratischen Staate sind die Parteien die wichtigsten Organe des Verfassungslebens, die Unruhe, welche das ganze Uhrwerk in Bewegung hält.

Gustav Radbruch

Patent

Erfinder enden alle im Armenhaus, und ein anderer profitiert von ihrer Erfindung; das ist nicht gerecht.

GUSTAVE FLAUBERT

Patent: Schriftstück, das ein arbeitsloses Dauereinkommen sichert, bis etwas noch Besseres erfunden wird. MICHAEL SCHIFF

Pflichtverteidiger
(s. a. Verteidiger)

Es ist eine heilige Forderung der Gerechtigkeit, daß der dem juristisch durchgebildeten Anklagebeamten gegenüber fast wehrlose Angeklagte in allen Nicht-Bagatell-Fällen der Verteidigung nicht ermangele. RUDOLF G. BINDING

Er bekam einen sogenannten Pflichtverteidiger. So überließen sie seinen Fall dem Zufall. WERNER MITSCH

Wer auf Sozialmandate angewiesen ist, um leben zu können, muß flüchtig, muß oberflächlich, d. h. unsozial arbeiten.

HANS FRANZEN

Der Begriff der Pflicht ist durch die Einrichtung des Pflichtverteidigers stark ramponiert worden. JOHANNES GROSS

Plädoyer
(s. a. Advokat, Rechtsanwalt, Verteidiger)

Die Rede ist die Kunst, Glauben zu erwecken. ARISTOTELES

167

Beredsamkeit, syntaktische Geschicklichkeit, geschmeidige Sprachbeherrschung, erregt durchaus nicht unsere Bewunderung, sondern vielmehr unsere Verlegenheit, als wäre man Zeuge einer käuflichen Unkeuschheit.　　　　Franz Werfel

Ein guter Redner muß etwas vom Dichter haben, darf es also mit der Wahrheit nicht mathematisch genau nehmen.
Otto von Bismarck

Der Scharfsinn verläßt geistreiche Männer am wenigsten, wenn sie unrecht haben.　　　Johann Wolfgang von Goethe

Auf der Ziellinie des Strafprozesses bildet das Plädoyer die absolute Zerschmetterung des Antagonisten: „Auch wenn der Herr Staatsanwalt es partout nicht zur Kenntnis nehmen will: Mein Mandant ist unschuldig – er sagt es ja selbst!"
Ernst Teubner

Von einem Richter stammt das Wort, daß nach Beendigung der Beweisaufnahme die Richter sich am besten die Ohren mit Wachs verschließen sollten, weil sie von da an nur noch verwirrt werden könnten.　　　　Hans Dahs

Der kluge Redner weiß, daß man die Richter durch seine eigenen Gründe höchstens für die Dauer des Plädoyers überwältigen kann und daß man sie nur durch ihre Gründe bis zur „Urteilsfindung" überzeugen kann. Auch dürfte es eigentlich nicht vorkommen, daß die Richter nach einem Plädoyer – wie die Spartaner zu einem allzu geschwätzigen Boten – sagen: „Den Anfang der Rede haben wir vergessen und deshalb das Ende nicht verstanden."　　　Hans Jakob Maier

Wer richtet, muß konkrete Tatbestände suchen; wer plädoyiert dagegen mögliche Gesichtspunkte.

CARL AUGUST EMGE

Nur im Theater mißt sich der Erfolg am Beifall der Menge. Am wirksamsten wird für den Richter stets dasjenige Plädoyer sein, das ihm als Ausdruck der Überzeugung eines ehrlichen Mannes erscheint.

HANS DAHS

Schlechte Argumente bekämpft man am besten, indem man ihre Darlegung nicht stört.

ALEC GUINNESS

Zeichnen sich große Geister dadurch aus, daß sie mit wenigen Worten viel zu verstehen geben, so haben kleine Geister, im Gegenteil, die Gabe, viel zu reden und nichts zu sagen.

FRANÇOIS DE LA ROCHEFOUCAULD

Wer etwas mit zehn Worten sagen kann und es mit zwanzig sagt, der ist auch zu anderen Schlechtigkeiten fähig.

GIOSUÈ CARDUCCI

Es liegt der Schluß nahe, daß eine Sache um so schlechter steht, je länger das Plädoyer ist.

HANS DAHS

Sowie mehr geredet wird als nötig, hört nach einem natürlichen Gesetz alle Wirkung auf.

THEODOR FONTANE

Mindestens empfinden manche Richter nach angestrengter Verhandlung den Übergang zu den Plädoyers als den Beginn eines geistigen Urlaubs, in dem sie sich erholen dürfen.

HANS DAHS

169

Plagiat

(s. a. Urheberrecht)

In welch glücklicher Lage sich Adam befand – wenn er etwas Kluges sagte, wußte er, daß es niemand vor ihm ausgesprochen hatte.　　　　　　　　　　　　　　MARK TWAIN

Ahmt der Mund nach, gilt der Künstler als Imitator. Tut es die Feder, gilt er als Plagiator.　　　　　　　HANS-HORST SKUPY

Plagiator: Widmet sich mit Nachdruck den Werken anderer.
　　　　　　　　　　　　　　　　　RON KRITZFELD

Daß die plagiarii so verächtlich sind, kommt daher, weil sie es im kleinen und heimlich tun. Sie sollten es machen wie die Eroberer, die man nunmehr unter die honetten Leute rechnet, sie sollten platterdings ganze Werke fremder Leute unter ihrem Namen drucken lassen und wenn sich dagegen jemand in loco selbst regt, ihm hinter die Ohren schlagen, daß ihm das Blut zu Maul und Nase heraussprützt, Auswärtige in Zeitungen Spitzbuben, Kabalenschmiede und Bengel schelten, sie zum Teufel weisen oder sagen, daß sie das Wetter erschlagen solle.　　　　　　GEORG CHRISTOPH LICHTENBERG

Wenn das Plagiat besser ist als das Original, wird das Original zum Plagiat.　　　　　　　　　　　　　HANS KASPER

Politik, Politiker

Das Recht muß nie der Politik, wohl aber die Politik jederzeit dem Recht angepaßt werden.　　　　　　　IMMANUEL KANT

Politik kann man in diesem Land definieren als die Durchsetzung wirtschaftlicher Zwecke mit Hilfe der Gesetzgebung.

KURT TUCHOLSKY

Politik bedeutet ein starkes langsames Bohren von harten Brettern mit Leidenschaft und Augenmaß zugleich.

MAX WEBER

Kleine Kriminalität und große Dummheit – eine hochexplosive Mischung, besonders in der Politik. JOHANNES GROSS

Diejenigen, die zu klug sind, um sich in der Politik zu engagieren, werden dadurch bestraft, daß sie von Leuten regiert werden, die dümmer sind als sie selbst. PLATON

Was kümmert mich die Politik? Sie könnten ebenso gut sagen: Was kümmert mich das Leben? JULES RENARD

In Tat und Wahrheit – Sie wissen es selber genau – träumt jeder intelligente Mensch davon, ein Gangster zu sein und mit roher Gewalt über die Gesellschaft zu herrschen. Da dies nicht so einfach ist, wie die einschlägigen Romane glauben lassen mögen, verlegt man sich im allgemeinen auf die Politik und läuft in die grausamste Partei. ALBERT CAMUS

„Politik verdirbt den Charakter." Nein: Politik erprobt den Charakter. Wer im Bereiche der Politik, in dem so vieles für erlaubt gilt, was im Privatleben unerlaubt wäre, keine weitherzigere Moral kennt als im Privatleben, dessen Charakter hat sich an der Politik bewährt. GUSTAV RADBRUCH

171

Ich gelte als naiver Träumer, der immer wieder das Unverein-
bare miteinander vereinbaren möchte, nämlich Politik und
Moral.   VÁCLAV HAVEL

Politik ist die Kunst, das Notwendige möglich zu machen.
                                                        HERBERT WEHNER

Mit Politik kann man keine Kultur machen, aber vielleicht
kann man mit Kultur Politik machen.   THEODOR HEUSS

Der Staatsmann denkt an sich selbst zuletzt, während der Politiker selbst zuletzt an sich denkt.   LOTHAR SCHMIDT

Wirkliche Politik, Politik, die diesen Namen verdient, und
übrigens die einzige Politik, der ich mich zu widmen bereit
bin, ist schlicht der Dienst am Nächsten. Der Dienst an der
Gemeinde. Der Dienst auch an denen, die nach uns kom-
men.   VÁCLAV HAVEL

Es ist ein bekanntes Phänomen gerade in Deutschland, daß
jemand, der in seinem eigentlichen Beruf exzelliert, nicht
daran denkt, in die Politik zu gehen.   JOHANNES GROSS

Politische Karrieren werden mitunter auf Grund der klaren
Einsicht gestartet, daß man es in der Wirtschaft nicht weit
bringen würde.   PETER USTINOV

Zu einem guten Politiker gehören die Haut eines Nilpferdes,
das Gedächtnis eines Elefanten, die Geduld des Bibers, das
Herz des Löwen, der Magen des Vogels Strauß und der

Humor einer Krähe. Diese Eigenschaften sind allerdings noch nichts wert ohne die Sturheit des Maulesels.

WINSTON CHURCHILL

Die Politik gleicht der Sphinx der Fabel: Sie verschlingt alle, die ihre Rätsel nicht lösen. ANTOINE DE RIVAROL

Polizei

Regierungen kommen und gehen – die Polizei bleibt.

FRANÇOIS MAURIAC

Das Recht ist abwägend und entscheidend, die Polizei überschauend und gebietend. JOHANN WOLFGANG VON GOETHE

Ein Staat ohne Polizei ist wie eine Brücke ohne Geländer.

WERNER MITSCH

„Ich darf verfolgen, wen ich will", sagte der Polizist. Das ist der Beweis vollkommener Freiheit. GABRIEL LAUB

Es gibt Berufe, die das Gemüt notwendigerweise verhärten. Das gilt für die Soldaten, für die Schlächter, für die Polizisten, für die Kerkermeister, für alle Berufe, die sich auf das Unglück anderer Wesen gründen. VOLTAIRE

Ausländer beispielsweise, unbefangene Zeugen, die jahrzehntelang nicht mehr in Deutschland gewesen sind, bestätigen immer wieder, daß zu den auffallendsten und erfreulichsten Veränderungen in diesem Lande die umgänglicheren Methoden der Polizei gehören. WERNER HÖFER

173

Einige Strafverteidiger und einige antiautoritäre Rechtsphilosophen meinen, daß die Polizei überhaupt nichts darf. Am wenigsten Verbrecher fangen. Dagobert Lindlau

Wir sind geborene Polizisten. Was ist Klatsch andres als Unterhaltung von Polizisten ohne Exekutivgewalt. Christian Morgenstern

Ohne einen Schuß Abneigung gegen die, die Gewalt über uns haben, kann die Freiheit nicht bestehen. Mit der Forderung, der Verkehrsteilnehmer solle noch in dem Bußgeld verlangenden Polizisten die Majestät des Rechts ehren, ebenso wie beim Finanzbeamten, der ihm möglichst wenig vom Selbstverdienten belassen will, kommt man sehr in die Nähe des späten Preußentums mit seinen ethischen Aufdringlichkeiten. Johannes Gross

Polizei und Antiterrorgruppen werden vermutlich immer notwendig sein, also wird es immer ein Ventil geben für alle mit der Gabe zur kontrollierten Kriegslust. Peter Ustinov

Welch ein Wohlstand muß in einem Staat herrschen, in dem es möglich ist, die Hälfte der Bevölkerung im Polizeidienst und die andere Hälfte auf Staatskosten im Gefängnis zu halten. Stanislaw Jerzy Lec

Pornographie

Alles hat sein Recht, selbst Pornographie, die in etwa so erregend ist wie das Wartungsheft eines neuen Autos. Sie sagt, wie man es macht, ohne ihrem Thema auch nur den Hauch von Begeisterung zu geben. Peter Ustinov

Ein Sodomit erregt sich beim Betrachten eines Schulbuches für Zoologie. Soll man das Buch deshalb als eine pornographische Publikation verwerfen? STANISLAW JERZY LEC

Präjudiz

(s. a. Rechtsprechung, Richter)

Die Kultursprachen kommen mit 36 Buchstaben aus und keine gleicht der anderen. Da wäre es doch gelacht, wenn sich ein Alltagsjurist nicht mit drei Dutzend Musterfällen durchwursteln könnte. GÜNTHER FELIX

Präzedenzfall: Im Rechtswesen eine frühere Entscheidung, Regel oder Gepflogenheit, die in Ermangelung einer eindeutigen gesetzlichen Bestimmung soviel Autorität oder Macht hat, wie ihr ein Richter zu geben beliebt, womit er sich die Aufgabe, zu tun, was ihm gefällt, beträchtlich erleichtert. Da es Präzedenzfälle für alles gibt, braucht er nur jene zu ignorieren, die seinen Interessen zuwiderlaufen, und jenen Bedeutung beizumessen, die sich mit seinen Wünschen decken.

AMBROSE BIERCE

Präjudizienkult nennt man die Rituale ehrgeiziger unterer Richter, mit denen sie die Entscheidungen höherer Gerichte ehrfürchtig nachbeten. ERNST TEUBNER

Wer ein Argument vorträgt und sich dabei auf eine Autorität beruft, verwendet nicht seine Intelligenz; er setzt lediglich sein Gedächtnis ein. LEONARDO DA VINCI

Wir Juristen sind uns einig: Unsere Souffleuse ist schon arg abgegriffen, aber es ist so unendlich vorteilhaft, etwas im eingespielten Griff zu haben: Mit diesem Griff kann man den Hebel an die unangenehme Last der Verantwortung setzen. Je mehr des Vorgedachten und der Belege – namentlich des Gedruckten –, desto länger der Hebelarm des Bewährten, der den Druck der selbständigen Entscheidung verringern hilft.

GÜNTHER FELIX

Pressefreiheit

(s. a. Zensur)

Die Deutschen haben das Pulver erfunden – alle Achtung! Aber sie haben es wieder quitt gemacht: Sie erfanden die Presse. FRIEDRICH NIETZSCHE

Zeitungen sind die einzige dem Schießpulver analoge Erfindung, und eine noch gefährlichere als diese, denn sie dienen nur *einer* Partei. FRIEDRICH HEBBEL

Die Presse kann schlimmere Verheerungen anrichten als Pulver und Blei. THEODOR GOTTLIEB VON HIPPEL

Die Tinte ist das fünfte Element und die Presse die Artillerie der Gedanken. KARL JULIUS WEBER

Die Presse hat, so kann man allenthalben lesen, eine öffentliche Aufgabe. Aber diese hat der Verkehrspolizist auch. Allerdings ändert die Presse weniger oft ihre Richtung. Im wissenschaftlichen Schrifttum wird die Presse bisweilen auch als vierte Staatsgewalt bezeichnet. Wohl dem Staat, der mit dieser Gewalt Staat machen kann. RUDOLF GERHARDT

Wenn ich die Wahl hätte zwischen einem Land mit Regierung aber ohne Zeitungen und einem Lande mit Zeitungen aber ohne Regierung, dann würde ich das Land ohne Regierung wählen.

THOMAS JEFFERSON

Nach Preßfreiheit schreit niemand, als wer sie mißbrauchen will.

JOHANN WOLFGANG VON GOETHE

Die Festsetzung dessen, was gesetzlich als Mißbrauch der Pressefreiheit gelten soll, muß sehr einfach und nicht zu ängstlich gemacht werden.

WILHELM VON HUMBOLDT

Die normale Zeitung steht unter der strengsten Zensur, die es überhaupt gibt: unter der eigenen.

KURT TUCHOLSKY

Pressefreiheit – Man kann Freiheit nicht in Gesetze pressen.

HANS-HORST SKUPY

Wo Pressefreiheit herrscht, ist es für einen Journalisten nicht ehrenrührig, auch die offizielle Meinung zu vertreten.

GABRIEL LAUB

Große Männer haben die Pressefreiheit nie gefürchtet; denn wo kein Pulver liegt, kann man die Leute rauchen lassen.

KARL JULIUS WEBER

Die Freiheit der Presse hat für die Regierenden manche Unbequemlichkeit; aber wenn sie dieser ausweichen, stürzen sie sich ins Verderben. So hat schon tausendmal der Blitz diejenigen erschlagen, die bei einem Gewitter, nur um nicht durchnäßt zu werden, Schutz unter Bäumen suchten.

LUDWIG BÖRNE

177

Der Konflikt zwischen den Autoren, welche eine unbedingte Freiheit der Presse fordern, und den Staatsverwesern, die solche nur mehr oder weniger zugestehen können, dauert seit Erfindung der Buchdruckerkunst und kann niemals aufhören ... JOHANN WOLFGANG VON GOETHE

Privatklage

Jeder Staatsanwalt klärt erst einmal die belastenden Umstände von Straftaten auf und vergißt im Drang der Geschäfte dann die entlastenden; da er mit der Aufklärung von Diebstählen in Selbstbedienungsläden enorm überlastet ist, muß er Ermordete oft auf den Weg der Privatklage verweisen. ERNST TEUBNER

Privatbeleidigungsklagen sind, in den allermeisten Fällen, für den Juristen das Langweiligste und für den Zuschauer das Komischste, das es gibt. KURT TUCHOLSKY

Privatklagen einzustellen bürgert sich heute immer mehr ein. Das Ehrgefühl vergangener Zeiten beruhte auf den bestehenden Klassenunterschieden. HORST LEUTHEUSSER

Professor

(s. a. Titel)

Der Professor ist nicht einfach ein Weiser, sondern ein solcher mit Bestallung, Autorität, Auditorium, Examensgewalt und Pensionsberechtigung – kurz ein Weiser, gerüstet mit Macht. SIGISMUND VON RADECKI

Rechtsprofessoren sind bestens ausgerüstet, Theorie und Beweisführung zu lehren. Aber selten hat ein Hochschullehrer auch nur den Schimmer einer Ahnung, was an der vordersten Rechtsfront abgeht.   MARK MCCORMACK

Als lebenslange Musterschüler wissen alle Professoren natürlich auf ihrem Spezialgebiet weit mehr als jeder Praktiker: Die Front hat zu schweigen, wenn in der Etappe der Gong ertönt.   ERNST TEUBNER

Wer in Deutschland Professor werden will, sagte ich mir, muß sich möglichst umständlich ausdrücken. Hierzulande schleppt sich die Wissenschaft mit bleiernen Schuhen und schweren Koffern und Taschen zu den Höhen der Weisheit.   MICHAEL KUNZE

Bei einem Professor halten sich Eitelkeit und Intelligenz die Waage: Wenn seine Intelligenz überwiegt, kann die Eitelkeit sinken; wenn die Eitelkeit überwiegt, wird die Intelligenz Schaden leiden.   ERNST R. HAUSCHKA

Prostitution

Die Prostitution ist eine der Errungenschaften, die nicht durch Technik substituiert werden können.   MANFRED ROMMEL

Einheirat: Gesellschaftsfähige, meist männliche Prostitution.   MICHAEL SCHIFF

Prostitution entsteht durch Kundschaft, braucht daher nicht gefördert zu werden.   ERNST TEUBNER

Prozeß

(s. a. Kompromiß, Streit, Vergleich)

Einen Prozeß führen zu müssen, heißt schon auf dieser Welt verdammt sein; und schon der bloße Gedanke daran ist geeignet, mich bis nach Indien ausreißen zu lassen.   Molière

Ich war in meinem Leben zweimal ruiniert, das erste Mal als ich einen Prozeß verlor – zum zweiten Mal als ich einen gewann.   Voltaire

Wer lernt das Recht besser kennen: der Gewinner eines Rechtsstreits, oder der Verlierer? – Jedenfalls ist es der Verlierer, der rechtsgläubiger sein muß.   Tommaso da Ponte

Prozeß: Eine Maschine, in die man als Schwein hineingeht, um als Wurst wieder herauszukommen.   Ambrose Bierce

Wenn Du auch nicht das Unglück erlebst, daß Deine Angelegenheit einem eigennützigen, parteiischen, faulen oder schwachköpfigen Richter in die Hände fällt, so ist es schon genug, daß Dein oder Deines Gegners Advokaten ein Mensch ohne Gefühl, ein gewinnsüchtiger Gauner, ein Pinsel oder ein Schikaneur sei, um bei einem Rechtsstreite, den jeder unbefangene gesunde Kopf in einer Stunde schlichten könnte, viel Jahre lang hingehalten zu werden, ganze Zimmer voll Akten zusammengeschmiert zu sehn und dreimal soviel an Unkosten zu bezahlen, als der Gegenstand des Streits wert ist, ja am Ende die gerechteste Sache zu verlieren und Dein offenbares Eigentum fremden Händen preiszugeben.

    Adolph Freiherr von Knigge

Rate ab von gerichtlichen Auseinandersetzungen. Überrede, wann immer du kannst, deine Nachbarn zu Kompromissen. Erkläre ihnen, wieso der offenkundige Sieger häufig der wahre Verlierer ist – infolge saftiger Honorare, Kosten und vergeudeter Zeit. Als Friedensstifter hat der Rechtsanwalt die unvergleichliche Chance, Gutes zu tun. Auch dann gibt es noch genügend Möglichkeiten, Geld zu verdienen.

ABRAHAM LINCOLN

Prozesse zu führen, bereitet dem Bürger keine Freude, sondern ist für ihn mit einer Fülle von Ärger und Unannehmlichkeiten verbunden. Was gemeint ist, wenn von „Prozeßfreude" gesprochen wird, läßt sich dahin umschreiben, daß den Deutschen nachgesagt wird, rechthaberisch zu sein und zu versuchen, selbst aus geringfügigen Anlässen ihr vermeintliches Recht mit Hilfe von Anwälten und Gerichten durchzusetzen.

RUDOLF WASSERMANN

Der Krieg, der Aufruhr, die Revolution, das Lynchsgesetz, die Gottesurtheile, das Faust- und Fehderecht und dessen Ueberbleibsel in der heutigen Zeit: das Duell, endlich die Nothwehr, und der zahme Kampf: der Proceß – was sind sie trotz aller Verschiedenheit des Streitobjectes und des Einsatzes, der Formen und der Dimensionen des Kampfes, anders als Scenen desselben Drama's: des Kampfes um's Recht?

RUDOLF VON IHERING

Ein Prozeß erscheint mir in seiner ersten Kindheit als etwas Unfertiges, Formloses, Unvollkommenes. Er ist wie ein Bärenjunges, das anfangs weder Füße noch Hände, nicht Haut noch Fell, noch Kopf hat, sondern nur ein Stück rohes, formloses Fleisch ist. Durch beständiges Lecken bildet die Bärin an ihrem Jungen die Glieder aus. So belecken und besaugen

181

fortwährend und aufs stärkste Gerichtsdiener, Gerichtsboten, Rabulisten, Anwälte, Richter die Börsen der Parteien und erschaffen ihren Prozessen Kopf, Füße, Klauen, Schnabel, Zähne, Hände, Adern, Nerven, Muskeln, Säfte. So wird der Prozeß durch ihre Bemühungen zu etwas Ganzem, Tüchtigem, Wohlgebildetem.
FRANÇOIS RABELAIS

Prozeß, lat., guter Fortgang; das genaue Gegenteil gibt es seit Adam und Eva.
ERNST TEUBNER

Ich möchte einmal einen Prozeß erleben, bei dem der Staatsanwalt für den Angeklagten Freispruch beantragt, der Verteidiger aber dessen Verurteilung fordert und der Gerichtsvorsitzende mit einer schwarzen Binde vor den Augen den Gerichtssaal verläßt.
EGON ERWIN KISCH

Prozeß: Eine förmliche Untersuchung zu dem Zweck, den makellosen Charakter von Richtern, Advokaten und Geschworenen zu beweisen und aktenkundig zu machen. Dazu ist eine Kontrastperson in Form eines sogenannten Angeklagten, Gefangenen oder Beklagten erforderlich.
AMBROSE BIERCE

Wenn Sie jemanden verklagen wollen, dann überlegen Sie es sich, überschlafen Sie die Sache noch einmal, und schenken Sie für das Geld, das Verfahren, Anwalt und Urteil kosten, Ihrer Familie etwas Hübsches. Sie haben mehr davon.
KURT TUCHOLSKY

Die tägliche Erfahrung zeigt uns Processe, bei denen der Werth des Streitobjects ausser allem Verhältnis steht zu dem voraussichtlichen Aufwand an Mühe, Aufregung, Kosten. Wem ein Thaler in's Wasser gefallen, der wird nicht zwei

182

daran setzen, ihn wieder zu erlangen – hier ist die Frage, wie viel er daran wenden soll, in der That ein Rechenexempel. Warum stellt er aber dasselbe Rechenexempel nicht bei seinem Processe an?

RUDOLF VON IHERING

Prozeßgegner

(s. a. Klageerwiderung)

Es ist die schlimmste Verschwendung an Geist und Herz, Gegner zu überzeugen suchen, die gar nicht daran denken, ihrer eigenen Ansicht zu sein.

ARTHUR SCHNITZLER

Abgebrühten Menschen gegenüber muß man hartgesotten sein.

GERHARD UHLENBRUCK

Es ist nicht sehr menschenfreundlich, wenn man von einem Gegner das Schlimmste erwartet, aber es ist selten falsch.

CHARLES MAURICE DE TALLEYRAND

Man soll bei einem Gegner keine niedrigeren Beweggründe vermuten, als man selber hat.

JAMES M. BARRIE

Wir müssen zermalmen oder werden zermalmt.

CHARLES DICKENS

Prozeßkostenhilfe

Armenrecht: Eine Methode, mittels derer einem Prozeßbeteiligten, der kein Geld für einen Anwalt hat, gnädig gestattet wird, seinen Prozeß zu verlieren.

AMBROSE BIERCE

183

Manchmal kann man sich des Gefühls nicht erwehren, als wollten Hilfesuchende gelegentlich ihren gerichtskostenlosen und für sie sogar abwechslungsreichen Spaß mit der Gerichtsbarkeit treiben und sich selbst dabei die Zeit ein wenig vertreiben; damit ließe sich übrigens die auch nicht gänzlich unbegründete Hoffnung verbinden, da und dort doch noch eine Kleinigkeit herausschlagen zu können. Die Gerichte sehen sich gezwungen oder sind es gar, dieses für sie nicht ganz so lustige, sondern eher etwas unwürdige Spiel bis zur Erschöpfung und darüber hinaus mitzumachen.

HORST SENDLER

Prozeßtaktik

Du kannst als unbesiegbar dastehen; du mußt dich nur in keinen Kampf einlassen, in dem der Sieg nicht von dir abhängt.

EPIKTET

Sich durchschauen zu lassen – das ist keineswegs immer Gleichgültigkeit oder Unvorsichtigkeit. Oft ist es nur eine vornehme Geste, wenn nicht gar die feinste Art, die Menschen irre zu führen.

ARTHUR SCHNITZLER

Die Grobheit spare wie Gold! Wenn du sie in gerechter Entrüstung einmal hervorkehrst, muß es ein Ereignis sein und den Gegner wie ein unvorhergesehener Blitzstrahl treffen.

GOTTFRIED KELLER

Man muß den Ernst der Gegner durch Gelächter zunichte machen, ihr Gelächter durch Ernst.

GEORGIAS

Erstens, auf Aussöhnung bedacht sein; versagt das, alles zermalmen.

RICHELIEU

Rauchverbot

Was man Nichtrauchern antut, heißt bei Nichtschwimmern: ersäufen.

WERNER SCHNEYDER

Nichtraucher sind Menschen zweiter Klasse, dazu verurteilt, in den Abgasen anderer zu leben.

OLIVER HASSENCAMP

Eine Gesellschaft, die den Kampf gegen die harten Drogen verloren hat und sich in der Katastrophe einrichtet, wendet ihre Schutzenergie gegen die weichen Rauschmittel, Wein und Tabak; die Fixer müssen zu Kranken, Bedürftigen, Behinderten, die Raucher zu Kriminellen erklärt werden.

JOHANNES GROSS

Der Kampf gegen die Folgen des Tabak-Rauchens führte bislang lediglich zum weltweiten Verzicht auf Friedenspfeifen.

RON KRITZFELD

Dagegen verstand ich den Freund, der es sich in den Kopf gesetzt hatte, nicht mehr zu rauchen, und dem dies kraft seines Willens auch gelungen war. Eines Morgens schlug er die Zeitung auf, las, daß die erste Wasserstoffbombe zur Explosion gebracht worden war, erfuhr von ihrer großartigen Wirkung und begab sich stracks in den nächsten Tabakladen.

ALBERT CAMUS

Recht

(s. a. Gerechtigkeit, Gesetzgebung, Jurisprudenz, Ordnung, Strafrecht, Ungerechtigkeit, Unrecht)

Ein Kandidat der Rechtswissenschaft, der auch nur einigermaßen auf sein Examen vorbereitet ist, wird ohne Schwierigkeit den Begriff des Eigentums definieren können, doch je tiefer die Kenntnisse eines Juristen sind und je länger er sich dem Studium der Rechtswissenschaft widmet, um so stärker werden seine Hemmungen gegenüber der scheinbar so einfachen Frage: „Was ist das Recht?"   FREDERICK POLLOCK

Recht ist Übereinstimmung mit den Naturgesetzen, soweit sie der menschlichen Vernunft bekannt sind.

RALPH WALDO EMERSON

Das Recht komplexer Gesellschaften wird notwendig volksfremd. Die Unsicherheit, ja das Gefühl des Ausgeliefertseins an eine unbekannte Macht, die sich Rechtsordnung nennt und von Fachjuristen verwaltet wird, ist ein Grundgefühl, nicht selten ein Alptraum vieler Bürger in modernen Gesellschaften.   BERND RÜTHERS

Das Recht ist angewandte Macht.   HANS LOHBERGER

Das Recht ist nichts anderes als die in der staatlichen Gemeinschaft herrschende Ordnung, und eben dieses Recht ist es auch, das darüber entscheidet, was gerecht ist.   ARISTOTELES

Recht: Regeln, von Menschen aufgestellt, die über organisierte Macht verfügen, und zu deren Befolgung Widerspenstige mit Peitsche, Gefängnis oder sogar Mord gezwungen werden.   LEO TOLSTOI

Blättere im Buch der Menschheitsgeschichte und du mußt bekennen: nur Furcht vor Unrecht schuf das Recht.   HORAZ

Wenn wir versuchen, dem Begriff des Rechts auf den Leib zu rücken, entdecken wir gleich beim ersten Schritt in dieser Richtung eine überraschende und fast peinliche Tatsache: Genau zu sagen, was Recht ist, gilt als unmöglich. Die Frage nach dem Begriff des Rechts ist die schwarze Katze im Sack der Jurisprudenz. Auch ein Rechtsanwalt könnte diese Frage nicht beantworten – nicht einmal gegen ein entsprechendes Honorar.   WILLIAM SEAGLE

Das Recht ist nichts anderes als das ethische Minimum.
                                                        GEORG JELLINEK

Die Rechtsordnung sorgt, daß der Mensch seine Augen nicht unablässig wie Wachtposten aussenden müsse, sondern sie manchmal unbesorgt zu den Sternen und blühenden Bäumen, zu der Notwendigkeit und Schönheit des Daseins erheben könne.   GUSTAV RADBRUCH

Recht ist der Schutz des Menschen vor dem Menschen durch den Menschen um Gottes willen.   FRANZ WERFEL

Wer das Recht mit Füßen tritt, steht selten fest auf den Beinen.   STANISLAW JERZY LEC

Das Recht ist nicht um seiner selbst willen und nicht um des durch seine Erkenntnis gewährten Vergnügens willen da. Es soll menschliche Bedürfnisse befriedigen und die Erreichung menschlicher Zwecke ermöglichen. BERNHARD WINDSCHEID

———

Das Recht ist der Modus der Regulierung des menschlichen Verhaltens mit Hilfe von Sanktionen, die von der politischen Organisation der Gesellschaft auferlegt werden. WILLIAM SEAGLE

———

Du sollst, weil ich will, ist Unsinn; fast ebenso sehr Unsinn ist die Vollmacht von Gottes Gnaden. Aber du sollst, weil *ich* soll, ist ein richtiger Schluß und die Base des Rechts. JOHANN GOTTFRIED SEUME

———

Das Recht ist der Inbegriff der Bedingungen, unter denen die Willkür des einen mit der Willkür des anderen nach einem allgemeinen Gesetz der Freiheit in Einklang gebracht werden kann. IMMANUEL KANT

———

Natürlich achte ich das Recht. Aber auch mit dem Recht darf man nicht so pingelig sein. KONRAD ADENAUER

———

Schopenhauer vergleicht die menschliche Gesellschaft mit einer Gesellschaft von Stachelschweinen, die sich drängen, um sich einander zu erwärmen, aber doch von einander ferne halten müssen, um einander nicht mit ihren Stacheln zu verletzen. Die mittlere Entfernung, die sie endlich herausfinden, ist bei Schopenhauer die menschliche Höflichkeit. Er hätte auch sagen können: das nach individualistischer Art gefundene Recht. GUSTAV RADBRUCH

———

Jeder hat soviel Recht, wie er Macht hat. BARUCH DE SPINOZA

So lange noch das Recht auf den Angriff von Seiten des Unrechts gefaßt sein muß – und dies wird dauern, so lange die Welt steht – wird der Kampf dem Recht nicht erspart bleiben. Der Kampf ist mithin nicht etwas dem Recht Fremdes, sondern er ist mit dem Wesen desselben unzertrennlich verbunden, ein Moment seines Begriffs.   RUDOLF VON IHERING

Das Recht ohne Macht ist machtlos; die Macht ohne Recht tyrannisch. Dem Recht, das keine Macht hat, wird widersprochen, weil es immer Verbrecher gibt; die Macht ohne Recht ist auf der Anklagebank. Also muß man das Recht und die Macht verbinden und dafür sorgen, daß das, was Recht ist, mächtig, und das, was mächtig ist, gerecht sei.   BLAISE PASCAL

Das Recht, oft metaphorisch als „gefrorene Politik" bezeichnet, ermöglicht überhaupt erst staatliches Handeln, wenn dieses Handeln als Entscheiden mit verbindlichem Anspruch verstanden werden soll.   LOTHAR SCHMIDT

Gerade der Umstand, daß das Recht den Völkern nicht mühelos zufällt, daß sie darum haben ringen und streiten, kämpfen und bluten müssen, gerade dieser Umstand knüpft zwischen ihnen und ihrem Rechte ein Band, ganz so fest, wie der Einsatz des eigenen Lebens bei der Geburt zwischen der Mutter und dem Kinde. Ein mühelos gewonnenes Recht steht auf einer Linie mit den Kindern, die der Storch gebracht hat; was der Storch gebracht hat, kann der Fuchs oder Geier wieder holen.   RUDOLF VON IHERING

Das Recht muß, wie der Wandersmann, stets bereit sein für das Morgen. Es muß in sich ein Prinzip organischen Wachstums tragen.   BENJAMIN NATHAN CARDOZO

Das Image des Rechts ist hierzulande seit langem besser als das Image der Juristen. Eine sinnvolle Unterscheidung? Ein Aberglaube.   TOMMASO DA PONTE

Wir rühmen noch heute die römische Rechtskultur als maßgebliches Erscheinungsbild des römischen Staates. Können wir gegenwärtig noch und werden wir insbesondere, wenn die Dinge so weiter gehen, in Zukunft noch unsere Rechtskultur rühmen können? Müssen wir nicht bereits jetzt eher ihre Verluste schamhaft verschweigen?   KONRAD REDEKER

Rechtsanwalt

(s. a. Advokat, Kollegialität, Mandant, Plädoyer, Schriftsatz, Verteidiger)

Rechtsanwalt: Eine in der Umgehung des Gesetzes geschulte Person.   AMBROSE BIERCE

Der Rechtsanwalt / die Rechtsanwältin: Sie leben davon, daß sich der Gesetzgeber nicht genau ausdrücken kann. Und wenn der gar noch einen Gummizug oder ein Hintertürchen in das Gesetz eingebaut hat, dann ist es ihre Aufgabe, durch dieses Türchen ein- und auszugehen, als seien sie dahinter zu Hause.   HANS MARTIN SCHMIDT

Kein Laie traut sich zu, eine Brücke zu konstruieren, ein Flugzeug zu lenken oder einen Blinddarm herauszunehmen; Rechtsrat zu erteilen, Testamente aufzusetzen und allerlei schwierige Verträge zu verfertigen, glaubt jeder ohne Anwalt zu können, weil er doch gesunden Menschenverstand hat.

MAX ARNOLD NENTWIG

Es gibt das böse Wort, Prostituierte und Rechtsanwälte hätten das eine miteinander gemeinsam, nach Gebrauch wolle man nichts mehr von ihnen wissen. HORST LEUTHEUSSER

Wenn man sich nichts mehr zu sagen hat, läßt man die Anwälte reden. GERHARD UHLENBRUCK

Selbst nüchtern denkende Menschen fühlen sich oftmals beinahe gekränkt, wenn ihr Gegner in einem Rechtshandel sich eines Rechtsanwalts bedient. Die Feststellung: er hat mir durch einen Anwalt schreiben lassen, wird häufig in einem Tone der Empörung getroffen, der allenfalls dann berechtigt wäre, wenn man sagen dürfte: er hat Mörder gegen mich gedungen. PAUL BOCKELMANN

Auch wenn sich der Anwalt in die Rolle eines Theaterhelden steckt, zeigt er, worum es geht. Er mimt den Helden, weil er weiß, für Wahrheit und Gerechtigkeit wären Helden nötig. Er wirft sich in erhabene Pose und wütet in Leidenschaft, weil er sich dem Gegenstand des Stücks, in dem er agiert, ebenbürtig erweisen will. Er meint, die Sache des Rechts – eine große Sache – bedürfte großer Gebärden. HANS JAKOB MAIER

Mit ihrem Zorn vor Gericht kaschieren die Anwälte den Gleichmut, mit dem sie dem Urteil entgegensehen.
SIGMUND GRAFF

Das Bedürfnis nach sprachgewaltigen Anwälten ist bei uns aber überhaupt gering. Wie oft haben wir alle beinahe geringschätzig von deutschen Anwälten sprechen hören, gerade weil sie ungewöhnliches Sprachtalent besaßen! Eloquenz macht bei uns suspekt. Und wie, wenn ein Anwalt gar unter die „Literaten" geht? Die deutsche Klientel pflegt ihm das meist übel zu nehmen und die Kollegenschaft nicht minder.

KARL SIEGFRIED BADER

Es gibt verhältnismäßig wenige Menschen, die imstande sind, die Abneigung und den Haß, den sie gegen ihre Feinde empfinden, nicht auch auf diejenigen zu übertragen, die für die Sache ihrer Feinde sprechen und handeln. Je pflichttreuer, energischer und wirksamer der Anwalt seines Amtes waltet, desto mehr persönliche Feinde pflegt er sich zu schaffen.

MAX FRIEDLAENDER

Anwälte neigen zu der Meinung – wie Dobermänner –, sie seien nur in die Welt gesetzt, um die Zähne zu fletschen.

MARK MCCORMACK

Durch die erwähnten Umstände wird der Beruf des Rechtsanwalts als *kämpferischer Beruf* und der Rechtsanwalt als Berufskämpfer ohne weiteres deutlich. Seine tägliche Arbeit ist Kampf ums Recht, Kampf mit dem Gericht, Kampf für die eigene und gegen die andere Partei, ja vielfach auch Kampf mit der eigenen Partei, um dieser eine rechtlich vertretbare und vernünftige Haltung beizubringen.

FRITZ OSTLER

Weil er den Fähigkeiten und Anlagen, die ihm mitgegeben sind, freien Lauf läßt, ist der Rechtsanwalt nicht in Gefahr, ein Persönlichkeitsbossler zu werden. Vom Beruf her zu einer dynamischen Lebensauffassung gezwungen, kommt er gar nicht dazu, an die Bildung seiner Persönlichkeit zu denken, er denkt allenfalls daran, ob er als Persönlichkeit wirkt. Deshalb finden wir unter den Anwälten manchmal Köpfe, die wie manche Schauspielerköpfe echte Löwenköpfe sind; doch sind es nicht die Köpfe von Löwen. Die Anwälte sind durchweg

192

bedeutende Leute, doch so bedeutend, wie macher aussieht,
gibt es keinen. HANS JAKOB MAIER

Den Anwalt von Geblüt kennzeichnen angeborene Eigenschaften. Das Charakterbild des Anwalts aus Berufung beherrschen vor allem Unabhängigkeitssinn und Freiheitsliebe
sowie ein dazugehöriges – wenn auch vernunftgeleitetes –
kämpferisches Temperament. HERMANN REUSS

Aber warum sind Mut, Charakterstärke, Angriffsgeist und Einsicht in das Wesen der Justiz unter unsern Anwälten fast gar
nicht zu finden? KURT TUCHOLSKY

Der Stachel anwaltlicher Feindseligkeit gegen jegliche Macht
muß scharf bleiben. HANS JAKOB MAIER

Anwälte sind wie Katzen – vorsichtig, kokett, und im Notfall
bringen sie sich schnell in Sicherheit. MARK MCCORMACK

Das erste, was wir tun, laßt uns alle Anwälte umbringen.

WILLIAM SHAKESPEARE

Auch der Anwalt ist den meisten ein wenig suspekt. Nicht
wenige neigen dazu, ihn im wesentlichen als einen gerissenen
Interessenvertreter zu betrachten, dessen eigentliche Kunst
darin besteht, aus schwarz weiß zu machen.

PAUL BOCKELMANN

Woran mag es liegen, daß Hochstapler gern als Mediziner
oder Geistliche auftreten, oft mit Erfolg, aber selten als, beispielsweise, Rechtsanwalt? Ist in der Advokatur die Gefahr der

Entdeckung so viel größer? Oder hat die Anwaltschaft so viel weniger Prestige?   JOHANNES GROSS

Manch Außenstehender betrachtet die Anwaltschaft als ein notwendiges Übel. Der Rechtsanwalt muß sich damit abfinden, und das verleiht ihm eine sehr positive Eigenschaft. Er ist zur Selbstironie fähig und hütet sich, im Gegensatz zu vielen Zeitgenossen, sich allzu ernst zu nehmen.

HORST LEUTHEUSSER

Das sind die Festtage im Leben eines Anwalts, wenn er gewahr wird, daß es entscheidender als alle Mittel der Kunst und der Intrige ist, auf schlichte und bescheidene Weise recht zu haben.   PIERO CALAMANDREI

Der Anwalt gerät – wie z. B. auch der Politiker oder der Offizier im Einsatz oder mancher Kaufmann oder ein Produzent von gefährlichen Stoffen – *von Berufs wegen* eher als andere auf schwankenden Grund und in schwer normierbare Gewissens-Konflikte zwischen Bedürfnissen in dieser Welt und sittlichen Prinzipien.   HANS FRANZEN

Da aber, wie wir gesehen haben, das Recht oft mehrdeutig und die Gerechtigkeit eine relative Wahrheit ist, so sind auch die Grenzen zwischen dem, was der Anwalt mit seinem Gewissen noch vereinbaren kann und dem, was ihm verboten ist, flüssig und schwer zu ziehen; dementsprechend rückt im einzelnen Falle die Gefahr nahe, daß er – von anderen unbemerkt und sogar von der eigenen inneren Stimme nur milde gewarnt – um seines Vorteils willen vom rechten Wege abweicht.   MAX FRIEDLAENDER

Anwälte haben ein verfälschtes Urteilsvermögen, da sie das Für und Wider vertreten.   GUSTAVE FLAUBERT

194

Die Anwälte, unaufhörlich damit beschäftigt, Prozesse über Lebenssachverhalte zu führen, geraten leicht in die Versuchung, aus Lebenssachverhalten etwas zu machen, worüber man Prozesse führen kann.   HANS JAKOB MAIER

Soldat und Rechtsanwalt: Beide Berufe bieten reichlich Gelegenheit für Verbrechen, aber wenig für bloße Illusionen. Hat jemand eine schlechte Oper komponiert, so kann er sich einreden, daß sie gut sei. Aber wenn jemand eine Schlacht verlor, so kann er nicht glauben, daß er sie gewonnen hat. Wenn der Klient gehängt wird, so kann er nicht behaupten, daß man ihn freibekommen hat. Beide Berufe erfordern einen kristallklaren Realismus, besonders was die Ergebnisse angeht.

GILBERT KEITH CHESTERTON

Rechtspfleger

Rechtspfleger: Sein Name sagt alles. Er pflegt das Recht. Ist deshalb das Recht ein Pflegefall?   HANSJÖRG STAEHLE

Der Rechtspfleger übt heute eine Art niedere Chirurgie der Gerechtigkeit aus. Er verhält sich zum Richter so wie früher der Dentist zum Zahnarzt. Die Dentisten haben es geschafft, sie sind per Gesetz Zahnärzte geworden. Die Rechtspfleger haben es noch nicht geschafft, obwohl sie ständig daran werken und drehen.   HERBERT ROSENDORFER

Rechtsprechung
(s. a. Gericht, Präjudiz, Richter)

Aber laß dich mal auf das Gewimmel der Großstadt ein, wo so viele Seelen „will haben", „brauch unbedingt" kreischen, wo gesellschaftliche Planung zum Großteil darauf hinausläuft,

wie man die Leute alle am besten in Schach halten kann –
komm und laß dir mal einfallen, wie man dieses gigantische,
unbändige Gemeinwesen noch nach den höheren Zielen der
Menschheit wie Evolution, Allgemeinwohl und Wahrung der
Rechte des Individuums ausrichten kann. Das hab ich schon
immer als die Hauptaufgabe der Rechtsprechung gesehen,
und die Hochenergiephysik wirkt daneben wie Kinderkram.

Scott Turow

Gefährlich ist es, das Volk zu lehren, daß die Gesetze nicht
gerecht seien, denn es achtet sie nur, weil es sie für gerecht
hält. Deshalb muß man ihnen zugleich sagen, man müsse sie
achten, weil sie Gesetze sind, ähnlich wie man den Vorgesetzten gehorchen müsse, nicht weil sie gerecht, sondern weil sie
Vorgesetzte sind. Dadurch ist, wenn man erreichen kann, daß
man das versteht, jedem Aufruhr vorgebeugt, und das ist die
eigentliche Definition der Rechtsprechung. Blaise Pascal

Anders als bei Politkern ist bei Richtern die Neigung hoff-
nungslos verkümmert, sich vor der Öffentlichkeit in Szene zu
setzen. Während Politiker wochenlang über (politische) Entscheidungen reden können, lange bevor sie überhaupt gefallen sind, und nicht selten auch anstatt, spricht der Richter,
wie es so schön heißt, nur einmal – nämlich in seiner Entscheidung. Zu ihr schweigt er indessen, wie der legendäre
englische Gentleman über sein Privatleben, und so geschieht
es einfach zu selten, daß sie dem Volke, in dessen Namen sie
ja Recht sprechen, klarmachen, was sie da eigentlich gesprochen haben. Rudolf Gerhardt

Rechtsprechen, ob man es als schöpferischen Akt ansieht
oder nur als ein Finden des richtigen Rechts, setzt voraus, daß
der Richter eine Vorstellung davon hat, was er eigentlich tut
und warum er es tut. Ezra Pound

196

Rechtssicherheit

Die Gerechtigkeit ist die zweite große Aufgabe des Rechts, die erste aber ist die Rechtssicherheit, der Friede.

GUSTAV RADBRUCH

Um den Rechtsfrieden bemühen sich die Juristen in aller Welt mit ähnlich durchschlagendem Erfolg wie die Weltbevölkerung um den Weltfrieden. Um seinetwillen werden die Gerichte angerufen: Wie man hört, sichert aber ein gewonnener Prozeß den Rechtsfrieden ebensowenig wie ein gewonnener Krieg den Weltfrieden.

HANSJÖRG STAEHLE

Es scheint mir, als gäbe es unter allen Berufen, welche Sterbliche ausüben können, keinen, der so wie der des Richters dazu beitragen kann, den Frieden unter den Menschen aufrechtzuerhalten, wenn der Richter wirklich ein Spender jenes Balsams für alle Wunden zu sein weiß, welcher Gerechtigkeit heißt.

PIERO CALAMANDREI

Das notwendig einspurige richterliche Urteil schafft aber selten Frieden. Fast immer wird der Unterlegene den Stachel in sich fühlen, daß ihm Unrecht geschehen sei, und er wird künftig dem Recht und der Justiz nur noch mit Zweifel und Mißtrauen begegnen. Niemals wird festzustellen sein, wieviel das Gegengefühl unterlegener Prozeßparteien zur sogenannten Vertrauenskrise der Justiz beigetragen hat.

GERHARD ERDSIEK

Die Rechtssicherheit verlangt, daß in jedem Rechtsstreit einmal das letzte Wort gesprochen sei, sei dieses Wort auch unzutreffend.

GUSTAV RADBRUCH

197

Rechtszug

Am Ende des Instanzenzuges hat ein Richter recht. Weil er der Klügste ist? Dem Gesetz am nächsten? Er hat recht, weil er der Letzte ist.   TOMMASO DA PONTE

In aller Welt ist die Rechtsprechung letzter Instanz dazu prädestiniert, den nationalen Sündenbock abzugeben.
GERHARD MAUZ

Barbarei ist die Abwesenheit von Normen und Berufungsinstanzen.   JOSÉ ORTEGA Y GASSET

Rechtszüge sind Trostpflaster für Unterlegene.   ERNST TEUBNER

Redefreiheit
(s. a. Meinungsfreiheit)

Das beste auf der Welt ist die Redefreiheit.
DIOGENES VON SINOPE

Es gibt nichts, was mir so verhaßt wäre wie Polizeimaßregeln, oder einem Menschen, der gern ein freies Wort redet, die Kehle zuschnüren. Ich rede selber gern, wie mir der Schnabel gewachsen ist.   THEODOR FONTANE

Die Regierungen, welche die Freiheit der Rede unterdrücken, weil die Wahrheiten, die sie verbreitet, ihnen lästig sind, machen es wie die Kinder, welche die Augen verschließen, um nicht gesehen zu werden.   LUDWIG BÖRNE

Für wie gefährlich die Worte eines einzelnen gehalten werden, sieht man daran, daß ein Sokrates, Seneca oder Hus sie mit dem Leben bezahlen mußten. ERNST R. HAUSCHKA

Wenn Freiheit überhaupt etwas bedeutet, dann vor allem das Recht, anderen Leuten zu sagen, was sie nicht hören wollen. GEORGE ORWELL

Diktatoren verstopfen den Kritikern den Mund mit Knebeln, die Demokraten – mit Kaviar. GABRIEL LAUB

Reisevertrag

Travel, Reisen, kommt von travail, Arbeit, Mühe, Quälerei, dies wiederum von tripalium, einem dreipfahligen Folterwerkzeug. JOHANNES GROSS

Man kann alle Reisenden in zwei Charakterklassen einteilen, in freundliche Sanguiniker, die überall sehen und auch sehen *wollen*, wodurch sich die Fremde vorteilhaft von ihrer Heimat unterscheidet, und in leberkranke Nörgler, die sich zu Hause eine Vortrefflichkeitsschablone zurechtgemacht haben und über alles verstimmt sind, was davon abweicht.

THEODOR FONTANE

In der Fremde mißfallen mir so viele Dinge, daß ich mich fast wie zu Hause fühle. GABRIEL LAUB

Das Beste, das man vom Reisen nach Hause bringt, ist eine heile Haut. AUS PERSIEN

199

Rentenversicherung

Landesversicherungsanstalt: Inkasso-Behörde, die jene Einnahmen, die über die eigenen Verwaltungskosten hinausgehen, als Renten auszahlt. MICHAEL SCHIFF

Übermorgen, wenn kein Geld mehr in den Rentenkassen ist, werden sicher ein paar ganz Schlaue wieder die Witwenverbrennung in die Diskussion werfen. WERNER MITSCH

Die Rente ist Generationenwiderstand gegen die Versuchung zum Egoismus. NORBERT BLÜM

In der Tat muß man wohl doch einräumen, daß eine Generation, die Freude an der Fürsorge für jugendliches Leben nur in Grenzen gezeigt hat, von der nachfolgenden Generation Fürsorge für ihr erlöschendes Leben nur in Grenzen erwarten kann. HANS FRANZEN

Resozialisierung

(s. a. Besserung, Strafe)

Resozialisierung: Behandelt Einsitzende nicht mehr wie Aussätzige. RON KRITZFELD

Resozialisierung soll der Zweck des Strafvollzuges sein. Das meinen die Lumpen auch. Sie haben im Gegensatz zu den wohlmeinenden Umerziehern einen klaren Begriff davon: die Entlassung. JOHANNES GROSS

Das Rezept, den Antisozialen sozial zu machen, indem man ihn asozial macht, d. h. ihn auf dem Trockenen schwimmen zu lehren, hat versagt. Nur in der Gesellschaft kann man für die Gesellschaft erziehen.　Gustav Radbruch

Ich kann niemand besser machen als durch den Rest des Guten, das in ihm ist; ich kann niemand klüger machen als durch den Rest der Klugheit, die in ihm ist.　Immanuel Kant

Reue

Die Gesellschaft hat die Strafe erfunden, die Theologie die Hölle, und für die Fälle, in denen die irdische Sühne ausbleibt und der Glaube ans Jenseits versagt, hat unsere Feigheit die Reue erfunden.　Arthur Schnitzler

Reue ist mehr als Bedauern, Reue ist ein starker Affekt: Der reuige Mensch empfindet Ekel vor sich selbst und seinen Taten.　Erich Fromm

Die Pein des unerfüllten Wunsches ist klein gegen die der Reue; denn jene steht vor der stets offenen unabsehbaren Zukunft, diese vor der unwiderruflich abgeschlossenen Vergangenheit.　Arthur Schopenhauer

Nur wer bereut, dem wird verziehen.　Alighieri Dante

Unsere Reue ist nicht so sehr ein Bedauern des Bösen, das wir getan haben, als eine Furcht vor den Folgen, die uns daraus entstehen könnten.　François de la Rochefoucauld

201

Reue ist der feste Vorsatz, beim nächsten Mal keine Fingerabdrücke zu hinterlassen.　　　　　　　　　MARCEL ACHARD

Die Reue entsteht vielleicht weniger aus dem Entsetzen vor sich selbst, als vielmehr aus der Angst vor den anderen, weniger aus Scham über die Handlung, als wegen des Tadels und der Strafe, die ihr unbedingt folgen, wenn die Tat entdeckt wird.　　　　　　　　　DENIS DIDEROT

Ein weiser Mensch scheut das Bereuen. Er überlegt seine Handlung vorher.　　　　　　　　　EPICHARM

Richter

(s. a. Befangenheit, Rechtsprechung, Strafrichter, Unabhängigkeit)

Fortschritt der Kultur und Wohlbefinden der Massen hängen von drei Männern ab: vom Priester, vom Arzt und vom Richter.　　　　　　　　　HONORÉ DE BALZAC

Richter, zweitältester Beruf der Welt, der es sich daher wie der älteste leisten kann, mißverstanden zu werden.　　ERNST TEUBNER

Es ist unbestreitbar, daß wenigstens vorläufig Richter vonnöten sind, nicht wahr? Und doch konnte ich nicht begreifen, daß ein Mensch sich freiwillig zu diesem merkwürdigen Amt hergab. Ich nahm die Tatsache hin, da ich sie ja schließlich vor Augen hatte, aber etwa so, wie ich die Existenz der Heuschrecken hinnahm.　　　　　　　　　ALBERT CAMUS

Nicht einmal die Richter, die doch den ersten, vornehmsten und wichtigsten Stand unter den Juristen bilden, genießen wirklichen Respekt.　　　　　　　　　PAUL BOCKELMANN

Alles liegt am betreffenden Richter; Glück und Entscheidung der Prozesse hängen oft am Gegensatz zwischen dem logischen und dem empfindsamen Richter; zwischen dem traditionsgebundenen und dem vorausschauenden Richter; zwischen dem Richter, der, um keine Ungerechtigkeit zu begehen, bereit ist, sich gegen die Tyrannei der Rechtsprechung aufzulehnen, und dem Richter, der, um die Rechtsprechung zu retten, bereit ist, einen lebendigen Menschen im unbarmherzigen Räderwerk ihrer Logik zugrunde gehen zu lassen.

Piero Calamandrei

Daß es bequeme und oberflächliche Richter gibt, wird niemand leugnen, der die Realitäten kennt. Aber eine Verallgemeinerung ist unzulässig, und die Schlußfolgerung, daß ein auf „Faulheit" beruhender Niedergang der Rechtsprechung flächendeckend sei, läßt sich empirisch nicht erhärten.

Rudolf Wassermann

Der Richter ist der Dolmetsch der Gerechtigkeit.

Thomas von Aquin

Ein Richter kann nur versuchen, der absoluten Wahrheit so nahe wie möglich zu kommen. Sein Urteil ist ein Wurf nach der Gerechtigkeit. Der Richter muß sich mit einer „relativen" Wahrheit begnügen.

Hans Dahs

Manche Richter sind so stolz auf ihre Unbestechlichkeit, daß sie darüber die Gerechtigkeit vergessen.

Oscar Wilde

Der Richter ist der *Diener* des Gesetzes, also weder sein Herr noch zur rechtspolitischen Kritik oder gar Korrektur des Gesetzgebers berufen. Wo ein eigener rechtspolitischer Gestaltungswille der Richter (wie im Arbeitsrecht nicht selten

203

zu beobachten) über das geltende materielle Gesetz oder zwingendes Verfahrensrecht triumphiert, da steigt buchstäblich der Teufel an Bord. Richterrecht kann kein Mittel zur „Reform" der Rechts- oder Gesellschaftsordnung sein.

BERND RÜTHERS

Zwar konnten in Zeiten, da der Glaube an den Rechtspositivismus, an die Lückenlosigkeit einer Rechtsordnung noch ungebrochener war als heute, viele Richter davon träumen, sie wendeten im allgemeinen bloß das gesetzte Recht an und vermöchten ihre Hände vom politischen Geschäft rein zu halten. Wenn deshalb auch der Richter, wie jemand dies sagte, nie nach der Krone des Gesetzgebers gestrebt haben mag, so ist sie ihm im Laufe der Zeit dennoch auf die Stirn gesetzt worden. Und mag sie ihn auch noch so drücken, sie zählt inzwischen ebenso zu den Insignien seines Amtes wie die Robe und das Gesetzbuch.

RUDOLF GERHARDT

Der Richter ist ein Jurastudent, der seine eigenen Prüfungsarbeiten zensiert.

HENRY LOUIS MENCKEN

Die notwendige und nicht anzutastende Amtsautorität muß von seiten des Richters mit Courtoisie praktiziert werden. Nur dann ist sie akzeptabel. Indem er von Fall zu Fall behutsam vom Thron steigt, wird er erhöht.

HANS FRANZEN

Der Beruf des Richters ist schwer, in seiner Verantwortung vielleicht der schwerste, der einem Menschen auferlegt werden kann. Schneidige Selbstsicherheit ist nirgends weniger am Platze.

GERHARD ERDSIEK

Die echte Richterpersönlichkeit ist ein seltener Glücksfall.

GUSTAV RADBRUCH

Ich vermisse am deutschen Richter den Takt des Herzens.

Kurt Tucholsky

Die besten Richter müssen nicht die glänzendsten Juristen sein. Nur aus der Kraft ihrer Persönlichkeit heraus können sie Entscheidungen fällen, die der Gerechtigkeit am nächsten kommen.

Hildegard Michaelis

Da es die Wissenschaft des gesunden Menschenverstandes ist, so wurde ich wohl leidlich mit meinem Richteramt fertig. Mein richterlicher und poetischer Beruf sind meistens in gutem Einvernehmen gewesen, ja, ich habe sogar oft als eine Erfrischung empfunden, aus der Welt der Phantasie in die praktische des reinen Verstandes einzukehren und umgekehrt.

Theodor Storm

Die Richter lieben wie alle Menschen das ruhige Leben: sie kennen ihre Pflichten, aber sie suchen deren Qual durch die Gewohnheit zu vermindern. Würde der Richter immer wieder bei jeder Entscheidung den Stachel seiner schrecklichen Veranwortung fühlen, dann würde er nicht mehr leben: die Gewohnheit ist für die Richter Bedingung eines ruhigen Arbeitens.

Piero Calamandrei

Vier Eigenschaften gehören zu einem guten Richter, höflich anzuhören, weise zu antworten, vernünftig zu erwägen und unparteiisch zu entscheiden.

Sokrates

Die Pflicht der Richter in einem Prozeß ist stets, die Wahrheit zu suchen, der Verteidiger manchmal das Wahrscheinliche, auch wenn es nicht ganz wahr wäre, zu verteidigen.

Cicero

205

Männer, die stets in Wohlstand erzogen wurden, sehen die Welt nur von einer Seite; sie sind gewiß ungeeignete Richter der menschlichen Natur. OLIVER GOLDSMITH

Es bleibt also dabei, daß der Unparteilichkeit der Richter mitunter deren Vorurteile entgegenstehen, die nicht nur persönlicher, sondern auch schichtenspezifischer Art sein können, daß aber solche Vorurteile nicht prinzipiell unüberwindbar sind. Überwunden werden können sie nur in einem langen und mühsamen Prozeß, und, da Richter eben Menschen wie andere sind, wohl niemals ganz. KARL LARENZ

Was man durch Studium, Vorbereitungsdienst und zwei Staatsprüfungen erwirbt, ist angeblich die „Befähigung zum Richteramt". Weit gefehlt. JOHANNES GROSS

Bei milden Richtern ist Rechtsprechung nur Verliebtheit in ihre eigene Würde FRANÇOIS DE LA ROCHEFOUCAULD

Es ist besser, ein Richter neigt zum Mitgefühl als zur Strenge. MIGUEL DE CERVANTES

Robe

Man braucht beim Sprechen nur Robe und Barrett zu tragen, dann wird aus jedem Unsinn Weisheit und aus jeder Dummheit Vernunft. MOLIÈRE

Kein Talar berechtigt zu Umgangsformen, die einfach eine Ungezogenheit sind und eine Nichtachtung derer, die durch ihren Lohnabzug zum Gehalt der beamteten Juristen beitragen. KURT TUCHOLSKY

Unsere Juristen kennen wohl den Eindruck, den die Äußerlichkeiten machen: Ihre roten Talare, ihre Hermelinstreifen, in die sie sich wickeln, die Paläste, in denen sie zu Gericht sitzen, das Staatswappen, dieses ganze großartige Gepränge erscheint ihnen als eine Notwendigkeit.

BLAISE PASCAL

Mag die Robe des Richters verschwinden, schade wäre es um die Robe des Anwalts. Sie hat etwas vom Feldherrenmantel auf einem Schlachtengemälde. Sie ist die „Capa des Torero" und die „togna praetexta", die „Sutane" des Seelenhirten und der „Talar" des Rechtsgelehrten, sie ist schützender, hüllender Mantel der Mutter und sie ist Piratenflagge im Wind.

HANS JAKOB MAIER

Wir ordnen und befehlen hiermit allen Ernstes, daß die Advocati wollene schwarze Mäntel, welche bis unter das Knie gehen, unserer Verordnung gemäß zu tragen haben, damit man diese Spitzbuben schon von weitem erkennt.

FRIEDRICH WILHELM I. VON PREUSSEN

Es gibt drei Berufe, deren Mitglieder die Menschheit verachten muß: die Geistlichen, die Ärzte und die Rechtsanwälte. Sie tragen schwarze Gewänder, vielleicht weil sie trauern um den Verlust aller Tugenden, das Erlöschen aller Illusionen.

HONORÉ DE BALZAC

Anwälte tragen ihre Amtstracht und den weißen Schlips wie die Primitiven ihre Schutzmasken gegen die Dämonen.

MAX ARNOLD NENTWIG

S

Sachverständige

Merke: Expertengutachten und Dienste von Beratern sind nicht dann gut, wenn sie der Theorie entsprechen, sondern dann, wenn sie die Position der Klienten festigen.

MICHAEL BENJAMIN

Sachverständiger, es gibt den privaten und den öffentlichen Sachverständigen, für den privaten gilt das Sprichwort: „Wes Brot ich eß, des Lied ich sing"; der gerichtlich bestellte singt leiser, weil sein Brot trockener ist.

ERNST TEUBNER

Das ist seltsam, daß Männer, die sich für Sachverständige ausgeben, einander widersprechen und von einerlei Sache nicht einerlei Begriff haben.

LUKIAN

Warum sagen vor Gerichten Sach- und nicht Menschenverständige aus?

HANS-HORST SKUPY

Gerichte und Staatsanwaltschaften bestellen forensische Sachverständige wie Waffen beim Versandhandel, sie haben ja einen Waffenschein (denn sie dürfen nach der StPO Sachverständige bestellen).

GERHARD MAUZ

Ein Gutachter soll und kann seine ärztliche und therapeutische Identität vor Gericht nicht abstreifen; es ist auch seine Aufgabe, die menschlichen Aspekte in dem formalen Ritual des Strafverfahrens zu verstärken und unter Umständen das schlechte Gewissen bei der Verurteilung zu verkörpern.

EBERHARD SCHORSCH / NIKOLAUS BECKER

Scheck

Man soll den Scheck nicht vor der Buchung loben.

WERNER MITSCH

Der Scheckbetrüger ist ein bargeldloser Falschmünzer.

WERNER MITSCH

Scheidung

Vor Gericht erscheint der Ehekrieg als kalter Krieg nach einer heißen Liebe.

GERHARD UHLENBRUCK

Die Scheidung sollte niemals leicht genommen werden, aber ich glaube, wir sollten Wert darauf legen, daß vor allem das Heiraten sehr ernst genommen wird.

ELEANOR ROOSEVELT

Scheidungsurteil: Keiner, der heiratet, ist schuldlos.

WERNER SCHNEYDER

Die Würde der Ehe beruht auf ihrer Freiwilligkeit und kann daher durch eine Erleichterung der Scheidung nur erhöht werden.

SIGMUND GRAFF

„Was Gott zusammengefügt hat, soll der Mensch nicht scheiden." – Auch nicht in Gottes Namen?

HANS-HORST SKUPY

Was nicht zusammen kann bestehen, tut am besten, sich zu lösen.
FRIEDRICH VON SCHILLER

Zu Adam und Eva, von denen sich das Ideal der lebenslangen Ehe und Treue herleitet, bleibt anzumerken, daß ihnen nichts anderes übrigblieb.
JOHANNES GROSS

Jener Freund, so fuhr er fort, tat noch einen anderen Gesetzesvorschlag. Eine Ehe sollte nur alsdann für unauflöslich gehalten werden, wenn entweder beide Teile, oder wenigstens der eine Teil, zum dritten Mal verheiratet wäre. Denn was eine solche Person betreffe, so bekenne sie unwidersprechlich, daß sie die Ehe für etwas Unentbehrliches halte.
JOHANN WOLFGANG VON GOETHE

Die Ehe degeneriert zu einem Interessenbündnis, dessen Kündigung fällig wird, wenn der Nutzenaustausch auf der eigenen Seite in die roten Zahlen gerät.
NORBERT BLÜM

Die Familienrechtsreform hat die Ehescheidungen erleichtert, die sich aber nur Mittellose noch leisten können.
JOHANNES GROSS

Es ist nun einmal so: Es gibt wertvolle und weniger wertvolle Frauen. Und es gibt solche, denen man das ansieht. Auch der Scheidungsanwalt hat Augen im Kopf und ist „nur ein Mensch". Er hat den durchdringenden Blick für den „Streit-Wert" und danach sortiert er seine Klienten.
HANS MARTIN SCHMIDT

Es ist durchaus logisch, daß die Eheschließung billiger ist als die Scheidung, denn Standesbeamte sind Gehaltsempfänger, Scheidungsanwälte aber Staradvokaten.
ROCK HUDSON

210

Die Scheidung kostet mehr als die Hochzeit, weil man sich daran länger freuen kann. JOHANN NEPOMUK NESTROY

Wenn in Amerika Ehen wegen Unvereinbarkeit der Charaktere gelöst werden, dann verstehe ich nicht, wieso nicht alle Ehen gelöst werden. GILBERT KEITH CHESTERTON

Schenkung

Empfehlenswert ist nie eine Schenkung unter Lebenden, sondern nur ein Schenkungsversprechen von Todes wegen, mit dem Sie sich Wohlverhalten bis zum Grabe erhalten können.

ERNST TEUBNER

Der, welcher Großes schenkt, findet keine Dankbarkeit; denn der Beschenkte hat schon durch das Annehmen zuviel Last.

FRIEDRICH NIETZSCHE

Wenn die Menschen sagen, sie wollen nichts geschenkt haben, so ist es gemeiniglich ein Zeichen, daß sie etwas geschenkt haben wollen. GEORG CHRISTOPH LICHTENBERG

Allzugern schenken ist krankhaft, nicht menschenfreundlich.

EPICHARM

Schriftsatz

(s. a. Klageerwiderung)

Richtlinien für den Schriftsatz: Kein Wort zu viel, kein Wort zu wenig und das richtige Wort an der richtigen Stelle.

ARNO SÖLTER

Sachlichkeit ist die Disziplin des Anwalts, und Wahrhaftigkeit ist seine Moral. Beides muß im Schriftsatz sichtbar werden. Die Sprache des Schriftsatzes verschmäht Wendungen, die an Stelle versäumter Gedankenarbeit treten, sie schmückt sich nicht mit bunten Federn, sie hütet sich vor Lyrismen und poetisierenden Schnörkeln, sie bringt keine Metaphern, sondern analoge Fälle oder Vergleiche. Die Sprache der Schriftsätze ist die Sprache des Schreibenden, der weiß: Das Geschriebene verklingt nicht wie das gesprochene Wort, sondern hat Bestand, ist aktenkundig. Und die Sprache der Schriftsätze fürchtet nicht die Entlarvung, wenn die Partei, deren Standpunkt sie dargestellt hat, durch ein richtiges und gerechtes Urteil den Prozeß verliert. Hans Jakob Maier

Der juristische Stil ist richtiges Weglassen des Unwesentlichen. Gustav Radbruch

Quallenfett sind die überflüssigen Floskeln und Worte in einem Schriftsatz. Helmut Schmidt

Die Anwälte sind wie die Landwirte. Sie säen im Überfluß, weil sie nie wissen, wie viele Körner (Argumente) aufgehen werden. Max Arnold Nentwig

Man muß niemals fragen, wie eine solche Schrift (Prozeßschrift des Anwalts) dem Klienten, sondern wie sie dem Richter gefallen kann. Johann Wolfgang von Goethe

Um das bisherige Wohlwollen des Gerichts in Zukunft nicht zu verlieren, faßten die beiden Prozeßbevollmächtigten folgenden einsamen Beschluß: Während die Schriftsätze an das Gericht sachlich abgefaßt waren, erhielten die Parteien „Sonderanfertigungen", die nicht weitergeleitet wurden und nur für die Befriedigung persönlicher Haßgefühle bestimmt waren. HORST LEUTHEUSSER

Schuld

Schuld, sagen die Juristen ist Vorwerfbarkeit. Das war einmal. Schuld ist Zuweisbarkeit. JOHANNES GROSS

Je länger ich lebe, je mehr komme ich zu der Einsicht, es gibt keine Schuldigen, sondern nur unglückliche Wesen. ANATOLE FRANCE

Wenn die Schuldigen Schuldige suchen, müssen sich die Unschuldigen in acht nehmen. ŽARKO PETAN

Niemals kann die Welt jenen vergeben, die nichts verschuldet haben. STANISLAW JERZY LEC

Es gibt für den Menschen nur ein wahres Unglück, und das besteht darin, sich schuldig zu fühlen und sich etwas vorzuwerfen zu haben. JEAN DE LA BRUYÈRE

Die Schuld verdoppelt, wer sich seines Vergehens nicht schämt. PUBLILIUS SYRUS

Es ist eine ernste und traurige Wahrheit, daß die Bresche, die eine Schuld einmal in die menschliche Seele geschlagen hat, sich nie wieder schließen läßt. NATHANIEL HAWTHORNE

Schulden

(s. a. Gläubiger, Kredit, Zinsen)

Schulden, ebenso wie Vaterlandsliebe, Religion, Ehre usw., gehören zu den Vorzügen des Menschen – denn die Tiere haben keine Schulden –, aber sie sind auch eine ganz vorzügliche Qual der Menschheit. HEINRICH HEINE

Schulden: Ein raffinierter Ersatz für die Kette und Peitsche des Sklavenaufsehers. AMBROSE BIERCE

Es ist gewiß ein sicheres Zeichen, daß man besser geworden ist, wenn man Schulden so gerne bezahlt, als man Geld einnimmt. GEORG CHRISTOPH LICHTENBERG

Nur wenn man seine Rechnungen nicht bezahlt, kann man hoffen, im Gedächtnis der Geschäftswelt weiterzuleben. OSCAR WILDE

Wenn nicht ein dringendes Bedürfnis besteht, verstehe ich nicht, daß man Schulden macht, denn man muß das Geld früher oder später zurückgeben und ist dadurch nicht weitergekommen. GUSTAVE FLAUBERT

Wer sich in Schulden steckt, gibt anderen ein Recht über seine Freiheit. BENJAMIN FRANKLIN

Schulden sind die Sklavenfessel des Freien. PUBLILIUS SYRUS

Schwarzarbeit

Schwarzarbeiter? Am schwärzesten sind diejenigen, über deren Rechnungen wir uns schwarz ärgern. GABRIEL LAUB

Schwarzarbeit ist gesund, denn dabei gibt es die geringste Anzahl von Krankmeldungen. GERHARD UHLENBRUCK

Schwarzarbeit: Bezahlte Freizeitbeschäftigung. MICHAEL SCHIFF

Schwerbehinderte

In dem Kosewort von den Behinderten steckt eine fürsorglich-herablassende Unverschämtheit. Es gibt genügend Blinde, Taube, Stumme, Krüppel, die den unbehindert Vorwärtsschreitenden überlegen sind. Der Dumme ist dagegen nicht behindert; stimmt ja auch. JOHANNES GROSS

Die Gebrechlichen haben oft Fertigkeiten, deren ein ordentlich gebauter Mensch, wo nicht unfähig, doch sie zu erlernen nicht entschlossen genug ist. GEORG CHRISTOPH LICHTENBERG

Nicht die behinderten, die sich behindernden Menschen sind seelische Krüppel. GERHARD UHLENBRUCK

Es hat Fälle gegeben, in denen behinderte Menschen brutal aus Bussen hinausgeworfen wurden, und ich habe mit meinen eigenen Ohren Kommentare gehört, die meinten, jene, die gezwungen sind, sich im Rollstuhl zu bewegen, stellten in gewisser Weise ihre Gebrechlichkeiten den prüfenden Blicken der Öffentlichkeit in anstößiger Weise zur Schau.

PETER USTINOV

Selbstmord

Der Selbstmörder ist der Gefangene, welcher im Gefängnishof einen Galgen aufrichten sieht, irrtümlich glaubt, es sei der für ihn bestimmte, in der Nacht aus seiner Zelle ausbricht, hinuntergeht und sich selbst aufhängt.   FRANZ KAFKA

Selbstmord ist nicht nur eine Sünde, es ist die Sünde selbst. Er ist das letzte und absolute Übel: die Weigerung, sich für die Existenz zu interessieren, die Weigerung, dem Leben den Treueschwur zu leisten. Der Mensch, der einen anderen tötet, tötet nur einen; aber der Mensch, der sich selber tötet, tötet alle Menschen; was ihn betrifft, so löscht er das ganze Weltall aus.   GILBERT KEITH CHESTERTON

Ich finde es ebenso wunderbar, zu sagen, der Mensch ist feige, der sich das Leben nimmt, als es ungehörig wäre, den einen Feigen zu nennen, der an einem bösartigen Fieber stirbt.   JOHANN WOLFGANG VON GOETHE

Selbstmörder müßten wegen Verletzung des staatlichen Monopols bestraft werden.   GABRIEL LAUB

Selbstmord? Niemals. Ich glaube an den Menschen: Jedermann findet seinen hilfreichen Mörder.   STANISLAW JERZY LEC

216

Verhinderung des Selbstmords. – Es gibt ein Recht, wonach wir einem Menschen das Leben nehmen, aber keines, wonach wir ihm das Sterben nehmen: dies ist nur Grausamkeit.

FRIEDRICH NIETZSCHE

Sitte

Begehe in jenen heiteren Gefilden, in welchen Recht und Sitte dich nicht stören, Gemeinheit um Gemeinheit; lege dir vielleicht auch ein hübsches Strafregister gesellschaftsfähiger Übertretungen und Vergehen an – du wirst es darum in der Welt nicht weniger weit bringen; aber versage nicht der feisten, dummen, verlogenen Bürgerkönigin der Sitte den Handkuß – sonst ist es um dich geschehen.   GUSTAV RADBRUCH

Zwischen den Gesetzen und den Sitten besteht der Unterschied, daß die Gesetze mehr die Handlungen des Bürgers und die Sitten mehr die Handlungen des Menschen regeln.

MONTESQUIEU

Nicht die Sittlichkeit regiert die Welt, sondern eine verhärtete Form derselben, die Sitte. Wie die Welt nun einmal geworden ist, verzeiht sie eher eine Verletzung der Sittlichkeit als eine Verletzung der Sitte.   BERTHOLD AUERBACH

Die Sitte ist schon gerichtet, zu deren Gunsten wir kein anderes Argument vorzubringen wissen als das ihrer Allgemeinheit.   MARIE VON EBNER-ESCHENBACH

Sozialstaat

Die sogenannten „sozialen" Grundrechte sind, bei Licht besehen, kaschierte Forderungen, gegebenenfalls auf Kosten anderer zu leben. Das gilt für die Rechte auf Wohnung, auf Bildung und auf Arbeit. Der Steuerzahler soll das alles richten. Der reale Sozialismus ist genau mit dieser Mentalität in den Konkurs gefahren. BERND RÜTHERS

Ich werde den Verdacht nicht los, daß unser Staat in seiner Gestalt als Sozial- wie als Rechtsstaat über seine, über unsere Verhältnisse lebt und wir als seine mündigen Bürger dies weidlich ausnutzen. HORST SENDLER

Der Wohlfahrtsstaat ist der Staat des öffentlichen Mißmuts. Den einen wird zuviel genommen, den anderen zuwenig gegeben. Und keiner ist seines Glückes Schmied; der eine kann es nicht, der andere darf es nicht sein. JOHANNES GROSS

Merke: Sozialstaat bedeutet: Wer hat, der hat und braucht nicht abzugeben. Wer nichts hat, hat nichts, und bekommt auch nichts. Das Ganze nennt sich Besitzstand.

INGO VON MÜNCH

Der Staat ist eine Anstalt zum Schutz, nicht zur Versorgung. Helfen sollen die einzelnen. Was der Staat dem Verhungernden gibt, muß er dem Hungernden nehmen.

FRANZ GRILLPARZER

Wohlfahrtsstaat heißt die administrative Überbrückung der Lücke, die auf dem Markt der käuflichen Zuwendung zwischen der Prostitution und der Psychiatrie klafft.

JEANNINE LUCZAK

In dem Maße aber, wie der Staat versorgend und zuteilend tätig ist, also in seiner Eigenschaft als Sozialstaat, versetzt er den einzelnen sozusagen in die Rolle des Konsumenten.

HANS FREYER

218

Das Ergebnis von mehr staatlicher Fürsorge war ja weder mehr Wohlfahrt noch mehr Gerechtigkeit, auch nicht mehr Zufriedenheit, sondern mehr Abhängigkeit: Je stärker und umfassender der Zwang zur Teilnahme an dem kollektiven Sicherungssystem wurde, um so geringer war der verbleibende Spielraum für die eigene Lebensgestaltung und Vorsorge, um so größer die Gefahr neuer Vorrechte und neuer Ungerechtigkeiten.   ALFRED HERRHAUSEN

Im Sozialstaat leben Kriminelle psychisch gesünder als Angestellte. Sie kennen mehr Risiko und ihre Existenz erfordert ständige Kreativität.   OLIVER HASSENCAMP

Spielsucht

Keine Leidenschaft kann so weit führen, keine kann den Jüngling, den Mann und ganze Familien in ein so grenzenloses Elend stürzen, keine den Menschen in eine solche Kettenreihe von Verbrechen und Lastern verwickeln, wie die vermaledeite Spielsucht.   ADOLPH FREIHERR VON KNIGGE

Tausend Leute stürzen sich durch das Spiel ins Verderben und sagen euch dabei ganz trocken, sie könnten ohne Spielen nicht leben.   JEAN DE LA BRUYÈRE

Das Spiel ist kein Zeitvertreib eines reichen Mannes; es ist die Zuflucht eines Menschen, der nichts zu tun hat.

JEAN-JACQUES ROUSSEAU

Daß es sich bei der Spielsucht um eine Sucht wie jede andere handelt, kann man nur bestreiten, wenn man zu medizinischer Rabulistik Zuflucht nimmt.   DAGOBERT LINDLAU

Spielen ist Experimentieren mit dem Zufall.   NOVALIS

Das Leben ist ein Spieltisch, an dem man sich nur in dem Maße vergnügt, als man ein gewagtes Spiel spielt.

PROSPER MÉRIMÉE

Das Spiel ist das einzige, was Männer wirklich ernst nehmen. Deshalb sind Spielregeln älter als alle Gesetze der Welt.

PETER BAMM

Staat

(s. a. Grundgesetz, Politik, Sozialstaat, Verfassung)

Was sind denn die Staaten mit aller ihrer künstlichen, nach außen und nach innen gerichteten Maschinerie und ihren Gewaltmitteln anderes als Vorkehrungen, der grenzenlosen Ungerechtigkeit der Menschen Schranken zu setzen?

ARTHUR SCHOPENHAUER

Der Staat ist der Zusammenschluß einer Anzahl von Menschen unter Gesetzen, deren Entstehungsgrund in der Unfähigkeit jedes einzelnen liegt, seine Bedürfnisse allein zu befriedigen.   PLATON

Der Staatsapparat ist ein Mechanismus menschlicher Weisheit zur Befriedigung menschlicher Bedürfnisse.   EDMUND BURKE

Das Wort *Staatskörper* ist sehr passend gewählt: denn man hat bis jetzt wenig daran gedacht, auch Seele hineinzubringen.

JOHANN GOTTFRIED SEUME

Der Staat ist sich selbst Zweck wie alles Lebendige; denn wer darf leugnen, daß der Staat ein ebenso wirkliches Leben führt wie jeder seiner Bürger. HEINRICH VON TREITSCHKE

Das Individuum ist verfolgbar, strafbar, verletzlich. Der Staat ist unverantwortlich, anonym, also unbestrafbar und unverletzlich, weil ohne Ehrgefühl. ARTHUR SCHNITZLER

Der Staat ist die Suche nach einem Mittelweg zwischen der massenhaft mordenden Leidenschaft und der Leidenschaft mordenden Massenhaft. JEANNINE LUCZAK

Immerhin hat das den Staat zur Hölle gemacht, daß ihn der Mensch zu seinem Himmel machen wollte. FRIEDRICH HÖLDERLIN

Der Zweck des Staates ist die Verschönerung des Lebens. ARISTOTELES

Der einzig und allein gerechte und einzig und allein zu rechtfertigende Endzweck des Staates ist: Das größte Glück für die größte Zahl. JEREMY BENTHAM

Fehlt einem Staate die Gerechtigkeit, was ist er dann anders als eine große Räuberbande! AUGUSTINUS

Was dem einen recht ist, sollte dem anderen billig sein. Wenn der Staat das Individuum mißtrauisch betrachtet, ob es ihm im kriminellen Sinne nicht gefährlich werden könnte, sollte das Individuum daraufhin den Staat einmal ansehen, ob er nicht Neigungen zum Verbrecherischen hat. WERNER FINCK

Alle Staatsgewalt geht vom Volke aus. – Was man staatlicherseits so versteht: Das Volk ist selbst an allem schuld.

TOMMASO DA PONTE

Das Recht an sich selbst ist machtlos; von Natur herrscht die Gewalt. Diese nun zum Rechte hinüberzuziehen, so daß mittels der Gewalt das Recht herrsche, dies ist das Problem der Staatskunst.

ARTHUR SCHOPENHAUER

Der Staat – ein Dauerthema? Also ist er offenbar ein pathologischer Zustand.

TOMMASO DA PONTE

Staatsanwaltschaft

(s. a. Anklage, Privatklage, Strafrecht)

Der Staatsanwalt ist heute in Gefahr, das urspüngliche Konzept seines Amtes zu vergessen und sich in der Vielfalt auseinanderfallender Teile seiner Aufgabe zu verlieren. Er kann die Einheit seiner Berufung und seines Berufes nur festhalten, wenn er sein Amt als ein Zwillingsamt des richterlichen Amtes begreift. Der Staatsanwalt ist nicht selbst zum Urteil berufen wie der Richter, aber er ist dem richterlichen Urteilsamt zugeordnet, und das gerechte Urteil ist ihm zusammen mit jenem aufgegeben; er ist nicht persönlich unabhängig, wie jener, aber soweit ihm das Recht anvertraut ist, zur sachlichen Unabhängigkeit verpflichtet ebenso wie jener.

MAX GÜDE

Sie (*Anm.:* die Staatsanwaltschaft) ist weisungsgebunden, und so entschieden sie auch immer wieder bestreitet, Weisungen unterworfen zu sein (Klagen von Staatsanwälten über ihnen auferlegte Weisungen sind eine Rarität, die Beteuerung, nie habe man sich einer Weisung unterwerfen müssen die Regel:

es sah nur so aus, als habe man zu gehorchen, in Wahrheit ist man seiner Überzeugung gefolgt, und die war nun einmal zufälligerweise damit identisch, was eine Weisung hätte befehlen können, wenn es eine Weisung gegeben hätte; jedermann hat das Bedürfnis, darzutun, daß sein Arbeitsplatz ein ausgezeichneter Arbeitsplatz ist, denn sonst würde er ihn selbstverständlich nicht wahrnehmen) – so entschieden sie jede Abhängigkeit von Weisungen bestreitet: sie unterliegt Weisungen.   GERHARD MAUZ

Es liegt auf der Hand, daß eine auf Strafverfolgung abzielende Berufstätigkeit die Unbefangenheit des Urteils beeinflußt....Gelegentlich wird die Objektivität von Staatsanwälten stark in Zweifel gezogen und als eingeschleppte „Lebenslüge" bezeichnet.   HANS DAHS

Ein Staatsanwalt hat es schwer. Andere können am Abend ihren Rock ausziehen und als Mensch unter Menschen gehen. Staatsanwalt bleibt Staatsanwalt, der frostige Hauch seines Amtes hängt ihm nach. Andere dürfen eine Meinung haben, sie sogar äußern. Seine Meinung ist amtlich vorgeschrieben und erscheint im Ministerialblatt.   HEINRICH SPOERL

Der Prozeß wurde sehr human geführt. Die Fürsorge für den Angeklagten ging so weit, daß der Staatsanwalt sogar dessen Schuldbekenntnis für ihn zu sprechen übernommen hatte.

STANISLAW JERZY LEC

Der Ton des Staatsanwaltes gefällt mir. Einer von den Kerlen, die Christi Kreuzigung für richtig halten, weil ihn der Kollege Pontius Pilatus rechtskräftig verurteilt hat.   LUDWIG THOMA

223

Das schwierigste aller Ämter der Rechtspflege scheint mir das
des öffentlichen Anklägers zu sein, der als Vertreter der
Anklage parteiisch sein müßte wie ein Anwalt, als Wächter des
Gesetzes unparteiisch wie ein Richter, Anwalt ohne Leidenschaft, Richter ohne Unparteilichkeit – das ist das psychologi-
sche Paradox, in dem der öffentliche Ankläger, wenn er nicht
über ein fein ausgeprägtes Gleichgewichtsgefühl verfügt,
immer wieder den kämpferischen Geist des Verteidigers zu
verlieren droht oder aus Liebe zur Polemik die leidenschafts-
lose Objektivität des Richters. Piero Calamandrei

Standesrecht

(s. a. Kollegialität)

Wenn in einer Kaste etwas faul ist, so ist das erste, was sie tut,
daß sie für sich besondere Ehr- und Rechtsbegriffe fordert
und aufstellt. Kurt Tucholsky

Juristen gehen miteinander häufig so rabiat und sogar
ordinär um, wie es Nichtjuristen untereinander – aus Angst
vor den Juristen – nur selten wagen. Gerhard Mauz

Immer sind es die schwarzen Schafe, mit denen man sich in
der Wolle hat. Gerhard Uhlenbruck

Steuerhinterziehung

Gegenüber den Buchstaben der Steuergesetze sind die meisten Menschen Analphabeten. Gerhard Uhlenbruck

Gesetzestreue und rechtschaffene Menschen, Leute, die sich
im Falle der Gefährdung des Bürgerfriedens ohne eine

Minute zu zögern auf die Seite der Polizei stellen würden und die ihrem Lande im Frieden wie im Kriege nach besten Kräften gedient haben – all diese Stützen der Gesellschaft würden, ohne auch nur mit der Wimper zu zucken, eine verfälschte Steuererklärung abgeben, wenn sie sicher sein könnten, daß ihnen niemand auf die Schliche kommt. Das liegt einfach daran, weil das gesunde Rechtsgefühl jedermann sagt, dem Volk würden geradezu kriminell hohe Steuern einfach von Leuten verordnet, die selbst nur geringfügig zur Kasse gebeten werden. Steuerhinterziehung – so folgern sie – ist also nicht nur profitabel, sondern auch rechtens. Das ist ein gefährlicher Glaube, kann er doch nach und nach aus einem gesetzestreuen Bürger einen Rebellen machen.

CYRIL NORTHCOTE PARKINSON

Unbiblische Flucht, wenn Finanzsünder *in* Steuerparadiese flüchten.

HANS-HORST SKUPY

Die Steuererklärung ist oft ein nicht immer schwindelfreier Seilakt, bei dem man der Bilanz die Balance halten muß, damit sie nicht abstürzt.

GERHARD UHLENBRUCK

Ein Staat ist erst dann ein Rechtsstaat, wenn er nicht nur Steuerhinterzieher, sondern auch Steuerverschwender als Steuersünder zur Rechenschaft zieht.

ARNO SÖLTER

Steuerhinterziehung: strafbarer Versuch des Steuerzahlers, das staatliche Versprechen der Steuergerechtigkeit auf privater Basis zu realisieren.

HELMAR NAHR

Steuern

(s. a. Steuerhinterziehung, Steuerzahler)

Nur zwei Dinge auf dieser Welt sind uns sicher: Der Tod und die Steuer.
Benjamin Franklin

Steuern sind ein erlaubter Fall von Raub.
Thomas von Aquin

Wer sich die Mühe macht, die Geschichte des Steuerwesens wirklich gründlich zu studieren, wird sich am Ende ganz gewiß darüber wundern, wie die menschliche Zivilisation das alles überleben konnte.
Cyril Northcote Parkinson

Der Steuerjurist hält sich selbst für einen, der der Steuer dient; der Nicht-Steuer-Jurist hält ihn für einen, der sich der Steuer bedient; der Steuerpflichtige hält ihn für einen, der an der Steuer verdient.
Theodor Herrmann

Zu viel Steuerbürokratie bekämpft man am besten durch noch mehr Steuerbürokratie: Wenn erst die Steuerbeamten mit dem Studium der ins Unermeßliche gewachsenen Flut neuer Gesetze, Verordnungen, Erlasse, Bekanntmachungen und Urteile schließlich 8 Stunden täglich beschäftigt sind, verbleibt ihnen keine Zeit mehr, den Bürger steuerlich zu belästigen.
Arno Sölter

Staatsschiffe pflegt man durch Steuerschrauben anzutreiben.
Karl Garbe

Keine Kunst lernt eine Regierung schneller von einer anderen, als dem Volk das Geld aus der Tasche zu ziehen.
Adam Smith

Steuern erheben heißt, die Gans so zu rupfen, daß man möglichst viele Federn mit möglichst wenig Gezische bekommt.
JEAN BAPTISTE COLBERT

Eine Besteuerung des selbständigen Denkens wurde bisher nur deshalb nicht eingeführt, weil sie dem Staat zu wenig einbrächte.
GABRIEL LAUB

Steuerzahler

Steuergerechtigkeit besteht in der Konzentration der Lasten auf die Bürger, die weder zu viele noch zu laute Stimmen haben.
LOTHAR SCHMIDT

Besserverdienende heißen in Bonn diejenigen, die man noch schröpfen kann, ohne daß sie sogleich der Fürsorge zur Last fallen.
JOHANNES GROSS

Staat: ein Unternehmen, das nie konkursfähig wird, solange der Steuerzahler unbegrenzt nachschußwillig ist.
ARNO SÖLTER

Demokratie kann nur sein, wo der Steuerzahler den *Verwendungszweck* für jenen Teil seiner Steuern, der nicht dem Allgemeinwohl zufließt, selber bestimmt: Warum sollen Menschen, die sich weder für Autos noch für Sport interessieren – Autobahnen und Sportplätze mitfinanzieren, anstatt z. B. bestimmen zu können, daß jener Prozentsatz ihrer Steuern, der *nicht* der Erfüllung allgemeiner Bedürfnisse dient, also nicht Krankenhäusern, Altersrenten, Schulen, der Wissenschaft, der Straßenreinigung, der Verkehrspolizei, einer Miliz – daß jene Summe etwa Galerien oder Parkbepflanzern oder Slums oder Blinden auszuzahlen ist.
ROLF HOCHHUTH

Strafe

(s. a. Geldstrafe, Freiheitsstrafe, Opportunitätsprinzip,
Strafrichter, Todesstrafe, Vorstrafe)

Strafe ist Gerechtigkeit für die Ungerechten.

Augustinus

Die Strafe hat zwei Zwecke: entweder sie gibt dem Genugtuung, der Unrecht litt, oder sie gewährt ihm Sicherheit für
die Zukunft. Seneca

Um stets gut sein zu können, muß man die anderen davon
überzeugen, daß sie uns gegenüber niemals ungestraft böse
sein dürfen. François de la Rochefoucauld

Die Strafe, die züchtigt, ohne zu verhüten, heißt Rache.

Albert Camus

So wie die Menschen nun einmal sind – nämlich ebenso offen
für ein Sollen, wie weithin ausgeliefert ihren dem oft wider-
strebenden Neigungen und Begierden, die zu zügeln vielen
Menschen sehr schwer fällt –, bedürfen sie solcher „Stützen",
einer zusätzlichen Motivation für die Befolgung der Normen.
Eine solche zusätzliche Motivation liefert die Institution der
Strafe. Karl Larenz

Nicht große, aber unausbleibliche Strafen sind mächtig und
allmächtig. Jean Paul

Kein Verständiger straft, weil gesündigt worden ist, sondern
um die Sünde zu verhindern. Seneca

228

Niemand straft den Missetäter, weil er sich vergangen hat –
denn das Geschehene kann er nicht ungeschehen machen –,
sondern um des Künftigen willen, auf daß weder der Täter
selbst wieder Unrecht tue noch ein anderer, der Zeuge seiner
Züchtigung war. PLATON

Das Gesetz also und die Vollziehung desselben, die Strafe,
sind wesentlich auf die Zukunft gerichtet, nicht auf die Vergangenheit. Dies unterscheidet Strafe von Rache, welche letztere lediglich durch das Geschehene, also das Vergangene als
solches, motiviert ist. ARTHUR SCHOPENHAUER

Allen haftet die Schlechtigkeit der menschlichen Gesinnung
an, und die Erfahrung hat nur zu sehr gelehrt, wie wenig
ohne Furcht vor Strafe die Menschen durch die getanen Versprechen in ihren Pflichten gehalten werden. Für die Sicherheit muß deshalb nicht durch Verträge, sondern durch Strafen gesorgt werden. THOMAS HOBBES

Jede Strafe soll, wenn der Fehler bekannt ist, nicht nur hei-
lend, sondern beispielgebend sein. Sie soll entweder den
Schuldigen oder die Öffentlichkeit bessern. JOSEPH JOUBERT

Das Vergehen darf nicht bestraft werden, denn das heißt, ihm
ein weiteres zufügen. Der Täter muß korrigiert oder um seiner selbst willen belehrt werden, damit er das Vergehen nicht
wiederhole. AUGUST STRINDBERG

Es gab einst eine rächende Gerechtigkeit; sie mußte einer
strafenden weichen. Die Zeit ist nicht allzufern, in welcher
auch das Recht zu strafen bezweifelt werden wird.
MARIE VON EBNER-ESCHENBACH

Straflosigkeit, wo man Strafe verdient, und ungekränkte Ehre, wo man Schimpf und Schande verdient, ist wie das Gift in süßen Speisen: man ißt davon nach Herzenslust und ist unwiederbringlich verloren. Johann Heinrich Pestalozzi

Strafen heißt absichtlich ein Übel zufügen. Wer in diesem Sinne strafen will, muß sich eines höheren Auftrags zuversichtlich bewußt sein. Gustav Radbruch

Es gibt kein staatliches Recht des Strafens. Es gibt nur das Recht der Gesellschaft, sich gegen Menschen, die ihre Ordnung gefährden, zu sichern. Alles andere ist Sadismus, Klassenkampf, dummdreiste Anmaßung göttlichen Wesens, tiefste Ungerechtigkeit. Kurt Tucholsky

Eine Gesellschaft verroht viel mehr durch die gewohnheitsmäßige Anwendung von Strafen als durch das gelegentliche Vorkommen von Verbrechen. Es ist erwiesen, daß desto mehr Verbrechen geschehen, je mehr Strafen verhängt werden. Oscar Wilde

Es ist eine Frage, ob wir nicht, wenn wir einen Mörder rädern, grade in den Fehler des Kindes verfallen, das den Stuhl schlägt, an dem es sich stößt. Georg Christoph Lichtenberg

Wir haben läßliche Gesetze, um nach und nach strenger werden zu können: unsere Strafen bestehen vorerst in Absonderung von der bürgerlichen Gesellschaft, gelinder, entschiedener, kürzer und länger nach Befund. Johann Wolfgang von Goethe

Es ist doch eine offenkundige Tatsache, daß örtliche Überlieferung, persönliche Anschauungen, Zufälle aller Art, nicht aber feste Grundsätze für die Strafzumessung im Einzelfall maßgebend sind. FRANZ VON LISZT

Wenn etwas hart bestraft wird, so beweist das gar nicht, daß es unrecht ist; es beweist bloß, daß es dem Vorteil der Machthaber nachteilig ist. Oft ist gerade die Strafe der Stempel der schönen Tat. JOHANN GOTTFRIED SEUME

Strafrecht

(s. a. Justiz, Tat)

Strafrecht ist der Versuch der Rechtsordnung, zu kapitulieren unter Wahrung des Gesichts. TOMMASO DA PONTE

Die deutsche Strafprozeßordnung liest sich im großen und ganzen wie die Lieferungsverträge, die sich bei uns eingebürgert haben: was auch immer geschieht, geht zu Lasten des Bestellers, und die ausführende Firma haftet für gar nichts. KURT TUCHOLSKY

In immer neuen Amnestien, in der Fülle der Begnadigungen, Strafaussetzungen und Strafmilderungen, in der förmlichen Flucht vor der Strafe zeigt sich immer deutlicher, daß das Strafrecht sein gutes Gewissen verloren hat. GUSTAV RADBRUCH

Die Geschichte lehrt uns zur Genüge, daß Strafgesetze nie anders als nachteilig gewirkt haben. MONTESQUIEU

Nur eine kleine Schar ganz freier Geister ist sich jener tiefen Problematik allen Strafrechts bewußt, die erst mit dem Strafrecht selber verschwinden wird. GUSTAV RADBRUCH

231

Es versteht sich, daß die Strafjustiz in ihrem Gebaren dem Bild, das man sich von ihr macht und das sie von sich hat, zu entsprechen trachtet. Sie mag sich vordergründig noch so aufgeklärt geben – in Wahrheit hält sie sich immer noch für die irdische Statthalterei eines höheren Wesens, die im heiligen Ernst des Tempels amtiert. Die Strafjustiz meint immer noch, einen weitaus größeren Auftrag als den zu haben, den ihr der – ach so fehlsame – Gesetzgeber zugewiesen hat.

GERHARD MAUZ

Die Geschichte des Straf-Rechts: wenig mehr als eine Geschichte der staatlich verwalteten Blutrache.

TOMMASO DA PONTE

Das Strafrecht ist von Leuten verfaßt, die das Unglück nicht gekannt haben.

HONORÉ DE BALZAC

Strafrichter

(s. a. Jugendkriminalität, Rechtsprechung, Richter, Unabhängigkeit)

Was für den Richter überhaupt gilt, gilt ganz besonders für den Strafrichter: daß auf ein Lot Jurisprudenz ein Zentner Menschen- und Lebenskenntnis kommen müsse.

GUSTAV RADBRUCH

Jugendrichter, um das wahrhaft werden zu können, müßten frühzeitig in die Richter-Vorbereitungsschule getan werden, wo sie lernten, wie das ist, wenn man in Enge, Schmutz und der durch sie bedingten geistigen Atmosphäre aufwächst. Solche Erfahrung vertiefte außerordentlich die Fülle der Einsicht, aus der Richter später ihre Urteile schöpfen würden. Sie zögen dann, Recht sprechend, gewiß ins Kalkül, daß der

Bursche da vor ihnen, der im Rennen ums Leben sich durch unerlaubte Mittel vorwärts hatte helfen wollen, beim Start schändlich betrogen wurde.   ALFRED POLGAR

Also ich persönlich kann mir solche Urteile nur dadurch erklären, daß eine unverhältnismäßig harte Strafe beim Richter eine gewisse Rauschwirkung auslöst. Es soll ja bereits Richter geben, die schon morgens vor dem Frühstück mindestens zwei Jahre Einzelhaft verhängen müssen, damit das Zittern nachläßt. Dann noch zwei bis drei größere Geldstrafen, das reicht dann so grob bis zur Mittagspause.   WERNER KOCZWARA

Wenn ein Unterrichter wider ergangenes Urteil einer höheren Instanz an einem Unschuldigen eine Strafe vollzogen, oder durch falsche Protokolle und andere dergleichen Fälschungen das Strafanerkenntnis gegen einen Unschuldigen veranlaßt hat, so ist derselbe nebst der Dienstenthebung mit der zuerkannten oder vollzogenen Strafe selbst zu belegen.   ANSELM VON FEUERBACH

Das Böse, das man selbst an sich hat, straft man desto härter am anderen.   THEODOR VON HIPPEL

Wodurch ist die Strafe besser als die bestrafte Tat? Dadurch daß sie der Tat folgt; also vom begangenen Unrecht abhängig ist. Das Verbrechen heiligt den Richter.   TOMMASO DA PONTE

Ein Richter, der nicht strafen kan,
Gesellt sich endlich zum Verbrecher.

JOHANN WOLFGANG VON GOETHE

Der (Straf-)Richter der Zukunft wird nicht mehr wesentlich Rechtsvollstrecker sein, für den das Gesetz Richtschnur ist,

233

sondern innerhalb weit gezogener Schranken richterlichen Ermessens Sozialbeamter – sozialer Diagnostiker und sozialer Therapeut –, dem Verwaltungsfachmann viel verwandter als dem Zivilrichter. GUSTAV RADBRUCH

Straßenverkehr

(s. a. Unfall, Verkehrszeichen)

Vortrag eines medizinischen Futurologen. Voller Zuversicht. In ein paar Jahren werden nur noch Sport und Straßenverkehr als Todesursachen übrigbleiben. JOHANNES GROSS

—

Der Verkehr ist heute Bürgerkrieg, jeder gegen alle. GERHARD MAUZ

—

Das Hupkonzert bei Verkehrsstauungen erinnert mich immer an das Geschrei, mit dem Eingeborenenstämme versuchen, böse Geister zu vertreiben. ROBERT LEMBKE

—

Nicht auch, sondern nur im Straßenverkehr gibt es die Aggression, die sich gegen alle und alles zu behaupten und durchzusetzen sucht. Hier schlägt die Panik über dem Menschen zusammen. Hier ermächtigt sich seiner das Gefühl der totalen Isolation – inmitten eines unentrinnbaren, immer unsäglicheren Gedränges. GERHARD MAUZ

—

Straßen, lat. strata, gepflasterter Weg, heute Schlachtfeldersatz und von wesentlicher Bedeutung für die zwischenmenschliche Kommunikation im Notarztwagen, auf Unfallstationen und Friedhöfen. ERNST TEUBNER

In Deutschland gibt es nur zwei Arten der organisierten Kriminalität – den Terrorismus, der viel Schrecken verbreitet, aber vergleichsweise wenig Opfer gefunden hat, und das raffgierige Element im Güterfernverkehr, das als kriminell gar nicht wahrgenommen wird.   JOHANNES GROSS

Jeder Verkehrsminister, der den Schwerlastverkehr nicht von den Fernstraßen herunter auf die Schiene bringt, ist ein potentieller Mörder.   OLIVER HASSENCAMP

Fehlhandlungen und Unterlassungen im Straßenverkehr sind genausowenig oder genausosehr gewollt wie Mord oder Toschlag. Doch am Straßenverkehr nehmen zuviele teil. Und so ist eine Kriminalisierung des Straßenverkehrs (in dem schließlich auch kapitale Wirtschaftsinteressen auf dem Spiel stehen) unterblieben.   GERHARD MAUZ

Streik

Streik: Alte Waffe, aus der heute meist nur noch Platzpatronen verschossen werden.   MICHAEL SCHIFF

Es wurde noch nie ein großer Streik beendet, den nicht der Verbraucher hätte bezahlen müssen.   LOTHAR SCHMIDT

Streit

(s. a. Kompromiß, Prozeß)

Geduld mit der Streitsucht der Einfältigen! Es ist nicht leicht zu begreifen, daß man nicht begreift.

MARIE VON EBNER-ESCHENBACH

235

Insofern wir scharfsinnig sind, liegen wir einander beständig in den Haaren. Tiefsinn aber macht verträglich.

FRIEDRICH HEINRICH JACOBI

Streit, das, wovon alle Juristen mehr recht als schlecht leben.

ERNST TEUBNER

Streit ist der Vater aller Dinge.

HERAKLIT

Streitigkeiten würden nicht lange dauern, wenn nur eine Seite unrecht hätte.

FRANÇOIS DE LA ROCHEFOUCOULD

Man streitet ja meist nicht, um die Wahrheit zu finden, sondern um sie zu verbergen.

MAXIM GORKI

Die Leute streiten, weil sie nicht gelernt haben zu argumentieren.

GILBERT KEITH CHESTERTON

Ein Zitat ist besser als ein Argument. Man kann damit in einem Streit die Oberhand gewinnen, ohne den Gegner überzeugt zu haben.

GABRIEL LAUB

Von daher rühren die meisten Streitigkeiten, indem die Menschen ihre Gedanken nicht richtig darstellen oder die Gedanken des anderen falsch deuten.

BARUCH DE SPINOZA

Wir finden drei Gründe für den Streit in der menschlichen Natur: erstens Konkurrenz, zweitens Mangel an Selbstvertrauen, drittens Geltungsbedürfnis.

THOMAS HOBBES

Die ältesten und natürlichsten Ursachen aller Streitigkeiten
sind Wollust und Habgier. JONATHAN SWIFT

Nur geistig Verirrte streiten. OSCAR WILDE

T

Talion

Heute ist der Talion nur noch in der Blutrache und der Todesstrafe erhalten, sozialadäquat aber auch bei sportlichen Wettbewerben: Knochenbruch um Knochenbruch.

ERNST TEUBNER

Die primitive Gerechtigkeit als Objekt des Tauschhandels („Auge um Auge, Zahn um Zahn") ist mit der Zeit zur raffinierten Gerechtigkeit als Objekt der Kaufkraft avanciert.

STANISLAW JERZY LEC

Für den Grundsatz Auge um Auge, Zahn um Zahn spricht immerhin, daß er der einzige nicht völlig willkürliche Maßstab für die Strafzumessung ist.

JOHANNES GROSS

Tarif

Tarif: Grundlohn, für den nur noch in industriell unterentwickelten Gebieten gearbeitet wird.

MICHAEL SCHIFF

Ehrliche Arbeit klingt permanent nach unterster Tarifgruppe.

WERNER MITSCH

Gewerkschaftliche Tarifpolitik ist in Gefahr, zum Hamsterlauf in der Drehtrommel zu werden.

NORBERT BLÜM

Tat

(s. a. Handlung)

Die Taten sind die Substanz des Lebens, die Reden sein Schmuck.   BALTASAR GRACIÁN

Tat heißt Handlung, sofern sie unter den Gesetzen der Verbindlichkeit steht.   IMMANUEL KANT

Tat, menschliche Verhaltensweise, die auf Veränderung eines Zustandes gerichtet, dem Juristen aber nur als Delikt bekannt ist.   ERNST TEUBNER

Es ist vieleicht die tiefste Qual jener Menschen, die von der Maschine des Rechts ergriffen werden, daß sie ohnmächtig die Verzerrung erleben müssen, welche das Bild einer Tat und das Gesamtbild eines Lebens, aus dem sie gewaltsam herausgerissen wird, schon dadurch erfährt, daß sie eben in ihrer Vereinzelung und das Leben, dem sie entsprang, unter dem Aspekt dieser zufälligen Einzelheit ins Auge gefaßt wird. Es gehört aber zum unaufgebbaren Wesen der Rechtswissenschaft, nur die einzelnen Bäume sehen zu wollen und nicht den Wald.   GUSTAV RADBRUCH

Territorialprinzip

Es gibt nichts Gerechtes und Ungerechtes, dessen Eigenschaft nicht mit dem Klima wechselt. Drei Breitengrade näher zum Pol stellen die ganze Rechtswissenschaft auf den Kopf, ein Längengrad entscheidet über Wahrheit; nach wenigen Jahren der Gültigkeit ändern sich grundlegende Gesetze; das Recht hat seine Epochen, der Eintritt des Saturn in den Löwen kennzeichnet die Entstehung dieses oder jenes Verbrechens. Spaßhafte Gerechtigkeit, die ein Fluß begrenzt! Diesseits der Pyrenäen Wahrheit, jenseits Irrtum. Blaise Pascal

Was ist das für ein Recht, das durch Überschreiten eines Grenzflusses zu einem Verbrechen werden kann? Michel de Montaigne

Das, was unmittelbar durch die Natur geformt ist, ist überall gleich. Das Feuer brennt in gleicher Weise in Griechenland und in Persien. Das Recht aber hat verschiedene Formen, deshalb kann es nicht unmittelbar durch die Natur geformt sein. Aristoteles

Terrorismus

Der Internationalen des Terrorismus ist eine Internationale des Rechts entgegenzusetzen, wobei Grundüberlegung aller demokratischen Staaten sein sollte, in sich zu gehen, sich dessen zu erinnern, was es so wertvoll macht, die ethischen Werte der Verfassung, das geistige Erbe der Französischen Revolution, zu schützen und zu bewahren. Robert Harnischmacher

Nach dem letzten Terroranschlag kann die Zivilcourage aus dem Exil zurückkehren. Oliver Hassencamp

Der Terror braucht drei Verbündete, um mächtig zu werden: Die Allesversteher, die Drumherumsteher, die Zuspätweiner. Hans Kasper

Ein Überzeugungs-Täter bekennt sich auch noch vor dem Richter rückhaltlos zu seiner Überzeugung, er läßt sich ohne

240

Rücksicht auf sein drohendes Schicksal die Möglichkeit nicht nehmen, den Strafprozeß als ein letztes Mittel großartiger politischer Propaganda zu benutzen. GUSTAV RADBRUCH

Terror ist der Wutanfall des Hasses oder der Versuch, ihn los zu werden. GERHARD UHLENBRUCK

Der internationale Terrorismus wird als eine Form der Kriegsführung angesehen, als eine besondere Art der Guerilla-Kriegsführung, deren Schlachtfeld der Fernsehbildschirm und die erste Seite ist. ROBERT HARNISCHMACHER

Der Mob bedient sich der Politik nur, um an Geld zu kommen. Der Terrorismus hingegen bedient sich des Geldes, um politische Ziele zu erreichen. Es wäre ein Wunder, wenn es zwischen denen, die Geld zu Politik machen, und denen, die Politik zu Geld machen, keine Symbiose gäbe.

DAGOBERT LINDLAU

Der internationale Terrorismus ist „big business", nur die „Steinewerfer" tragen Jeans. Die Crème im Terrorismus ist smart gekleidet. ROBERT HARNISCHMACHER

Testament
(s. a. Erben, Erbschaft)

Als er das Testament in die Hände bekam, reduzierte er seine Elternliebe auf einen Pflichtteil. WERNER MITSCH

Testament – der letzte Herztest. HANS-HORST SKUPY

Der Geizige macht zahllose Testamente. Sie haben für ihn den Reiz einer Geldausgabe, von der er weiß, daß er sie nie erlebt. SIGMUND GRAFF

Jemanden mit dessen Wissen im Testament zu bedenken und dann nicht in angemessener Frist zu sterben, das grenzt an Provokation. SAMUEL BUTLER

Warum sind Menschen so dumm, so durch die Gewohnheit oder die Furcht unterjocht, ein Testament zu errichten, mit einem Wort so blödsinnig, daß sie ihre Güter lieber denen hinterlassen, die sich über ihren Tod freuen, als denen, die sie beweinen? CHAMFORT

Tier

Man kann wohl fragen: Was wäre der Mensch ohne die Tiere? Aber nicht umgekehrt: Was wären die Tiere ohne den Menschen? FRIEDRICH HEBBEL

Tiere galten in der rechtlichen Steinzeit als Sachen; das war schon immer inhuman, weil der Mensch tagtäglich Tiere frißt und sich nur selten wie ein Tier benimmt, also keine Rache kennt. ERNST TEUBNER

Die Fähigkeit und Neigung, Schaden zu stiften, steht bei höheren Tieren leider in geradem Verhältnis zu ihrer geistigen Höhe. KONRAD LORENZ

Jede Sünde, auch die brutalste, ist eine geistige Sünde. Daher können Tiere nicht sündigen. FRANZ WERFEL

Man spricht von der „tierischen" Grausamkeit des Menschen. Aber das ist sehr ungerecht und für die Tiere wirklich beleidigend: ein Tier kann niemals so grausam sein wie ein Mensch, so ausgeklügelt, so kunstvoll grausam.   FJODOR M. DOSTOJEWSKI

Nur drängende Not zwingt die Tiere, anderen zu schaden. Sie werden durch Hunger oder Furcht zum Kampf gedrängt. Dem Menschen aber macht es Freude, seine Mitmenschen ins Verderben zu stürzen.   SENECA

Bloß bei den Tieren kann ich rein rechnen, daß sie je besser gegen mich sind, je besser ich gegen sie bin; bei den Menschen nicht, ja oft umgekehrt.   JEAN PAUL

Eine der größten Unverfrorenheiten des Menschen ist, dies oder jenes Tier mit Emphase falsch zu nennen, als ob es ein noch falscheres Wesen gäbe in seinem Verhältnis zu andern Wesen als der Mensch.   CHRISTIAN MORGENSTERN

Ich wär gespannt, ob irgendein Tier, das uns sieht, dächte: „Ecce homo!"   STANISLAW JERZY LEC

Tiere haben Menschen gegenüber folgende Vorteile: Sie hören niemals die Uhr schlagen, sie sterben, ohne zu wissen, was der Tod überhaupt ist, sie haben keine Theologen, die ihnen Ratschläge geben, ihre letzten Augenblicke werden nicht von unwillkommenen und unerfreulichen Zeremonien gestört, die Beerdigung kostet sie nichts, und niemand streitet sich vor Gericht um ihr Erbe.   VOLTAIRE

Tierschutz

Der Tag wird kommen, wenn das Töten eines Tieres genauso als Verbrechen betrachtet wird wie das Töten eines Menschen.   LEONARDO DA VINCI

Grausamkeit gegen Tiere ist eines der kennzeichnendsten Laster eines niederen und unedlen Volkes.

ALEXANDER VON HUMBOLDT

Brüderlichkeit ist nur vollständig, wenn wir sie zwischen uns und allen Lebewesen schaffen; denn jedes andere Lebewesen ist wie ich, jedes andere Lebewesen hat ebenfalls Angst davor, vernichtet zu werden. Es fürchtet den Schmerz, es strebt danach, glücklich zu sein.   ALBERT SCHWEITZER

Wer gegen Tiere grausam ist, kann kein guter Mensch sein.

ARTHUR SCHOPENHAUER

Der untrüglichste Gradmesser für die Herzensbildung eines Volkes und eines Menschen ist, wie sie die Tiere betrachten und behandeln.   BERTHOLD AUERBACH

Für einen guten und edlen Menschen ist nicht nur die Liebe des Nächsten eine heilige Pflicht, sondern auch die Barmherzigkeit gegen die vernunftlosen Geschöpfe.   ISAAC NEWTON

Gott wünscht, daß wir den Tieren beistehen, wenn es vonnöten ist. Ein jedes Wesen in Bedrängnis hat gleiches Recht auf Schutz.   FRANZ VON ASSISI

244

Vor kurzem hat die Justiz überlegt, ob sie Tierschützer nicht wegen Mitgliedschaft in einer kriminellen Vereinigung anklagt, weil sie Tiere gesetzwidrig befreit und damit vor Tierversuchen geschützt hatten.

DAGOBERT LINDLAU

In aller Kürze: seit Mitte 1990 ist die Novelle des Tierschutzgesetzes in Kraft mit folgenden, entscheidenden Verbesserungen für das Nutz- und Versuchstier:
- Futterverabreichung auch im Krankheitsfall,
- geregelte Folterzeiten
- und unbürokratische Schlachtung.

WERNER KOCZWARA

Experimentelle Forschungsergebnisse sollte man tierisch ernst nehmen – und nicht immer leichtfertig auf den Menschen übertragen.

GERHARD UHLENBRUCK

Diejenigen, die an Tieren Operationen oder Medikamente versuchen oder ihnen Krankheiten einimpfen, um mit den gewonnenen Resultaten Menschen Hilfe bringen zu können, dürfen sich nie allgemein dabei beruhigen, daß ihr grausames Tun einen wertvollen Zweck verfolge. In jedem einzelnen Falle müssen sie erwogen haben, ob wirklich Notwendigkeit vorliegt, einem Tiere dieses Opfer für die Menschheit aufzuerlegen. Und ängstlich müssen sie darum besorgt sein, das Weh, soviel sie nur können, zu mildern.

ALBERT SCHWEITZER

Die Grausamkeit gegen Tiere und auch schon die Teilnahmslosigkeit gegenüber ihren Leiden ist meiner Ansicht nach eine der schwersten Sünden des Menschengeschlechts. Sie ist die Grundlage der menschlichen Verderbtheit.

ROMAIN ROLLAND

Was den Tieren geschieht, geschieht bald auch den Menschen.

INDIANISCHE WEISHEIT

Titel

(s. a. Doktorgrad, Professor)

Der Titel ist das Make-up einer schwachen Persönlichkeit.

HELLMUT WALTERS

Nicht der Titel verleiht dem Mann Glanz, sondern der Mann dem Titel.

NICCOLÒ MACHIAVELLI

Gott gab dem Menschen die Verstopfung und zugleich die heilsame Tamarinde. Und er gab ihnen eine Beschäftigung und zugleich den Titel. Es geht glatter vonstatten.

KURT TUCHOLSKY

Titel sind tiefe Gräben um die Festung Mensch.   HANS ARNDT

Todesstrafe

(s. a. Freiheitsstrafe, Strafe)

Vom beruflichen Standpunkt aus ist ein Henker, der die Menschheit pessimistisch beurteilt, ein Optimist.

GABRIEL LAUB

Es ist eine der klügsten Bestimmungen des jüdischen Gesetzes, daß derjenige, der die Anklage erhoben oder die Anzeige erstattet hatte, nach der Überführung des Angeklagten als erster mit der Vollstreckung des Todesurteils beginnen mußte, er mußte „den ersten Stein werfen". Es spricht für die

Menschlichkeit dieser Bestimmung, daß ihretwegen so wenige Todesurteile wirklich ausgeführt werden. „Wer ohne Sünde ist, werfe den ersten Stein." Man darf sich also jeden, der für irgendeine Form der Todesstrafe eintritt, als Henker vorstellen.   HEINRICH BÖLL

Daß es die Todesstrafe gibt, ist weniger bezeichnend für unsere Gesittung, als daß sich Henker finden.   FRANZ WERFEL

Die bequemste aller Theorien ist: Menschen zu töten statt zu erziehen.   HEINRICH LEUTHOLD

Ich würde die Todesstrafe auch deshalb in unserem Strafsystem als einen Fremdkörper empfinden, weil nach den Vorstellungen unserer Zeit die entscheidende, zumindest doch die wesentliche Aufgabe der Strafe ist, zu resozialisieren, den Menschen zu bessern.   THOMAS DEHLER

Man darf nicht müde werden, unserem Volk immer wieder zu sagen, daß Henker und Fallbeil keine geeigneten Mittel sind, um die Probleme unserer Gesellschaft in der Mitte des zwanzigsten Jahrhunderts zu lösen.   GUSTAV HEINEMANN

So lange die Todesstrafe besteht, atmet das ganze Strafrecht Blutgeruch aus, trägt das ganze Strafrecht den Stempel der Grausamkeit, ist das ganze Strafrecht mit dem Makel der rächenden Vergeltung behaftet.   GUSTAV RADBRUCH

Prüfen Sie alles, was für die Todesstrafe vorgebracht wird, und Sie werden immer auf denselben übelriechenden Bodensatz stoßen: das Motiv der Rache. In allem wollen wir Christen sein, nur bei der Behandlung unserer Verbrecher halten wir uns immer noch ans Alte Testament. MICHAEL KUNZE

——

Wenn sich die Sozietät des Rechtes begibt, die Todesstrafe zu verfügen, so tritt die Selbsthilfe unmittelbar wieder hervor: die Blutrache klopft an die Türe. JOHANN WOLFGANG VON GOETHE

——

Die Menschheit verurteilt den einzelnen zur Todesstrafe und begeht dadurch gegen ihn ein größeres Verbrechen, als er gegen sie begangen hat, indem sie ihm die Besserung unmöglich macht. FRIEDRICH HEBBEL

——

Mörder, Totschläger und Staaten mit Todesstrafe: einig darin, daß sie sich die Macht über das Leben von Menschen anmaßen. – Unterschiede? Von den privaten Mördern oder Totschlägern handeln manche aus Verzweiflung.

TOMMASO DA PONTE

——

Den Befürwortern der Todesstrafe: Jede Tötung eines Menschen ist um so ungeheuerlicher, je geordneter sie vor sich geht. SIGMUND GRAFF

——

Der erbärmliche, schale Witz: „Mögen die Herren Mörder den Anfang machen mit der Abschaffung der Todesstrafe" – beruht nicht bloß auf der willkürlichen Voraussetzung der Gerechtigkeit und Unentbehrlichkeit der Todesstrafe, sondern er enthält auch eine – allerdings nicht unverdiente – Beleidigung aller die Todesstrafe aufrecht haltenden Gesetzgeber, indem er diese mit den Mördern und die Todesstrafe mit dem Morde auf dieselbe Linie stellt. FRIEDRICH WALTHER

Deutet die Abschaffung der Todesstrafe durch eine Gesellschaft an, daß sie sich in die Situation des Verbrechers leichter hineindenken mag als in die seiner Opfer? JOHANNES GROSS

Auf die Verteidiger der Todesstrafe kann das Wort des Größten, der sie erlitt, nicht mehr Anwendung finden: sie wissen nicht, was sie tun. GUSTAV RADBRUCH

Man besitzt nicht das Recht, jemanden zu töten, nicht einmal des abschreckenden Beispiels wegen, es müßte denn sein Fortbestand gefährlich sein. JEAN-JACQUES ROUSSEAU

Die Angst vor dem Tod ist eine unbestreitbare Tatsache. Aber ebenso unbestreitbar ist, daß diese Angst, und mag sie noch so groß sein, noch nie stark genug war, um die Leidenschaft der Menschen einzudämmen. ALBERT CAMUS

Es wird seit dem Verzicht auf die Todesstrafe nicht weniger hart bestraft, nur unblutig. GERHARD MAUZ

U

Üble Nachrede

(s. a. Beleidigung, Verleumdung)

Üble Nachrede ist die Erleichterung der Bösartigkeit.

JOSEPH JOUBERT

Üble Nachrede ist meist mehr von Eitelkeit als von Böswilligkeit bestimmt.

FRANÇOIS DE LA ROCHEFOUCAULD

Nichts gegen üble Nachrede! Sie macht manchen interessanter als er ist.

OLIVER HASSENCAMP

Umweltschutz

(s. a. Atomanlagen)

Wenn die Gesellschaft so fortfährt, wird in zweitausend Jahren nichts mehr sein, kein Grashalm, kein Baum; sie wird die Natur aufgefressen haben.

GUSTAVE FLAUBERT

Der Ruin des Planeten wäre selbst dann unvermeidlich, wenn die Erde ein Garten der politischen und ökologischen Vernunft würde. Die Erde ist nicht für zehn Milliarden Menschen gebaut.

JOHANNES GROSS

Wenn der Mensch nicht beizeiten von der Erde Abschied nimmt, so nimmt sie Abschied von ihm.

FRIEDRICH HEBBEL

Die Krebszelle ist wie der Mensch ein Selbstmörder: Sie zerstört durch exzessives Wachstum ihren Wirt, so wie auf die gleiche Weise der Mensch die Welt. GERHARD UHLENBRUCK

Solange noch ein Mensch lebt, hat der Umweltschutz wenig Chancen. OLIVER HASSENCAMP

Wir haben die Welt als Erbe empfangen, das zu verschlechtern keinem von uns erlaubt ist, das vielmehr jede Generation verpflichtet, es den Nachkommen in besserem Zustand zu hinterlassen. JOSEPH JOUBERT

In Sachen Umweltschutz sind die meisten Regierungen kriminelle Vereinigungen. OLIVER HASSENCAMP

Wir haben es fraglos mit einem juristisch-naturwissenschaftlichen Faszinosum zu tun, also mit einem rechtlich-chemisch-physikalischen Sensatiönchen, denn das Umweltrecht ändert in dem Moment, da man versucht, es in der Praxis anzuwenden, auf der Stelle seinen Aggregatzustand: Dann geht es von einem relativ festen in einen flüssigen Zustand über und wird so wässrig, daß man es sofort auf Eis legen muß (deswegen bekommen Umweltminister auch immer so schnell kalte Füße). WERNER KOCZWARA

Umwelt und ihr Schutz müssen genauso ein System werden wie das Verkehrsnetz und in ihm der Schutz dessen, der sich dieses Netzes bedient. Dazu brauchen wir Umweltordnungen ähnlich der Straßenverkehrsordnung, und zwar gerade in einem differenzierten System, weil nur differenzierte Systeme unentbehrlich werden. Eine einzelne Straße oder eine einzelne Eisenbahnstrecke kann man noch abreißen, das Straßen- oder Eisenbahnnetz als solches nicht mehr.

ALFRED HERRHAUSEN

251

Umweltschutz ist die Resozialisierung der Industrie.

KARL GARBE

Übelsterweise herrscht immer noch die eingefleischte Meinung, daß Mensch und Natur einander polar gegenüberstehen. Die meisten Menschen sind des irrtümlichen Glaubens, die ganze Natur könne kaputt gehen, und der Mensch werde weiterleben.

KONRAD LORENZ

Bevor man die Welt verändert, wäre es vielleicht doch wichtiger, sie nicht zugrunde zu richten.

PAUL CLAUDEL

Die einzige Möglichkeit, das Weiterbestehen oder Nicht-Weiterbestehen des Lebens auf diesem Planeten zu beeinflussen, besteht darin, uns bei jeder Handlung, die wir begehen oder bewußt unterlassen, die Frage zu stellen: „Welche Auswirkungen wird diese Handlung oder ihre Unterlassung auf das übrige Leben auf diesem Planeten haben? Wird es der Lebenskraft gefallen oder mißfallen?"

JOHN SEYMOUR

Was wir heute tun, entscheidet darüber, wie die Welt morgen aussieht.

MARIE VON EBNER-ESCHENBACH

Unabhängigkeit des Richters

(s. a. Richter)

Die Unabhängigkeit der Richter, ihre Unabsetzbarkeit und Unversetzbarkeit, die Lebenslänglichkeit ihrer Anstellung ist vom Wesen des Richteramtes untrennbar, und auch tiefste Erbitterung gegen zeitweilige Mißstände darf nicht verleiten, sie anzutasten.

GUSTAV RADBRUCH

252

Natürlich weiß ich, daß es nahezu nichts gibt, was einem Richter bei seiner richterlichen Tätigkeit, also in amtlicher Eigenschaft, nicht erlaubt wäre. Dafür sorgt die dienstgerichtliche Rechtsprechung, die unter Berufung auf die richterliche Unabhängigkeit nahezu alles deckt bis hin zu groben Flegeleien und zur Verlautbarung politischer Glaubensbekenntnisse abwegigen Inhalts im Rahmen von Gerichtsverhandlungen oder aus Anlaß von Urteilsbegründungen.　Horst Sendler

Die Unabhängigkeit der Gerichte ist nichts anderes als die Freiheit der Wissenschaft, übertragen auf die praktische Rechtswissenschaft.　Gustav Radbruch

Die Unabhängigkeit gegenüber dem Recht ist niemals eine totale, sondern stets nur eine bestimmte. Die Funktionen des Richters, der Weg, um Richter zu werden, die Kontrollen über ihn, sie werden sämtlich bestimmt. So ist seine Freiheit, mehr oder weniger groß, günstigstenfalls eine „Freiheit wovon" und keine „Freiheit wozu". Denn zu dieser „Freiheit wozu" müßte er ja dieses Gehäus von Bestimmungen durchbrechen können.　Carl August Emge

Unfall
(s. a. Straßenverkehr)

Wer durch Mord oder Totschlag stirbt, gilt als Opfer eines Gewaltverbrechens. Der „Verkehrstote" hingegen, schon die Bezeichnung wiegelt ab, kommt gelegentlich eines „Unfalls" ums Leben.　Gerhard Mauz

Unglück durch Zufall: Unfall!　Gerhard Uhlenbruck

Das erste, wonach ein Mensch bei irgendeinem Unfall sucht – sei er durch Tiere, Materien oder Menschen geschehen –, ist ein lebend(es) freies Wesen, dem er etwas davon schuld geben kann, um sich dann zu rächen.   JEAN PAUL

Ungerechtigkeit

(s. a. Gerechtigkeit, Unrecht)

Ungerechtigkeit ist eine Form des Bösen, welche das Böse zugleich erzeugt.   GERHARD UHLENBRUCK

Wahr aber bleibt, daß die größten Ungerechtigkeiten von denen ausgehen, die das Übermaß verfolgen, nicht von denen, die die Not treibt. Man wird ja nicht Tyrann, um nicht zu frieren.   ARISTOTELES

Die Justiz heiligt die bestehenden Ungerechtigkeiten. Hat sie sich jemals gegen die Eroberer aufgelehnt oder gegen die Gewalthaber, die die Macht an sich gerissen haben?

ANATOLE FRANCE

Das Maß der Ungerechtigkeit befindet sich immer in den richtigen Händen.   STANISLAW JERZY LEC

Wo man sich stark genug fühlt zu Ungerechtigkeit, da ist man ungerecht.   PLATON

Wer keine Ungerechtigkeit vertragen kann, gelangt selten zu Ansehen in der Gegenwart; und wer es kann, verliert den Charakter für die Zukunft.   JOHANN GOTTFRIED SEUME

Du mußt Ungerechtes leiden? Tröste dich! In Wahrheit Leid wäre es, solches zu tun.   PYTHAGORAS

Nicht die Ungerechtigkeit als solche, sondern ihr Opfer zu sein, kränkt uns.   PIERRE NICOLE

Es gibt zwei Dinge, denen man sich anpassen muß, bei Strafe, sonst das Leben unerträglich zu finden: Den Unbilden des Wetters und den Ungerechtigkeiten der Menschen. CHAMFORT

UNO

UNO heißt die Hoffnung, daß die Menschen vom vielen Reden redlicher und von den vielen Verträgen verträglicher werden.   JEANNINE LUCZAK

Die Vereinten Nationen begreifen sich als in täglich unvereinbarer Uneinigkeit vereint.   WERNER SCHNEYDER

Die UNO soll ihre Beschlüsse von berühmten Künstlern unterzeichnen lassen – damit sie zumindest einen Sammlerwert haben.   GABRIEL LAUB

Unrecht
(s. a. Gerechtigkeit, Recht, Ungerechtigkeit)

Wer im Recht ist, aber allein, ist nach sogenanntem Recht im Unrecht.   OLIVER HASSENCAMP

Der physische Schmerz ist das Signal einer Störung im Organismus, der Anwesenheit eines demselben feindlichen Einflusses; er öffnet uns die Augen über eine uns drohende Gefahr und zwingt uns durch das Leiden, das er uns bereitet, ihm zeitig entgegen zu treten. Ganz dasselbe gilt von dem moralischen Schmerz, den das absichtliche Unrecht, die Willkür verursacht. RUDOLF VON IHERING

Jedes Unrecht bringt die Menschheit einen Schritt weiter, denn man lernt, es in Zukunft zu verhindern.

THORNTON WILDER

Das Unrecht, das dir geschieht, treibe rächend ab, aber nicht als Individuum, sondern als Menschheit; diese soll sich nichts gefallen lassen. JEAN PAUL

Das Unrecht ist um so viel älter als das Recht, wie der Angriff älter ist als die Verteidigung, und wie jeder Verteidigung durch den Angriff, so wird dem Recht durch das Unrecht die Weise seines Verhaltens unentrinnbar vorgeschrieben.

GUSTAV RADBRUCH

Unterlassene Hilfeleistung

Versuchen Sie nicht, besonders originell oder progressiv zu sein. Wenn Sie hilfsbereit sind, fallen Sie genug auf.

OLIVER HASSENCAMP

Keine Woche vergeht, ohne daß nicht ein Volksvertreter einen neuen Straftatbestand fürs Volk ersinnt. Doch ist noch keiner darauf gekommen, die Schaulustigen, wie die Katastrophenvoyeure heißen, zu bedrohen, abzuschrecken, die nicht helfen, sondern sich nur am Unglück ihrer Mitmenschen weiden wollen. Das ist die Schadenfreude, die gemeingefährlich wird. JOHANNES GROSS

Die Leute helfen lieber dem, der ihrer Hilfe nicht bedarf, als dem, welchem sie nötig ist.   FRIEDRICH HEBBEL

Heute macht man aus der Hilfe in der Not schon eine Tugend.   GERHARD UHLENBRUCK

In Deutschland wäre es an der Zeit, Hilfsbereitschaft mit Steuervergünstigungen zu honorieren.   OLIVER HASSENCAMP

Unterlassungsdelikt

Oft tut auch der unrecht, der nichts tut, nicht bloß der, der etwas tut.   MARK AUREL

Wir sind nicht nur verantwortlich für das, was wir tun, sondern auch für das, was wir nicht tun.   MOLIÈRE

An allem Unfug, der passiert, sind nicht etwa nur die schuld, die ihn tun, sondern auch die, die ihn nicht verhindern.

ERICH KÄSTNER

Es gibt sehr wenig böse Menschen, und doch geschieht so viel Unheil in der Welt; der größte Teil dieses Unheils kommt auf Rechnung der vielen, vielen guten Menschen, die weiter nichts als gute Menschen sind.   JOHANN NEPOMUK NESTROY

Die Ohnmacht gegenüber dem Vielen, das man nicht tun kann, ist für die meisten das Alibi, auch das Wenige zu unterlassen, das man tun könnte.   HELLMUT WALTERS

257

Nichts anderes braucht der Triumph des Bösen, als daß gute Menschen gar nichts tun.

EDMUND BURKE

Unterschrift

Der Handschlag ist die Unterschrift des Analphabeten.

WERNER MITSCH

Das Kreditgewerbe erfindet ein neues Formular für Überweisungen, auf dem der Auftraggeber rechts oben schreiben soll, also nicht mehr unterschreiben kann. Nun heißt das, was früher Unterschrift war, „Genehmigender Namenszug".

JOHANNES GROSS

Unleserlich: Eine ärztliche Verordnung sollte es sein, auch jede Unterschrift. Das zeigt, daß man vom Schriftverkehr erdrückt wird.

GUSTAVE FLAUBERT

Urheberrecht

(s. a. Plagiat)

Wieviel Autoren gibt's wohl unter den Schriftstellern? Autor heißt Urheber.

FRIEDRICH VON SCHLEGEL

Autoren, die bestohlen werden, sollten sich darüber nicht beklagen, sondern freuen. In einer Gegend, in der kein Waldfrevel vorkommt, hat der Wald keinen Wert.

MARIE VON EBNER-ESCHENBACH

Auch der reiche Autor stiehlt oft, weil er denkt, er hätte es ebensogut erfinden können, und der andere denkt auch das.

JEAN PAUL

Jedes wahre Wort, gleichgültig, wer es gesprochen hat, ist auch mein geistiges Eigentum.

SENECA

Würde man den Dieben auch heutzutage noch die Hand abhacken, so müßten einige Verleger ihr Leben als Krüppel fristen.

WERNER MITSCH

Er schrieb ein Buch über die Hölle, die ihm seine Frau aus dem Leben machte. Das Buch wurde zum Bestseller. Die Urheberrechte hat jetzt die Witwe.

GABRIEL LAUB

Das sind die Folgen eines wahnwitzigen Urheberrechts, das die Produkte des Geistes wie einen Käseladen vererbt.

KURT TUCHOLSKY

Wer keinen Geist hat, glaubt nicht an Geister und somit auch nicht an geistiges Eigentum der Schriftsteller.

JOHANN WOLFGANG VON GOETHE

Urlaub

Urlaub – das ist Müdewerden auf eigene Kosten.

ROBERT LEMBKE

Urlaub = Extravakanz.

HANS-HORST SKUPY

Jahresurlaub: Bezahlte Freizeit, in der sich der Betrieb von seinen Mitarbeitern erholt.

MICHAEL SCHIFF

Urteil

(s. a. Vergleich, Vorurteil)

Erst der Urteilsspruch, danach die Begründung. Das ist von der dramatischen Anlage her falsch. Es müßte erst eine Begründung vorgetragen werden, die sacht, unaufhaltsam in den Urteilsspruch einmündet, um die Spannung zu halten, auf die Angeklagte und Publikum Anspruch haben.

JOHANNES GROSS

Urteilsverkündung: Wenn Richter den Saal schweigend betreten und Angeklagte betreten schweigen. RON KRITZFELD

Was uns an den Urteilen über uns schockiert, ist die unvermeidliche Simplifikation, die jedes Urteil, um überhaupt entstehen zu können, voraussetzt – und die man uns notwendigerweise aufzwingt. Was gibt es Verletzenderes, als „simplifiziert" zu werden? PAUL VALÉRY

Vor einem Gericht wird durch ein Urteil Recht gesprochen, aber weder über Gerechtigkeit gesprochen noch Ungerechtigkeit verurteilt. GERHARD UHLENBRUCK

Daß die Menschen so oft falsche Urteile fällen, rührt gewiß nicht allein aus einem Mangel an Einsicht und Ideen her, sondern hauptsächlich davon, daß sie nicht jeden Punkt im Satz unter das Mikroskop bringen und bedenken.

GEORG CHRISTOPH LICHTENBERG

Die Urteile unterschrieb der Automat. Das gab ihm jedesmal die Zeit, seine Hände in Unschuld zu waschen.

NIKOLAUS CYBINSKI

Auch wenn alles verstaatlicht ist, sollte jeder Richter sein eigenes Urteil haben.   GABRIEL LAUB

Das schnelle Aburteilen ist größtenteils dem Faulheitstrieb der Menschen zuzuschreiben.   GEORG CHRISTOPH LICHTENBERG

Wer meint, ihm komme ein Urteil zu, ist bereits einem Vor-Urteil zum Ofer gefallen. Wir können nur versuchen, einer sinnvollen Entscheidung so nah wie möglich zu kommen.
                                                GERHARD MAUZ

Wer den Urteilsspruch eines Gerichtes als Rechtsfindung bezeichnet, spricht ein großes Wort gelassen aus; Rechtssuche wäre eine bescheidenere, aber auch zutreffendere Beschreibung der mühevollen Arbeit der Gerichte.   RUDOLF GERHARDT

Viele Gerichtsurteile könnten durch Denkprozesse vermieden werden.   WERNER MITSCH

V

Vaterschaft

(s. a. Eltern)

Es ist ein Rausch, Mutter zu sein, und eine Würde, Vater zu sein.   SULLY PRUDHOMME

Mütter sind stolzer auf ihre Kinder als Väter, da sie sicherer sein können, daß es ihre eigenen sind.   ARISTOTELES

Die Vaterschaft beruht überhaupt nur auf Überzeugung.
                                JOHANN WOLFGANG VON GOETHE

Es gibt seltsame Väter, die ihr ganzes Leben damit zu verbringen scheinen, ihren Kindern Gründe zu geben, sich über ihren Tod zu trösten.   JEAN DE LA BRUYÈRE

Wie die Väter meist sind, ist es selten ein Unglück, keinen Vater zu haben, und betrachtet man die allgemeine Beschaffenheit der Söhne, so ist es ebenso selten ein Unglück, ohne Kinder zu sein.   GILBERT KEITH CHESTERTON

Während die Natur eine Mutter auf mindestens neun Monate festlegt, gibt es für einen Mann keine Frist. Er ist von Natur aus überhaupt nicht festgelegt. Nur das Gesetzbuch zwingt ihn zur Verantwortung für die Vaterschaft. Eingeboren ist ihm dieses Verantwortungsgefühl nicht. Was es heißt, für jemanden dazusein, jemandem Sicherheit zu geben, jemandem eine verläßliche Zukunft zu geben: Es steht nicht in seinen Genen. Er muß es lernen.   STANLEY COHEN

Verbände

Verband ist die Nutzanwendung der uralten Weisheit, daß ein einzelner Stab leicht, ein Bündel aber nicht mehr zu brechen ist.   Arno Sölter

Die Verbände übernehmen die Herrschaft. Und der Staat wird zum Notar, der lediglich das Ergebnis der Kungelei beglaubigt. Das Gemeinwohl geht ins Exil.   Norbert Blüm

Verband: Vereinigung zur Bekämpfung anderer Vereinigungen.   Michael Schiff

Verbot

(s. a. Strafe, Strafrecht)

Wenn Argumente fehlen, kommt meist ein Verbot heraus.
                                              Oliver Hassencamp

Verbot: Seit dem Paradies die wirksamste Form der Werbung.
                                                 Ron Kritzfeld

Immer drängen wir uns zum Verbotenen und begehren das Verweigerte.   Ovid

Uns etwas verbieten heißt uns danach lüstern zu machen.
                                            Michel de Montaigne

In einem totalitären Staat ist nicht nur alles verboten, was nicht erlaubt wurde – es ist auch nichts erlaubt, was nicht angeordnet wurde.   Gabriel Laub

263

In Italien ist alles erlaubt, was nicht verboten ist. In Deutschland ist alles verboten, was nicht erlaubt ist. In England ist alles erlaubt und verboten zugleich. In Rußland ist es verboten, etwas zu erlauben. In Amerika darf man sich nicht erlauben, etwas zu verbieten, und in Frankreich fragt man nicht, ob etwas verboten oder erlaubt ist. Carlo Franchi

Verbrechen

(s. a. Jugendkriminalität, Kriminelle, Kriminologie, Opfer, Viktimologie)

Wenn Armut die Mutter der Verbrechen ist, dann ist Mangel an Verstand ihr Vater. Jean de la Bruyère

Ein Tor ist öfter ein Bösewicht als ein Mann von Geist.

Denis Diderot

Allmählich verliert das Verbrechen seine Romantik. Es wird zur Klassik des Alltags. Stanislaw Jerzy Lec

Man kann feststellen, daß das Verbrechen „bürokratisiert" wird, damit zu einem (mehr oder weniger gesellschaftsfähigen) Geschäft „hochstilisiert" wird mit legalem „Nimbus", bei dem vielfach das Unrechtsbewußtsein schon völlig fehlt.

Robert Harnischmacher

Es gibt amerikanische Fachleute, die in Zukunft mit einem Verschwinden des klassischen organisierten Verbrechens rechnen, weil einerseits die astronomischen kriminellen Profite die Weltwirtschaft tragen und aus der Wirtschaft nicht mehr wegzudenken sind und andererseits die Parias des Mobs in gewöhnliche Kleinkriminalität zurücksinken müssen.

Dagobert Lindlau

Es ist kein Geheimnis, daß das organisierte Verbrechen Amerikas jedes Jahr über vierzig Milliarden Dollar einnimmt. Das ist eine ganz beträchtliche Summe, vor allem, wenn man bedenkt, daß die Mafia sehr wenig für Bürobedarf ausgibt.

WOODY ALLEN

Der Verbrecher, und fast jeder Verbrecher, erleidet im Augenblick des Handelns eine Einbuße an Willen und Verstand, an deren Stelle ein kindlicher, phänomenaler Leichtsinn tritt, und dies geschieht immer gerade in dem Augenblick, wo Verstand und Vorsicht am nötigsten sind.   FJODOR M. DOSTOJEWSKI

Die Quelle jedes Verbrechens ist irgendein Fehler des Verstandes, ein Irrtum im Denken oder eine plötzlich auftretende mächtige Leidenschaft.   THOMAS HOBBES

Wenn es Verbrecher und Diebe aus Gelegenheit gibt, so gibt es ebenso anständige Leute aus Mangel an Gelegenheit.

GEORGES SIMENON

Die ehrbaren Leute sind nichts anderes als Spitzbuben, die das Glück gehabt haben, nicht auf frischer Tat erwischt worden zu sein.   STENDHAL

Man denkt sich den moralischen Unterschied zwischen einem ehrlichen Manne und einem Spitzbuben viel zu groß.

FRIEDRICH NIETZSCHE

Seit die Theorie Lombrosos, daß es geborene Verbrecher gibt, von der Wissenschaft abgelehnt wurde, sind wir alle verdächtig.   GABRIEL LAUB

Man ist bei Beurteilung der Moral von Verbrechern überhaupt sehr anspruchsvoll. Nichtkriminellen läßt man alles mögliche Unmoralische durchgehen, aber bei Übeltätern sieht man streng auf Charakter. ALFRED POLGAR

Ausgestoßene Verbrecher tragen oft mehr Menschlichkeit im Herzen als jene kühlen, untadelhaften Staatsbürger der Tugend, in deren bleichen Herzen die Kraft des Bösen erloschen ist, aber auch die Kraft des Guten. HEINRICH HEINE

Es gibt wohl keinen Menschen in der Welt, der nicht, wenn er um tausend Taler willen zum Spitzbub wird, lieber um das halbe Geld ein ehrlicher Mann geblieben wäre.

GEORG CHRISTOPH LICHTENBERG

Die Mitglieder des organisierten Verbrechens tun das, was sie tun, nicht, weil es verboten ist, weil sie sich langweilen oder gar das kapitalistische System verändern wollen, sondern weil die meisten Geschäfte, die wirklich etwas einbringen, nur außerhalb der Legalität zu finden sind. Wenn man beim Handel mit Käse schneller Geld verdienen könnte als beim Handel mit Kokain, dann wären alle besseren Ganoven in der Molkereibranche tätig und gesetzestreue Bürger.

DAGOBERT LINDLAU

Es gibt Verbrechen, die ihren Charakter verlieren und sogar durch ihren Glanz, ihre Zahl und ihr Ausmaß zu Ruhmestaten werden. Daher kommt es, daß öffentlicher Diebstahl Geschäftstüchtigkeit und ohne Recht Provinzen einnehmen Eroberungen machen heißt. FRANÇOIS DE LA ROCHEFOUCAULD

266

Große Männer verdanken ein Viertel ihres Ruhmes der Kühnheit, zwei Viertel dem Glück und das letzte Viertel ihren Verbrechen.   UGO FOSCOLO

Man spuckt auf einen kleinen Schelm, aber man kann einem großen Verbrecher eine Art Achtung nicht verweigern. Sein Mut setzt Euch in Erstaunen, seine Grausamkeit macht Euch zittern, man ehrt überall die Einheit des Charakters.

DENIS DIDEROT

Wenn die Menschheit Glück hat, reinigt sich das Verbrechen zur Kunst.   STANISLAW JERZY LEC

Jede Zeit hat die Verbrecher, die sie verdient.   GUSTAV RADBRUCH

Sind Verbrechen, die die Rechtsprechung nicht vorgesehen hat, illegal?   STANISLAW JERZY LEC

Verein

Wer sich nicht selbst helfen will, dem können auch die Vereine, dem kann auch Gott nicht helfen.

FRIEDRICH WILHELM RAIFFEISEN

Vereine fördern die Bestrebungen ihrer Mitglieder und stören die der anderen.   ROBERT MUSIL

Wenn der Deutsche grade keinen Verein gründet, umorganisiert oder auflöst, dann hat er einen Prozeß.   KURT TUCHOLSKY

Verein, gemeinnütziger: Steuerfreies Privatunternehmen.

MICHAEL SCHIFF

Verfassung

(s. a. Bundesverfassungsgericht, Grundgesetz, Staat)

Nicht Scharfsinn oder Weisheit einzelner schafft eine Verfassung, sie sind nur ihre Geburtshelfer, – geschaffen wird sie von der allmächtigen Geschichte. GUSTAV RADBRUCH

Die Grundsätze einer freien Verfassung sind unwiderruflich aufgegeben, wenn die gesetzgebende Gewalt von der Regierung eingesetzt wird. EDWARD GIBBON

Soll die Verfassung eines Staates wirklich fest und dauerhaft sein, so muß man darauf achten, daß die Gesetze stets in den gleichen Punkten mit den natürlichen Verhältnissen übereinstimmen. JEAN-JACQUES ROUSSEAU

Man spricht täglich davon, wie nachteilig dem Genie alle allgemeine Regeln und Gesetze seien, und wie sehr sie die neuern durch einige wenige Ideale gehindert werden, sich über das Mittelmäßige zu erheben; und dennoch soll das edelste Kunstwerk unter allen, die Staatsverfassung, sich auf einige allgemeine Gesetze zurückbringen lassen; sie soll die unmannigfaltige Schönheit eines französischen Schauspiels annehmen, und sich wenigstens im Prospect, im Grundriß und im Durchschnitt auf einem Bogen Papier vollkommen abzeichnen lassen, damit die Herrn beim Department mit Hülfe eines kleinen Maßstabs alle Größen und Höhen sofort berechnen können. JUSTUS MÖSER

Die Verfassung eines Staates bedarf der Elastizität, sie büßt sie ein, wenn alles durch starre und sozusagen unbiegsame Gesetze geregelt wird. JOSEPH JOUBERT

Die Verfassung eines Staates sollte so sein, daß sie die Verfassung des Bürgers nicht ruiniere. STANISLAW JERZY LEC

Die Verfassung ist ein Mittel, das sicherstellen soll, daß die Herrschenden die Macht nicht mißbrauchen.

JOHN STUART MILL

Wenn einem Anwalt gar nichts mehr einfällt, dann bleibt manchmal als letztes die Verfassung oder gar der Geist der Verfassung. Wenn die Verfassung bemüht wird, weil der die Wurst bezahlen soll, der sie gegessen hat (statt desjenigen, der sie bestellt hat), oder weil sich aus dem geltenden Recht beim besten Willen keine Anspruchsgrundlage oder eine Einwendung gegen einen Anspruch herleiten läßt, dann heißt das nicht nur mit Kanonen auf Spatzen schießen, sondern die Kanonen sind noch dazu nicht mit Kugeln, sondern mit Seifenblasen oder faulen Tomaten geladen. HANS JAKOB MAIER

Vergleich

(s. a. Kompromiß, Prozeß)

Es ist eine manchmal bedrückende Tatsache, daß man den Vergleich am schlechtesten dann erreicht, wenn man sich intensiv um ihn bemüht, d. h. ihm nachläuft, und daß man so häufig den Frieden am besten wieder herstellt, wenn man zunächst die Zähne zeigt. HANS FRANZEN

Man weiche auf alle mögliche Weise jedem Prozesse aus und vergleiche sich lieber, auch bei der sichersten Überzeugung von Recht, gebe lieber die Hälfte dessen hin, was uns ein andrer streitig macht, bevor man es zum Schriftwechsel kommen lasse. ADOLPH FREIHERR VON KNIGGE

Besser ein magerer Vergleich als ein fetter Prozeß!

KARL JULIUS WEBER

Aus diesem inneren Widerspruch zwischen Zweck und Resultat der Jurisprudenz ist ferner jene sonderbare Empfehlung und Begünstigung der Vergleiche hervorgegangen…Was würde man zu einem Mathematiker sagen, den zwei Personen um die Auflösung ihrer gegenseitigen Berechnungen angehen, wenn er ihnen einen Vergleich anmuten wollte, weil die Berechnung zu langwierig, zu unsicher sei?

JULIUS HERMANN VON KIRCHMANN

Überhaupt kann der Vergleich mit seinen unbegrenzten Nuancierungsmöglichkeiten Einzelumstände und Imponderabilien ganz anders berücksichtigen als das Urteil, das nur ein Ja oder Nein kennt. Im Grundsatz abwegig ist auch die Besorgnis, der Richter könne Würde und Autorität seines Amtes gefährden, wenn er sich mit den Parteien und Anwälten auf ein Argumentieren einließe. In aller Regel werden die Parteien dankbar sein, wenn der Richter sich an ihrer Auseinandersetzung beteiligt, auf Zweifel aufmerksam macht und zur Klärung beiträgt, die den Parteien schließlich selbst einen Vergleich als angemessene Lösung erscheinen läßt.

GERHARD ERDSIEK

Der gerichtliche Vergleich hat eine beträchtliche kulturelle Bedeutung. Das Imponderabile ist doch gewogen worden. Jeder ist Sieger. Und der Richter ist der große Friedensstifter. Wer wollte angesichts dessen so kleinlich sein, einem nichtgeschriebenen berufungsfähigen Urteil eine Träne nachzuweinen?

HANS MARTIN SCHMIDT

Der Vergleich ist der Coincidenzpunkt einer derartigen, von beiden Seiten angestellten Wahrscheinlichkeitsberechnung

270

und unter den Prämissen, wie ich sie hier voraussetze, das richtigste Lösungsmittel des Streites. Wenn er dennoch oft so schwer zu erzielen ist, ja wenn beide Partheien nicht selten von vornherein alle Vergleichsunterhandlungen ablehnen, so hat dies nicht bloss darin seinen Grund, dass die beiderseitigen Wahrscheinlichkeitsberechnungen zu weit auseinander gehen, um sich treffen zu können, sondern dass jeder der streitenden Theile bei dem anderen bewusstes Unrecht, böse Absicht voraussetzt.

RUDOLF VON IHERING

Verkehrszeichen
(s. a. Straßenverkehr)

Wer führt Statistik darüber, wieviel Unfälle durch Warnschilder und Wegweiser passieren?

STANISLAW JERZY LEC

Wir sind heute dahin geraten, daß man sich nicht zuletzt durch Befolgung der Straßenverkehrsregeln in Lebensgefahr bringen kann.

GERHARD MAUZ

Schilder verhängen aber keine Strafe und sie erteilen keine Belohnungen. Sie bremsen nicht, sie schießen nicht, und der rücksichtslose Autofahrer mißachtet sie doch.

WERNER FINCK

Rücksichtsvolle Autofahrer verringern die Geschwindigkeit, wenn sie an einem Stop-Schild vorbeifahren.

ROBERT LEMBKE

Wegweiser verwandeln Chausseen in Labyrinthe.

STANISLAW JERZY LEC

Verleumdung

(s. a. Beleidigung, üble Nachrede)

Die Tochter des Neides ist die Verleumdung.

GIACOMO CASANOVA

Du willst dich dafür rächen, daß dich einer verleumdete? Sprich die Wahrheit über ihn, und ihr seid quitt geworden.

ARTHUR SCHNITZLER

Die Verleumdung ist wie die Wespe, die uns lästig umschwärmt. Man darf nicht nach ihr schlagen, wenn man sie nicht sicher tötet, sonst greift sie noch wütender an als zuvor.

CHAMFORT

Die schweigende Verachtung, mit der man einer Verleumdung oder Unbill begegnet, ist gewöhnlich ein heilsameres Gegenmittel als Empfindlichkeit, Zwist oder Rache.

FRANZ VON SALES

Verleumdungen sind die Krankheiten anderer, die an deinem Leibe ausbrechen.

FRIEDRICH NIETZSCHE

Nichts macht die Menschen vertrauter und gegeneinander gutgesinnter als gemeinschaftliche Verleumdung eines dritten.

JEAN PAUL

Verlöbnis

(s. a. Ehe, Heirat)

Viele Verlobungen enden glücklich, aber einige führen doch zur Ehe.

ROBERT LEMBKE

Die Verlobung verhält sich zur Hochzeit wie das Manöver zum Krieg.   WERNER MITSCH

Eine Verlobung ist bedingte Verurteilung zu lebenslänglicher Doppelhaft mit vorläufigem Strafaufschub. AUGUST STRINDBERG

Ich bin nicht für lange Verlobungen. Sie geben den Leuten Gelegenheit, vor der Ehe einer des anderen Charakter zu ergründen, was ich nie und nimmer für ratsam halte.

OSCAR WILDE

Versicherung

Versicherungsbetrug ist keine Einbahnstraße. Viel häufiger fühlt sich der Versicherte betrogen.   OLIVER HASSENCAMP

§ 242, Diebstahl. Dieser Paragraph regelt, daß ein Mensch nicht ungestraft bestohlen werden darf, außer wenn es sich bei dem Täter um ein Versicherungsunternehmen handelt.

WERNER KOCZWARA

In der deutschen Rechtsprechung existiert nur der Versicherungsbetrug, der vom Versicherten ausgeht.   WERNER MITSCH

Jemand schließt eine hohe Feuerversicherung ab, um irgendwann zu zündeln. Daß Versicherungen die Unglücke auslösen, zu deren Schutz sie gedacht sind, kommt als kriminelle Nebenwirkung vor, ist aber nicht als Hauptzweck gedacht – außer bei einer, der Rechtsschutzversicherung. Ursprünglich nicht gewollt, ist sie zum Instrument der Streitlust und Prozeßfreudigkeit geworden; ihr Mißbrauch ist dem Gebrauch ebenbürtig. In einem Land, dem der Rechtsfrieden lieb ist, dürfte es sie nicht geben. JOHANNES GROSS

Versicherung, Sie haben mir ja vor der Ausraubung Ihres Kastells nicht geglaubt, daß Sie unterversichert sind, hätten auch die Versicherungsbedingungen mal genauer lesen sollen; schließlich dient Ihre Versicherung nicht dazu, Ihnen das Risiko abzunehmen, sondern Ihre Prämie gewinnbringend in den Bau städtischer Parkhäuser des Versicherers zu investieren. ERNST TEUBNER

Versicherungen arbeiten nach dem Eheprinzip: Großzügig in der Offerte; im Schadensfall möglichst kleinlich.
OLIVER HASSENCAMP

Verteidiger

(s. a. Advokat, Pflichtverteidiger, Plädoyer, Rechtsanwalt)

Der Richter muß sich bemühen, die Wahrheit objektiv nach allen Richtungen in vollem Umfange zu ergründen. Der einseitig für seine Mandanten ausgerichtete Verteidiger sieht dagegen die Wahrheit nur im Profil. HANS DAHS

In unseren Prozessen, wenigstens in Kriminalfällen, besteht die Verteidigung gewöhnlich im Leugnen. CICERO

Komplize: Jemand, der durch Kenntnis oder Mitwirkung am Verbrechen eines anderen beteiligt ist; wie ein Anwalt, der einen Verbrecher verteidigt, obwohl er weiß, daß dieser schuldig ist. Diese Beurteilung der Rolle eines Anwalts fand bislang nicht die Zustimmung der Anwälte, da ihnen niemand ein Honorar für ihre Zustimmung angeboten hat. AMBROSE BIERCE

Den Verteidiger sieht der Angeklagte unter den Prozeßbeteiligten als seinen einzigen Freund an. Von ihm erwartet er alles. Er sieht, daß der Verteidiger als rechtskundiger Anwalt die ihm fremde Sprache des Gerichts versteht und daß er dort Ohr und Mund hat. Darin ruht ein Teil des Vertrauens des rechtsunkundigen Angeklagten. HANS DAHS

Der unabhängigste Spezialist ist der „consigliere", der auf den Mob spezialisierte Verteidiger und Anwalt. Wie im legalen Geschäft haut er seine Mandanten nicht nur hinterher heraus, sondern sagt ihnen vorher, was sie zu tun und zu lasssen haben, damit sie später vor Gericht gut abschneiden. Er versteht es, die Skrupel eines Rechtsstaats für die kriminellen Zwecke seiner Mandanten auszubeuten. Selbst aus dem besten Gesetz gegen die Unterwelt quetscht er noch einen Vorteil für den Mob heraus. DAGOBERT LINDLAU

Verteidigung ist Kampf – ein von Strafverteidigern und Richtern gleichermaßen und oft mißverstandenes Wort! Gemeint ist der „Kampf" um das Recht mit den Mitteln des Rechts – nicht der Kampf bis auf's Messer, in dem mit den „Waffen" der StPO der Versuch unternommen wird, die Strafrechtspflege in Gestalt des einzelnen Strafprozesses zu paralysieren. Ebensowenig ist die Strafprozeßordnung allerdings ein Zuchtmittel, um unbequeme Verteidiger zur Raison zu bringen, d. h. sie mit ihren als verfahrenshemmend empfundenen Anträgen, Beanstandungen, Fragen und Vorhaben zurückzustutzen oder gar auszuschalten. HANS DAHS

Wer das Falsche verteidigen will, hat alle Ursache, leise aufzutreten und sich zu einer feinen Lebensart zu bekennen. Wer das Recht auf seiner Seite fühlt, muß derb auftreten; ein höfliches Recht will gar nichts heißen.

JOHANN WOLFGANG VON GOETHE

Anmaßende Rede verlangt eine starke Persönlichkeit und starke Argumente. Beschwichtigender Tonfall ist meist fehl am Platze, und schon ganz und gar ein unterwürfiger. Der Verteidiger verteidigt mit dem verworfensten Angeklagten immer auch das Recht und dieses bedarf keiner Entschuldigung.   HANS JAKOB MAIER

Erweist sich die Anklage nach der begründeten Auffassung der Verteidigung als untragbar und hält der Staatsanwalt trotzdem an ihr fest, dann verlangt die Gerechtigkeit einen entschiedenen Einsatz, eine scharfe Widerlegung und Anprangerung der Schwächen. Bei aller Wahrung der äußeren Form kann es in der Sache hier keine zurückhaltende Reserve geben. Hier wäre ein höfliches Recht überhaupt kein Recht.   HANS DAHS

Wenn man die Verteidigung nicht widerlegen kann, tadelt man die Art derselben.   JEAN PAUL

Diese überheblichen Richter schauen auf den Verteidiger „von oben herab". Das ist ungefähr die Vorstellung eines Autofahrers, der auf den Radfahrer und Fußgänger wie auf Angehörige einer minderen Rasse hinabblickt.   HANS DAHS

Gerichte verkennen oft, daß der Verteidiger mehr noch als jedes andere Organ der Rechtspflege ein Gesetzeswächteramt ausübt und überall da einer Verurteilung entgegentreten muß, wo die letzte Voraussetzung dafür fehlt.   HANS DAHS

Es ist wohlfeil, Verteidigern Handlungsstrategien vorzuwerfen, die im Ergebnis auf eine Verhinderung der Strafrechtspflege hinauslaufen, ohne zu fragen, was solche Strategien ermöglicht. Kann man es Verteidigern verdenken, daß sie die rechtlichen Möglichkeiten, die ihnen zur Verfügung stehen, ausschöpfen? Sie tun damit nur ihre Pflicht im Verhältnis zu ihren Mandanten.

RUDOLF WASSERMANN

Verteidiger ohne eine gehörige Portion Selbstvertrauen sind nicht denkbar. Aber letzten Endes bleibt auch ihnen nach dem Plädoyer nichts anderes übrig, als zu warten, wie sich Gesetz, Gerechtigkeit und Billigkeit auspendeln. Und wenn sie Wind machen, müssen sie nur ein wenig länger warten.

HANS MARTIN SCHMIDT

Es entspricht im übrigen einem natürlichen Gefühl des Menschen und besonders eines Richters, den Schwachen gegen den Starken zu schützen. Ein schlecht oder gar nicht verteidigter Angeklagter kann unter Umständen im Vorteil sein gegenüber einem anderen wohlhabenden Angeklagten, der einen berühmten und besonders geschickten Verteidiger oder gar mehrere Verteidiger hat, gegen deren Übermacht das Gericht den Ausgleich sucht.

HANS DAHS

Vertrag

Wenn man einem Menschen trauen kann, erübrigt sich ein Vertrag. Wenn man ihm nicht trauen kann, ist ein Vertrag überflüssig.

PAUL GETTY

Wenn ein Deutscher einen Vertrag unterschrieben hat, ist der Vorfall für ihn erledigt, und er ist höchst erstaunt, wenn er ihn nun auch noch erfüllen soll. Dann gibt es ein großes Lamento und viel Geschrei der Rechtsanwälte. Aber er unterschreibt jeden Vertrag. Es sind großzügige Leute.

KURT TUCHOLSKY

Deshalb ist es schon lange nicht mehr so, daß die Wirtschaftspraxis den Juristen etwa so ansieht wie die Mediziner den Pathologen: als postmortalen Besserwisser, der es nur mit schiefgelaufenen Fällen zu tun hat. Man weiß inzwischen, daß es nicht leicht ist, in einem Vertrag die Zukunft zu gestalten.

HARM PETER WESTERMANN

Trotzdem – es gibt immer noch Unternehmen, die nicht daran denken, den Portier, weil er am Eingang sitzt, mit der Einstellung neuer Arbeitskräfte zu betrauen, die aber weitreichende Verträge von dem zuständigen Abteilungsleiter fertigen lassen, weil dieser die technischen Fragen kennt. Es sind Verträge, die, wenn man sie im Streifall sieht, einem Kursbuch in das Reich der Unordnung gleichen, und die, wenn sie einem zufällig in die Hand kommen, nachdem alles gut gegangen ist, wieder an das Gute im Menschen glauben lassen.

HANS JAKOB MAIER

Verwaltung

(s. a. Beamte, Bürokratie)

Regierungstätigkeit ist Politik en gros; Verwaltungstätigkeit ist Politik en détail.

LOTHAR SCHMIDT

Treffen Einfalt und Gründlichkeit zusammen, entsteht Verwaltung.

OLIVER HASSENCAMP

Monarchien, Diktaturen und Demokratien vergehen, der Verwaltungsstil eines Volkes bleibt davon unangefochten.

GÜNTHER FELIX

Das Wort Selbstverwaltung hat einen genauen Sinn. Es bezeichnet, was die Verwaltung hauptsächlich tut.

JOHANNES GROSS

Verwaltungssprache, Kauderwelsch, mit dem, daß in Anbetracht dessen, daß im Hinblick auf den daseinsvorsorgenden Handlungsbedarf die im Raum stehenden Probleme ständig hinterfragt werden müssen, der verwaltete Mensch, in Sonderheit infolge der Bürgernähe der Verwaltung, zu bürokratisieren ist. ERNST TEUBNER

Die exakte Einhaltung der Formen ist das A und O der Verwaltung. Gehässige Kritiker sprechen in diesem Zusammenhang gelegentlich vom „Sieg des Buchstaben über den Geist". Das ist nicht einmal die halbe Wahrheit. In Wirklichkeit geht es um etwas ganz anderes: Je irrationaler die Verwaltung ist, um so weniger ist der Inhalt ihrer Tätigkeit relevant. Die exakte Einhaltung der Form wird zu ihrer eigentlichen Existenzgrundlage. MICHAEL BENJAMIN

Die Verwaltung ist durch den Umfang ihrer Reglementierung in der Gefahr, bürokratisch zu erstarren, soweit sie es nicht schon ist. Die Verwaltungskunst, die im wesentlichsten eine Kunst der Menschenbehandlung ist, erschöpft sich meist immer noch in papierner Gesetzesanwendung.

HANS HÄMMERLEIN

Um besser zu verwalten, sollte man weniger verwalten.

MONTESQUIEU

Der verwaltende Staat, die Bürokratie, ist in der Öffentlichkeit unbeliebt. Der Jurist ist, unabhängig davon, als solcher schon nicht besonders beliebt. Der Verwaltungsjurist hat also eine doppelte Geringschätzung zu tragen, die des Bürokraten und die zusätzliche des formalistischen Paragraphenreiters.

HANS-GERHART NIEMEIER

Das Ethos des Beamtentums hat in den letzten Jahrzehnten stark gelitten. Wenn es wieder gelingen sollte, ein Berufsethos der Staatsdiener zu bilden, so wird dies nur möglich sein, wenn man versucht, die letzten Reste von Berufsethos, die bei den Verwaltungsjuristen noch vorhanden sind, zu pflegen, zu stärken und wieder zu nachhaltigerem Einfluß zu bringen. HANS-GERHART NIEMEIER

Die Verwaltungsjuristen sind die Erfinder jener Einbahnstraßen, auf denen für normale Sterbliche nur die Ochsentour möglich ist. HANS MARTIN SCHMIDT

Ein Verwaltungsapparat gleicht einem Verdauungssystem nicht nur darin, daß beide eine Menge Eingaben erhalten, die verschiedene Organe durchlaufen, sondern auch in dem, was schließlich dabei herauskommt. RON KRITZFELD

Verwandtschaft

(s. a. Familie)

Die Verwandtschaft ist eine Plage, die der liebe Gott sonst ganz gesunden Menschen auferlegt hat, damit sie nicht zu übermütig werden! KURT TUCHOLSKY

Verwandtschaften werden in Graden angegeben. Wie Verbrennungen. WERNER MITSCH

Verwandte: Menschen, die wir besuchen, sofern sie reich sind, und die uns besuchen, sofern sie arm sind.

AMBROSE BIERCE

Verwandt kommt recht häufig von Verwendung.

FRIEDL BEUTELROCK

Viktimologie
(s. a. Opfer, Verbrechen)

Die Leute, die sich belügen lassen, sind gefährlicher als diejenigen, die belügen; und die Leute, die sich verderben lassen, schändlicher, als die Verderber es sind. Denn es ist ein psychologisches Gesetz, daß die Dummen und die Schwachen, keineswegs ganz unbewußt, nach den Leuten auf der Suche sind, von denen sie Lüge und Verderbnis erwarten und nicht eher ruhen, als bis sie sie gefunden haben. ARTHUR SCHNITZLER

Die Menschen sind so einfältig und hängen so sehr vom Eindruck des Augenblicks ab, daß einer, der sie täuschen will, stets jemanden findet, der sich täuschen läßt.

NICCOLÒ MACHIAVELLI

Zu einem Mord gehören zwei. Es gibt geborene Opfer, die dazu geschaffen sind, daß man ihnen den Hals abschneidet, wie die Halsabschneider dazu geboren sind, daß man sie aufhängt. Man kann es in ihrem Gesicht lesen. ALDOUS HUXLEY

Vorfahrt

Mit dem Führerschein erwirbt der Deutsche sein gutes Recht auf Vorfahrt. WERNER MITSCH

Der größte Aberglaube unserer Zeit ist der Glaube an die Vorfahrt. JACQUES TATI

Vorfahrt, haben Sie immer ein Recht drauf, macht sich gut als Schlußsequenz bei Grabreden: „Und so sind wir guter Dinge,

281

daß unser Clubfreund auch dort droben immer sein Vorfahrtrecht durchsetzen wird."
ERNST TEUBNER

Vorsatz

Der denkende Mensch neigt zu Vorsätzlichkeiten.
WERNER MITSCH

Kein Mensch hat sich vom Naturgesetz so weit entfernt und sein Menschentum verleugnet, daß er vorsätzlich böse wäre. Jeder würde es vorziehen, die Früchte seiner Gemeinheit zu genießen, ohne gemein zu sein.
SENECA

Ich glaube, daß die „Tarnung der eigenen Absicht vor sich selbst" bei vielen Tötungsdelikten – wahrscheinlich auch bei anderen, harmloseren Taten – eine große Rolle spielt.
REINHART LEMPP

Vorstrafe
(s. a. Strafe)

Je mehr Arznei der Kranke bekommt, umso sicherer stirbt er – je mehr Vorstrafen der Verbrecher erlitten hat, umso sicherer ist sein Rückfall.
GUSTAV RADBRUCH

Keiner sollte ausschließlich nach seiner Vergangenheit beurteilt werden.
OSCAR WILDE

Das Vorleben der Angeklagten wird von unseren Richtern aus Gerechtigkeitsgründen sorgfältig aufgedeckt, während sie das eigene mit ihrer Robe zudecken.
SIGMUND GRAFF

282

Vorurteil

Die Vorurteile sind sozusagen die Kunsttriebe der Menschen; sie tun dadurch vieles, das ihnen zu schwer werden würde, bis zum Entschluß durchzudenken, ohne alle Mühe.

GEORG CHRISTOPH LICHTENBERG

Viele Vorurteile hat der Mensch „mitbekommen". Sie sind ihm so selbstverständlich wie die Weise, beim Essen den Mund aufzumachen. Volkstum, Familie, Stand, Gesellschaftsform, kulturelle Auffassungen. Sie sind unübersehbar; immer wieder werden neue Wissenschaften neue Dependenzen dieser Art entdecken. Wenn es nach *C. G. Jung* sogar Archteypen gibt, die dem Menschen im Schlaf vorkommen, wieviel verständlicher ist es, anzunehmen, daß er sich auch bei seinem Denken in geprägtem Feld mit seinen Absteckungen bewegt.

CARL AUGUST EMGE

Vorurteile sind die Stützen der Zivilisation.

ANDRÉ GIDE

In der Meinung, Vorurteile auszujäten, reißen manche Leute Tugend, Ehrlichkeit und Religionen aus.

JONATHAN SWIFT

Das Vorurteil ist das Kind der Unwissenheit.

WILLIAM HAZLITT

Vorurteile nisten sich in einem Teil unseres Geistes ein und verpesten den ganzen Rest.

NICOLAS DE MALEBRANCHE

Vorurteile sind die Vernunft der Narren.

VOLTAIRE

Vorurteile sterben ganz langsam, und man kann nie sicher sein, daß sie auch wirklich tot sind.　　　JULES ROMAINS

Erfahrungen sind die beste Schutzimpfung gegen Vorurteile.
　　　HEINZ HILPERT

Die meisten Vorurteile stammen bereits in erster Instanz aus zweiter Hand.　　　GERHARD UHLENBRUCK

Ein Urteil läßt sich widerlegen, aber niemals ein Vorurteil.
　　　MARIE VON EBNER-ESCHENBACH

W

Waffen

Die Sicherheitsbehörden konzentrieren sich auch bei uns auf die Kontrolle der am leichtesten zugänglichen Bereiche. Da sie den Mob nicht entwaffnen können, entwaffnen sie die Bürger. Je mehr die Unterwelt aufrüstet, desto strenger werden die Waffengesetze für Leute, die dumm genug sind, eine Behörde zu fragen, bevor sie sich eine Kanone kaufen.

DAGOBERT LINDLAU

Waffen, Produkte erhabensten menschlichen Erfindergeistes zur Bekämpfung fremden Widerstandes und zur eigenen Vernichtung.

ERNST TEUBNER

Nur *ein* Wesen hat Waffen, die nicht an seinem Körper gewachsen sind, von denen deshalb auch der Leistungsplan seiner angeborenen arteigenen Verhaltensweisen nichts weiß, für deren Gebrauch es keine entsprechend machtvolle Hemmung bereitliegen hat: Dieses Wesen ist der Mensch.

KONRAD LORENZ

Hätte der Mensch seine alten Hauer und Klauen behalten, könnte er heute auf die Atombombe verzichten.

STANISLAW JERZY LEC

Die Viecherei bleibt dieselbe, ob man sich heut mit Gewehr und Chassepot zu Leibe geht oder wie vor längeren Jahren und Jahrtausenden seinen Stein in die Schleuder legt und sich den an die Köpfe wirft.

WILHELM RAABE

Die Menschheit wird eben ganz offensichtlich nicht gescheiter, aber das macht im Grunde nichts, denn als Ausgleich werden neuerdings ja die Waffen immer intelligenter. Wobei ich davon ausgehe, daß bei den Waffen der künftigen Generation eine Sperre angebracht wird: bei einem IQ von 25 ist Schluß!

WERNER KOCZWARA

Man kann mit einer geladenen Pistole umgehen, man kann mit einer ungeladenen Pistole umgehen, aber man kann mit keiner Pistole umgehen, von der man nicht weiß, ob sie geladen oder ungeladen ist.

FRIEDRICH HEBBEL

Wahlrecht

(s. a. Demokratie)

Demokratie heißt die Wahl haben. Diktatur heißt vor die Wahl gestellt sein.

JEANNINE LUCZAK

Ich werde die wählen, die mir keinen Ärger machen, wenn ich sie nicht wähle.

WERNER FINCK

Wählen heißt nicht Bekennen, sondern Entscheiden, welche Partei regieren soll.

GUSTAV RADBRUCH

Im Altertum ging man davon aus, daß die öffentliche Wahl den Sinn habe, durch Mehrheitsentscheidung den Geeignetsten auf eine bestimmte Stelle zu berufen; unser heutiges Wahlrecht begnügt sich mit der Mehrheit.

ERNST TEUBNER

Das allgemeine Wahlrecht in einem gleichgültigen Land läuft immer darauf hinaus, die Macht in die Hände deklassierter Schwätzer zu legen.

HIPPOLYTE ADOLPHE TAINE

Wahrheitspflicht

(s. a. Aussage, Lügen)

Sehr viele Menschen leben davon, daß die Wahrheit auf Erden so schwer zu finden ist: die Detektive, Rechtsanwälte, Richter, Schriftsteller, Philosophen, Geistliche und viele andere.
GEORGES SIMENON

Um die Wahrheit zu finden, zieht man in Frankreich etwas ab, in Deutschland fügt man etwas hinzu und in England wechselt man das Thema.
PETER USTINOV

Die Wahrheit, die in einen Gerichtssaal gelangt, ist nicht die nackte Wahrheit, sondern die Wahrheit in Gerichtskleidung, die alle ihre weniger anständigen Teile verhüllt.
BERTRAND RUSSELL

Man kann der Wahrheit unmöglich alle Ehre geben – etwas davon muß man schon für sich behalten.
HELLMUT WALTERS

Manch einer wiederholt seine Lügen so lange, bis sie ihm als Wahrheit erscheinen.
FRIEDL BEUTELROCK

Wahrheitsliebe ist die seltenste aller amourösen Bindungen.
ALFRED POLGAR

Wahrheitsliebe heißt nicht, die Wahrheit sagen, sondern die Absicht, sie mitzuteilen.
SAMUEL TAYLOR COLERIDGE

Nur in dem, was wir uns ausdenken, können wir ganz genau und ganz ehrlich sein.
JOHANNES GROSS

Zwei so verschiedenen Herren wie der Welt und der Wahrheit, die nichts als den Anfangsbuchstaben gemein haben, läßt sich zugleich nicht dienen. ARTHUR SCHOPENHAUER

Weingesetz

Der Wein ist unter den Getränken das nützlichste, unter den Arzneien die schmackhafteste, unter den Nahrungsmitteln das angenehmste. PLUTARCH

Wenn die Rhein- und Mosel-Weine gut sein sollen, so ist es nötig, daß so wenig vom Rhein und der Mosel selbst hinein-fließe, als möglich ist. GEORG CHRISTOPH LICHTENBERG

Meist ist die Wahrheit, die im Wein liegt, auch nichts anderes als die Maske in Blau. HELLMUT WALTERS

Wahrheit und Wein – die besten Objekte für Etikettenschwin-del. GABRIEL LAUB

Wertpapier

Nennwert, das, was ein Wertpapier nie wert ist. ERNST TEUBNER

Wertpapier: Los in der Börsenlotterie. MICHAEL SCHIFF

Kurssturz: Wertpapier auf dem Weg zu seinem Papierwert. RON KRITZFELD

Wettbewerbsrecht

Jemand, der aufhört zu werben, um Geld zu sparen – könnte genau so gut seine Uhr stehen lassen, um Zeit zu sparen.

Henry Ford

Wettbewerb ist ein unverzichtbarer Bestandteil der Marktwirtschaft, nicht als formales Ritual, sondern als tatsächlicher Verhaltenszwang. Wettbewerb setzt jene Kräfte frei, die technischen und ökonomischen Fortschritt bewirken; er sorgt zugleich dafür, daß wirtschaftliche Erfolge nicht zu pfründenreichen Erbhöfen führen, sondern ständig verteidigt und neu erarbeitet werden müssen.

Alfred Herrhausen

Wer nicht wirbt, verdirbt. Wer wirbt, verdirbt den anderen.

Helmar Nahr

Daß Wettbewerb unlauter sei, wird den Deutschen schon vom Gesetz nahegelegt.

Johannes Gross

Werbung ist vor allem deshalb nicht strafbar, weil jedermann wissen kann und eigentlich sogar wissen muß, daß es der Sinn der Werbung ist, die guten Eigenschaften einer Ware bis in den Bereich des Schwindels hinein zu übertreiben und die Nachteile zu unterschlagen. ... Die Werbung, also die Täuschung des Kunden, ist erlaubt, weil der Getäuschte wissen muß, daß er getäuscht wird.

Dagobert Lindlau

Wucher

(s. a. Zinsen)

Wucher: Zeitgemäße Preisgestaltung.

Michael Schiff

Das Gesetz gegen den Wucher dient sowohl dem Schutz der Gläubiger wie auch der Schuldner; denn wäre da keine Kontrolle, würden die Leute durch die Verlockung hoher Zinsen dazu neigen, an verzweifelte Leute zu verleihen, wodurch sie dann ihr Geld verlieren würden. SAMUEL JOHNSON

Z

Zensur

(s. a. Pressefreiheit)

Die Zensur ist die jüngere von zwei schändlichen Schwestern,
die ältere heißt Inquisition. JOHANN NEPOMUK NESTROY

Die Zensur ist der Maulkorb für den Menschen. ŽARKO PETAN

Der französische Stil wurde vom Bemühen um Klarheit
geprägt, der deutsche vom Bemühen, unbeanstandet durch
die Zensur zu kommen. MANFRED ROMMEL

Ein Zensor ist ein Mensch gewordener Bleistifter oder ein
bleistiftgewordener Mensch, ein fleischgewordener Strich
über die Erzeugnisse des Geistes, ein Krokodil, das an den
Ufern des Ideenstromes lagert und den darin schwimmenden
Literaten die Köpf' abbeißt. JOHANN NEPOMUK NESTROY

Racheakt lesekundiger Analphabeten – Zensur.

HANS-HORST SKUPY

Wer einen Menschen tötet, der tötet ein vernünftiges Wesen,
ein Ebenbild Gottes. Derjenige aber, der ein gutes Buch vernichtet, tötet die Vernunft selbst, tötet Gottes Ebenbild sozusagen im Keime. JOHN MILTON

Dort, wo man Bücher verbrennt, verbrennt man auch am
Ende Menschen. HEINRICH HEINE

Zeuge

(s. a. Aussage, Beweiswürdigung, Lügen, Wahrheitspflicht)

Die Menschen können nicht sagen, wie sich eine Sache zugetragen, sondern nur, wie sie meinen, daß sie sich zugetragen hätte. GEORG CHRISTOPH LICHTENBERG

Der Zeuge gilt im Volke als verläßlichstes Beweismittel. Dabei wird er an Unzuverlässigkeit allenfalls vom Wahrsager übertroffen. HANSJÖRG STAEHLE

Die Behauptung, der Zeugenbeweis sei der schlechteste aller Beweise, geht an der Wirklichkeit vorbei. Der Zeugenbeweis ist nur ein Begriff, der, wenn man ihn leichtfertig mit der Wahrheit identifiziert, das schlimmste Unheil anrichten kann. Der Zeuge ist oft kein Beweismittel, sondern ein Betrugsmittel, das die Bezeichnung Beweismittel nicht mehr verdient.

HANS JAKOB MAIER

Wenn ein Geschehen durch eines einzigen Zeugen Mund bekannt ist, so vertraut man ihm, ohne lange zu schwanken. Ratlos wird man erst, wenn die Ereignisse von zwei oder mehr Zeugen geschildert werden; denn ihre Aussagen widersprechen einander stets und sind stets unverträglich.

ANATOLE FRANCE

Manche verwechseln den Prozeß mit einem Pferderennen. Die Zeugen sind die Rennpferde und, wer die besten Pferde hat, gewinnt. HANS JAKOB MAIER

Zinsen

(s. a. Gläubiger, Kredit, Schulden, Wucher)

Undurchsichtige Zinsabsprachen hat der BGH als unwirksam gebrandmarkt, worauf die an den Rand des Konkurses getriebenen Kreditinstitute sofort mit der Erhöhung ihrer Zinssätze reagierten.   ERNST TEUBNER

Zinsen arbeiten Tag und Nacht, bei guten und bei schlechtem Wetter. Sie nagen mit unsichtbaren Zähnen an der Substanz eines Mannes.   HENRY WARD BEECHER

Züchtigungsrecht

Von der Rute habe ich noch keine andere Wirkung beobachtet, als daß sie die Seelen schlaff und feige oder heimtückisch und starrsinnig macht.   MICHEL DE MONTAIGNE

Wo geprügelt wird, geht die Erziehung am Stock.
                                           WERNER MITSCH

Ein Vater sagt: Der verfluchte Junge macht es gerade so wie ich, ich will ihn prügeln, daß er des Teufels wird.
                              GEORG CHRISTOPH LICHTENBERG

Jemanden oft prügeln, heißt, ihm aus seiner eignen Haut einen Panzer schmieden.   FRIEDRICH HEBBEL

So ist es auch nicht verwunderlich, daß wir unter den Eltern, die wegen Kindesmißhandlung angezeigt werden, regelmäßig Menschen finden, die ihrerseits in ihrer Kindheit mißhandelt worden sind. Sie mißhandeln auch ihre Kinder wieder, nicht weil sie Sadisten wären, sondern weil sie eine andere Reaktions- und Bewältigungsweise nie erfahren und gelernt haben.

REINHART LEMPP

Zugewinnausgleich

Scheidung ist heute ein Vergnügen! Es soll Eheleute geben, die allein wegen des Zugewinnausgleichs einander mehrmals heiraten, um bei der Scheidung die Richter beim Rechnen zu beäugen (alle Richter können heutzutage gut rechnen, weil ihre Besoldungsämter das nicht schaffen). ERNST TEUBNER

Die kluge Hausfrau weiß, daß es manchmal nötig ist, sich von einem Mann scheiden zu lassen, um an sein Geld zu kommen. ROBERT LEMBKE

Früher wurden Ehebrecherinnen gesteinigt: Heute können sie mit etwas Geschick steinreich werden. WERNER MITSCH

Evas Eröffnung: Sie finde sich nicht länger ab mit mir. Jetzt lasse sie sich abfinden. RUPERT SCHÜTZBACH

Autorenverzeichnis

Abs, Hermann J., 1901–1994, dt. Bankier

Achard, Marcel, 1899–1974, franz. Dramatiker und Drehbuchautor

Adenauer, Konrad, 1876–1967, dt. Jurist und Politiker, Oberbürgermeister von Köln 1917–1933, erster Bundeskanzler der Bundesrepublik Deutschland 1949–1963

Aguesseau, Henri François d', 1668–1751, franz. Rechtsgelehrter und Politiker

Aischylos, 525–456 v. Chr., griech. Dichter

Allen, Woody, eig. Allen Stewart Konigsberg, *1935, US-amerik. Filmregisseur, -autor und -schauspieler

Anouilh, Jean, 1910–1987, franz. Dramatiker

Aristoteles, 384–322 v. Chr., griech. Philosoph

Arndt, Hans, *1911, dt. Schriftsteller und Aphoristiker

Auerbach, Berthold, eig. Moses Baruch Auerbacher, 1812–1882, dt. Schriftsteller und Historiker

Augustinus, (Aurelius), 354–430, lat. Kirchenlehrer karthag. Herkunft

Bacon, Francis, 1561–1626, brit. Anwalt, Staatsmann, Schriftsteller und Philosoph

Bader, Karl Siegfried, *1905, dt. Rechtsgelehrter und Philologe

Balzac, Honoré de, 1799–1850, franz. Dichter

Bamm, Peter, eig. Curt Emmerich, 1897–1975, dt. Chirurg und Schriftsteller

Barrie, James M., 1860–1937, schott. Erzähler und Dramatiker

Baudelaire, Charles, 1821–1867, franz. Dichter

Becker, Nikolaus, *1936, dt. Psychotherapeut

Beecher, Henry Ward, 1813–1887, US-amerik. Prediger

Benda, Ernst, *1925, dt. Jurist und CDU-Politiker, Präsident des Bundesverfassungsgerichts 1971–1983

Benjamin, Michael, dt. Jurist, Hochschullehrer und Publizist

Bentham, Jeremy, 1748–1832, brit. Philosoph und Jurist

Beutelrock, Friedl, 1899–1958, dt. Schriftstellerin

Bierce, Ambrose, 1842–1914, verschollen in Mexiko, US-amerik. Satiriker und Journalist

Binding, Rudolf G., 1867–1938, dt. Schriftsteller

Bismarck, Otto von, 1815–1898, preuß.-dt. Staatsmann (1. Reichskanzler 1871–1890) und Jurist

Blake, William, 1757–1827, brit. Dichter, Maler und Kupferstecher

Blüm, Norbert, *1935, dt. CDU-Politiker, Bundesarbeitsminister seit 1987

Blumenthal, Oskar, 1852–1917, dt. Schriftsteller

Bockelmann, Paul, 1908–1987, dt. Rechtsgelehrter

Boileau, Nicolas, gen. Boileau-Despréaux, 1636–1711, franz. Schriftsteller und Historiker

Böll, Heinrich, 1917–1985, dt. Schriftsteller, Literaturnobelpreisträger 1972

Börne, Ludwig, eig. Löb Baruch, 1786–1837, dt. Schriftsteller

Brecht, Bertolt, 1898–1956, dt. Schriftsteller und Regisseur

Buckle, Henry Thomas, 1821–1862, brit. Historiker

Bülow, Oskar, 1837–1907, dt. Rechtsgelehrter

Burke, Edmund, 1729–1797, brit. Publizist und konservativer Politiker, Staatsphilosoph und glänzender Redner

Butler, Samuel, 1835–1902, brit. Philosoph und Schriftsteller

Calamandrei, Piero, 1889–1956, ital. Rechtsgelehrter

Camus, Albert, 1913–1960, franz. Schriftsteller, Literaturnobelpreisträger 1957

Cardozo, Benjamin Nathan, 1870–1938, US-amerik. Rechtsgelehrter

Carducci, Giosuè, 1835–1907, ital. Schriftsteller, Literaturnobelpreisträger 1906

Carlyle, Thomas, 1795–1881, schott. Philosoph, Historiker und Schriftsteller

Carstens, Karl, 1914–1992, dt. Jurist und CDU-Politiker, Bundespräsident 1979–1984

Casanova, Giacomo Girolamo, 1725–1798, ital. Abenteurer und Schriftsteller

Cervantes (Saavedra), Miguel de, 1547–1616, span. Dichter

Chamfort, Nicolas, eig. Sébastien Nicolas Roch, 1741–1794, franz. Moralist und Schriftsteller

Chateaubriand, François René vicomte de, 1768–1848, franz. Schriftsteller und Politiker

Chesterton, Gilbert Keith, 1874–1936, brit. Schriftsteller

Churchill, Winston, 1874–1965, brit. Staatsmann und Schriftsteller, Premierminister 1940–1945 und 1951–1955, Literaturnobelpreis 1953

Cicero, Marcus Tullius, 106–43 v. Chr., röm. Staatsmann, Redner, Philosoph und Schriftsteller

Claudel, Paul, 1868–1955, franz. Schriftsteller und Diplomat

Claudius, Matthias, 1740–1815, dt. Dichter

Cohen, Stanley, *1922, US-amerik. Biochemiker, Nobelpreis für Medizin 1986

Coing, Helmut, *1912, dt. Rechtsgelehrter

Coke, Edward, 1552–1634, brit. Rechtsgelehrter

Colbert, Jean Baptiste, 1619–1683, franz. Staatsmann

Coleridge, Samuel Taylor, 1772–1834, brit. Dichter und Philosoph

Comenius, Johann Amos, eig. Jan Amos Komensky, 1592–1670, tschech. evang. Theologe und Pädagoge

Corneille, Pierre, 1606–1684, franz. Bühnendichter und Advokat

Cybinski, Nikolaus, *1936, dt. Aphoristiker

Dahrendorf, Ralf, *1929, dt. Soziologe, Ökonom und FDP-Politiker

Dahs, Hans, *1935, dt. Rechtsanwalt und Autor

Dante, Alighieri, 1265–1321, ital. Dichter

Da Ponte, Tommaso, *1940, ital. Rechtsanwalt, Bildhauer und Aphoristiker

Dehler, Thomas, 1897–1967, dt. Rechtsanwalt und Politiker, FDP-Vorsitzender 1954–1957

Demokrit, 470–um 380 v. Chr., griech. Philosoph

Descartes, René, 1596–1650, franz. Philosoph, Mathematiker und Naturwissenschaftler

Dickens, Charles, 1812–1870, brit. Schriftsteller

Diderot, Denis, 1713–1784, franz. Philosoph und Schriftsteller
Diogenes von Sinope, um 400–um 325 v. Chr., griech. Redner und Philosoph
Disraeli, Benjamin, 1804–1881, brit. Schriftsteller und Politiker, Premierminister 1868 und 1874–1889
Dostojewski, Fjodor M., 1821–1881, russ. Dichter
Dresbach, August, dt. Jurist, Politiker und Philologe

Ebner-Eschenbach, Marie von, 1830–1916, österr. Schriftstellerin
Einstein, Albert, 1879–1955, dt.-US-amerik. Physiker, Nobelpreis für Physik 1921
Eisenreich, Herbert, 1925–1986, österr. Schriftsteller
Emerson, Ralph Waldo, 1803–1882, US-amerik. Philosoph und Dichter
Emge, Carl August, 1886–1970, dt. Jurist, Philosoph und Schriftsteller
Engisch, Karl, 1899–1990, dt. Rechtsgelehrter
Epicharm(os), um 550–460 v. Chr., griech. Dichter
Epiktet, um 50–138, griech. Philosoph
Erdsiek, Gerhard, dt. Jurist
Erhard, Ludwig, 1897–1977, dt. CDU-Politiker, Wirtschaftsminister 1949–1963 und Bundeskanzler 1963–1966
Euripides, um 485/80–um 406 v. Chr., griech. Dramatiker

Faulkner, William, 1897–1962, US-amerik. Schriftsteller, Literaturnobelpreisträger 1949
Felix, Günther, 1929–1997, dt. Steuerrechtler
Fénelon, eig. François de Salignac de la Mothe-Fénelon, 1651-1715, franz. Schriftsteller
Feuchtersleben, Ernst von, 1806–1849, österr. Arzt und Schriftsteller
Feuerbach, Anselm (Paul Johann) von, 1755–1833, dt. Rechtsgelehrter, Schöpfer des Bayerischen Strafgesetzbuchs von 1813
Finck, Werner, 1902–1978, dt. Kabarettist, Schriftsteller, Theater- und Filmschauspieler
Flaubert, Gustave, 1821–1880, franz. Dichter
Fontane, Theodor, 1819–1898, dt. Schriftsteller

Ford I., Henry, 1863–1947, US-amerik. (Automobil-)Industrieller

Foscolo, Ugo, eig. Niccolò 1778–1827, ital. Dichter

Fouché, Joseph, 1759–1820, franz. Politiker

France, Anatole, eig. Jacques-François-Anatole Thibault, 1844–1924, franz. Schriftsteller und Literaturkritiker, Literaturnobelpreisträger 1921

Franchi, Carlo, eig. Franz Karl Franchy, 1896–1972, österr. Schriftsteller

Franklin, Benjamin, 1706–1790, US-amerik. Staatsmann, Philosoph, Naturwissenschaftler und Schriftsteller

Franz von Assisi, eig. Giovanni Bernadone, 1181/82–1226, ital. Ordensstifter

Franz von Sales, 1567–1622, franz. kath. Theologe, Ordensstifter und Schriftsteller

Franzen, Hans, *1911, dt. Rechtsanwalt und Autor

Freud, Sigmund, 1856–1939, österr. Arzt und Psychologe, Begründer der Psychoanalyse

Freyer, Hans, 1887–1969, dt. Soziologe und Philosoph

Frieberger, Kurt, 1883–1970, österr. Schriftsteller und Übersetzer

Friedlaender, Max, 1873–1956, dt. Rechtsanwalt und Schriftsteller

Friedländer, Max Jacob, 1867–1958, dt. Kunsthistoriker

Friedrich Wilhelm I., 1688–1740, König von Preußen

Fromm, Erich, 1900–1980, dt.-US-amerik. Psychoanalytiker und Schriftsteller

Galbraith, John Kenneth, *1908, US-amerik. Volkswirtschaftler und Diplomat

Garbe, Karl, *1927, dt. Schriftsteller

Garnier, Robert, 1544–1590, franz. Dramatiker

Genet, Jean, 1910–1986, franz. Schriftsteller

George, Henry, 1839–1897, US-amerik. Sozialphilosoph

Georgias, 483–375 v. Chr., griech. Rechner

Gerhardt, Rudolf, *1937, dt. Jurist, Journalist, Publizist und Hochschullehrer

Getty, (Jean) Paul, 1892–1976, US-amerik. Ölmagnat

Gibbon, Edward, 1737–1794, brit. Historiker und Schriftsteller

Gide, André, 1869–1951, franz. Schriftsteller, Literaturnobelpreisträger 1947

Goethe, Johann Wolfgang von, 1749–1832, dt. Dichter, Naturwissenschaftler und Jurist

Gött, Emil, 1864–1908, dt. Schriftsteller

Goldsmith, Oliver, 1728–1774, anglo-irischer Schriftsteller

Gorki, Maxim, eig. Alexei Maximowitsch Peschkow, 1868–1936, russ.-sowj. Schriftsteller

Gourmont, Rémy de, 1858–1915, franz. Philosoph und Schriftsteller

Grabbe, Christian Dietrich, 1801–1836, dt. Dichter und Rechtsanwalt

Gracián y Morales, Baltasar, 1602–1658, span. Philosoph, Schriftsteller und Jesuitenpater

Graff, Sigmund, 1898–1979, dt. Aphoristiker und Schriftsteller

Greene, Graham, 1904–1991, brit. Schriftsteller, Journalist und Filmkritiker

Grillparzer, Franz, 1791–1872, österr. Dichter

Gross, Johannes, *1932, dt. Jurist und Publizist

Gruen, Arno, *1923, US-amerik. Psychoanalytiker dt. Herkunft

Güde, Max, 1902–1984, dt. Jurist, Generalbundesanwalt 1957–1961

Guinness, Alec, *1914, brit. Schauspieler

Gutzkow, Karl, 1811–1878, dt. Schriftsteller und Journalist

Hämmerlein, Hans, *1923, dt. Jurist, Hochschullehrer und Rechtsanwalt

Harnischmacher, Robert, *1948, dt. Jurist und wiss. Publizist

Harris, Sydney J., *1917, brit. Journalist

Hartmann, Nicolai, 1882–1950, dt. Philosoph

Hassencamp, Oliver, 1921–1988, dt. Schriftsteller

Hauptmann, Gerhart, 1862–1946, dt. Erzähler und Dramatiker, Literaturnobelpreisträger 1912

Hauschka, Ernst R., *1926, dt. Aphoristiker und Bibliothekar

Havel, Václav, *1936, tschech. Politiker (ehem. Staatspräsident der CSFR) und Schriftsteller

Hawthorne, Nathaniel, 1804–1864, US-amerik. Schriftsteller

Hazlitt, William, 1778–1830, brit. Schriftsteller

Hebbel, Friedrich, 1813–1863, dt. Dichter

Hegel, Georg Wilhelm Friedrich, 1770–1831, dt. Philosoph

Heidenreich, Elke, *1943 dt. Journalistin, Schriftstellerin und Fernsehmoderatorin

Heine, Heinrich, 1797–1856, dt. Dichter und Publizist

Heinemann, Gustav, 1899–1976, dt. Politiker und Rechtsanwalt, Bundespräsident 1969–1974

Heinze, Meinhard, *1943, dt. Jurist, Hochschullehrer und Autor

Hemingway, Ernest, 1899–1961, US-amerik. Schriftsteller, Literaturnobelpreis 1954

Herder, Johann Gottfried von, 1744–1803, dt. Schriftsteller, Theologe und Philosoph

Herrhausen, Alfred, 1930–1989, dt. Bankmanager, alleiniger Vorstandssprecher der Deutschen Bank 1988–1989

Heuss, Theodor, 1884–1963, dt. liberaler Politiker und Publizist, erster Bundespräsident 1949–1959

Hieronymus, um 347–419, lat. Kirchenlehrer

Hilpert, Heinz, 1890–1967 dt. Regisseur und Intendant

Hilty, Karl, 1833–1909, schweiz. Rechtsgelehrter und philosoph. Schriftsteller

Hippel, Theodor Gottlieb von, 1741–1796, dt. Schriftsteller

Hitchcock, Alfred, 1899–1980, brit. Filmregisseur und Autor

Hobbes, Thomas, 1588–1679, brit. Philosoph und Staatstheoretiker

Hochhuth, Rolf, *1931, dt. Schriftsteller

Höfer, Werner, 1913–1997, dt. Journalist und Publizist

Hölderlin, Friedrich, 1770–1843, dt. Dichter

Hogrefe, Max, dt. Rechtsanwalt

Horaz, eig. Flaccus Quintus Horatius, 65–8 v. Chr., röm. Dichter

Hubbard, Elbert, 1856–1915, US-amerik. Schriftsteller

Hubbard, Kin, eig. Frank McKinney, 1868–1930, US-amerik. Karikaturist und Humorist

Huber, Eugen, 1849–1923, schweiz. Rechtsgelehrter

Hudson, Rock, eig. Roy Fitzgerald, 1925–1985, US-amerik. Filmschauspieler

Hugo, Victor, 1802–1885, franz. Dichter
Hull, Raymond, *1919, brit. Bühnenautor und Fernsehprodu-
zent
Humboldt, Alexander von, 1769–1859, dt. Naturforscher und
Geograph
Humboldt, Wilhelm von, 1767–1835, dt. Jurist, Philosoph,
Sprachforscher und preuß. Staatsmann
Huxley, Aldous, 1894–1963, brit. Schriftsteller und Kulturkritiker

Ibsen, Henrik, 1828–1906, norweg. Dichter
Ihering, Rudolf von, 1818–1892, dt. Rechtsgelehrter

Jacobi, Friedrich Heinrich, 1743–1819, dt. Schriftsteller und Phi-
losoph
Janssen, Horst, 1929–1995, dt. Schriftsteller, Zeichner und Radie-
rer
Jaspers, Karl, 1883–1969, dt. Philosoph und Psychiater
Jean Paul, eig. Jean Paul Friedrich Richter, 1763–1825, dt. Dich-
ter, Publizist und Pädagoge
Jefferson, Thomas, 1743–1826, US-amerik. Anwalt und Staats-
mann, 3. Präsident der USA 1801–1809
Jellinek, Georg, 1851–1911, dt. Rechtsgelehrter
Jerome, Jerome K., 1859–1927, brit. Schriftsteller
Johnson, Samuel, 1709–1784, brit. Sprachforscher, Schriftsteller
und Literaturkritiker
Joubert, Joseph, 1754–1824, franz. Moralist und Epigrammatiker
Jünger, Ernst, 1895–1998, dt. Schriftsteller

Kästner, Erich, 1899–1974, dt. Schriftsteller
Kafka, Franz, 1883–1924, österr. Schriftsteller
Kant, Immanuel, 1724–1804, dt. Philosoph
Kasper, Hans, eig. Dietrich Huber, 1916–1990, dt. Schriftsteller
Kaye, Danny, eig. David Daniel Kaminsky, 1913–1987, russ.-US-
amerik. Filmschauspieler und Komiker
Keller, Gottfried, 1819–1890, schweiz. Schriftsteller
Kessel, Martin, 1901–1990, dt. Schriftsteller und Aphoristiker

Kirchmann, Julius Hermann von, 1802–1884, dt. Jurist und Politiker

Kisch, Egon Erwin, 1885–1948, tschech. Journalist und Schriftsteller

Klinger, Friedrich Maximilian von, 1752–1831, dt. Dramatiker und Jurist

Knigge, Adolph Freiherr von, 1751–1796, dt. Jurist und Schriftsteller

Koczwara, Werner, *1957, dt. Satiriker und Kabarettist

Kolping, Adolf, 1813–1865, dt. kath. Theologe

Konfuzius, um 551–479 v. Chr., chin. Philosoph, Staats- und Sittenlehrer

Kostolany, André, *1908, ungar. Börsenspekulant und -kolumnist

Kotzebue, August von, 1761–1819, dt. Dramatiker und Jurist

Krailsheimer, Hans, 1888–1958, dt. Aphoristiker

Krauß, Paul, dt. Mediziner, Hochschullehrer und Autor

Kritzfeld, Ron (Pseudonym), *1921, dt. Unternehmer

Kunze, Michael, *1943, dt. Jurist, Autor und Übersetzer

La Bruyère, Jean de, 1645–1696, franz. Moralphilosoph und Schriftsteller

Laclos, Pierre Choderlos de, 1741–1803, franz. Schriftsteller

La Fontaine, Jean de, 1621–1695, franz. Dichter

Larenz, Karl, 1903–1993, dt. Rechtsgelehrter

La Rochefoucauld, François VI. Duc de, 1613–1680, franz. Moralist, Schriftsteller und Aphoristiker

Laub, Gabriel, 1928–1998, tschech. Schriftsteller, Satiriker und Publizist

Lavater, Johann Kaspar, 1741–1801, schweiz. evang. Theologe, Philosoph und Schriftsteller

Lawson, Neill, 1820–1890, US-amerik. Jurist

Lec, Stanislaw Jerzy, 1909–1966, poln. Lyriker, Satiriker und Aphoristiker

Lembke, Robert, 1913–1989, dt. Journalist und Fernsehunterhalter

Lempp, Reinhart, *1923, dt. Kinder- und Jugendpsychiater, Hochschullehrer und Autor

Lenin, eig. Wladimir Iljitsch Uljanow, 1870–1924, russ. Revolutionär und sowjetischer Politiker, Gründer Sowjetrußlands

Leonardo da Vinci, 1452–1519, ital. Maler, Zeichner, Bildhauer, Architekt, Dichter und Naturforscher

Lessing, Gotthold Ephraim, 1729–1781, dt. Schriftsteller und Philosoph

Leutheusser, Horst, *1912, dt. Rechtsanwalt und Autor

Leuthold, Heinrich, 1827–1879, schweiz. Dichter

Lichtenberg, Georg Christoph, 1742–1799, dt. Physiker, Philosoph und Schriftsteller

Liermann, Hans, dt. Staats- und Kirchenrechtslehrer

Lincoln, Abraham, 1809–1865, US-amerik. Jurist und Staatsmann, 16. Präsident der USA 1861–1865

Lindlau, Dagobert, *1930, dt. Fernsehjournalist und Autor

Liszt, Franz von, 1851–1919, dt. Rechtsgelehrter und Kriminalpolitiker

Locke, John, 1632–1704, brit. Philosoph

Lohberger, Hans, 1920–1979, österr. Schriftsteller und Aphoristiker

Lorenz, Konrad, 1903–1989, österr. Verhaltensforscher, Physiologie-/Medizinnobelpreisträger 1973

Luczak, Jeannine, *1938, schweiz. Literaturwissenschaftlerin und Aphoristikerin

Lukian, um 120–180, griech. Schriftsteller

Luther, Martin, 1483–1546, dt. Theologe und Kirchenreformator

Lykrophon, 3. Jh. vor Chr., griech. Gelehrter und Dichter

Machiavelli, Niccolò, 1469–1527, ital. Staatsmann und Philosoph

Maier, Hans Jakob, *1923, dt. Richter und Autor

Mailer, Norman, *1923, US-amerik. Schriftsteller und Journalist

Maistre, Joseph Marie de, 1753–1821, franz. Politiker und Philosoph

Malebranche, Nicolas de, 1638–1715, franz. Philosoph und Theologe

Mann, Thomas, 1875–1955, dt. Schriftsteller, Literaturnobelpreisträger 1929

Mark Aurel, 121–180, röm. Kaiser und Philosoph

Martial(is), Marcus Valerius, 40–103, röm. Dichter

Maugham, William Somerset, 1874–1965, brit. Schriftsteller

Maupassant, Guy de, 1850–1893, franz. Schriftsteller

Mauriac, François, 1885–1970, franz. Schriftsteller, Literaturnobelpreis 1952

Maurier, Daphne du, 1907–1989, brit. Schriftstellerin

Mauz, Gerhard, *1925, dt. Journalist und Autor

Mayer, Otto, 1846–1924, dt. Rechtsgelehrter

McCormack, Mark, US-amerik. Jurist und Unternehmer

Meïr, Golda, 1898–1978, israel. Politikerin, Ministerpräsidentin 1969–1974

Menander, 341–290 v. Chr., griech. Dichter

Mencken, H(enry) L(ouis), 1880–1956, US-amerik. Journalist und Schriftsteller

Mercier, Louis Sébastien, 1740–1814, franz. Schriftsteller

Mérimée, Prosper, 1803–1870, franz. Schriftsteller

Messer, Otto, dt. Verwaltungsjurist

Metternich, Klemens Fürst, 1773–1859, österr. Staatsmann

Michaelis, Hildegard, dt. Diplom-Volkswirtin und Journalistin

Mill, John Stuart, 1806–1873, brit. Philosoph und Nationalökonom

Milton, John, 1608–1674, brit. Dichter

Mitsch, Werner, *1936, dt. Aphoristiker und Autor von Sprüchen

Mitscherlich, Alexander, 1908–1982, dt. Arzt, Psychoanalytiker und Publizist

Möser, Justus, 1720–1794, dt. Jurist, Schriftsteller, Politiker und Historiker

Molière, eig. Jean Baptiste Poquelin, 1622–1673, franz. Dichter und Schauspieler

Mommsen, Theodor, 1817–1903, dt. Historiker und liberaler Politiker, Literaturnobelpreisträger 1902

Montaigne, Michel Eyquem Seigneur de, 1533–1592, franz. Schriftsteller, Philosoph und Moralist

Montesquieu, Charles de Secondat, Baron de la Brède et de M., 1689–1755, franz. Schriftsteller und Staatsphilosoph

Montherlant, Henry de, 1896–1972, franz. Schriftsteller
Morgenstern, Christian, 1871–1914, dt. Schriftsteller
Morus, Thomas, 1478–1535, brit. Jurist, Staatsmann und Humanist
Münch, Ingo von, *1932, dt. Politiker und Rechtsgelehrter
Musil, Robert (Edler von), 1880–1942, österr. Schriftsteller

Nahr, Helmar, 1931–1990, dt. Mathematiker, Wirtschaftswissenschaftler und Aphoristiker
Napoleon I., Bonaparte, eig. Napoleone Buonaparte, 1769–1821, franz. Feldherr und Politiker, Kaiser der Franzosen 1804–1815
Nentwig, Max Arnold, dt. Rechtsanwalt und Notar und Schriftsteller
Nestroy, Johann Nepomuk, 1801–1862, österr. Dramatiker und Schauspieler
Newton, Isaac, 1643–1727, brit. Physiker, Mathematiker und Astronom
Nicole, Pierre, 1625–1695, franz. kath. Theologe
Niemeier, Hans-Gerhart, dt. Verwaltungsjurist
Nietzsche, Friedrich, 1844–1900, dt. Philosoph und Dichter
Novalis, eig. Friedrich Leopold Frhr. von Hardenberg, 1772–1801, dt. Lyriker und Prosadichter

Oldendorp, Johann, um 1488–1567, dt. Rechtsgelehrter
Ortega y Gasset, José, 1883–1955, span. Philosoph
Orwell, George, eig. Eric Arthur Blair, 1903–1950, brit. Schriftsteller und Philosoph
Osborne, John, 1929–1994, brit. Dramatiker, Schauspieler und Filmproduzent
Ostler, Fritz, *1907, dt. Rechtsanwalt
Ovid, eig. Publius Ovidius Naso, 43 v. Chr.–ca. 17 n. Chr., röm. Dichter

Paine, Thomas, 1737–1809, brit.-US-amerik. Publizist und Schriftsteller
Parkinson, Cyril Northcote, 1909–1993, brit. Historiker und Publizist

Pascal, Blaise, 1623–1662, franz. Philosoph, Mathematiker, Physiker und Schriftsteller

Pestalozzi, Johann Heinrich, 1746–1827, schweiz. Pädagoge, Sozialreformer und Schriftsteller

Petan, Zarko, *1929, slowen. Schriftsteller und Aphoristiker

Peter, Laurence J., 1919–1990, US-amerik. Erziehungswissenschaftler und Buchautor

Pinter, Harold, *1930, brit. Schriftsteller und Regisseur

Plato(n), 428–348 v. Chr., griech. Philosoph

Plautus, Titus Maccius, um 250–184 v. Chr., lat. Komödiendichter

Plutarch, eig. Plutarchus, 46–um 120, griech. Philosoph und Biograph

Polgar, Alfred, eig. Alfred Polak, 1873–1955, österr. Feuilletonist, Schriftsteller, Theater- und Literaturkritiker

Pollock, Frederick, 1845–1937, brit. Rechtsgelehrter

Pope, Alexander, 1688–1744, brit. Dichter und Satiriker

Poth, Julius von, österr. Jurist

Pound, Ezra, 1885–1972, US-amerik. Schriftsteller

Proudhon, Pierre Joseph, 1809–1865, franz. Sozialphilosoph und Sozialist

Prudhomme, Sully, eig. René François Armand Prudhomme, 1839–1907, franz. Schriftsteller, Literaturnobelpreis 1901

Publilius Syrus, um 50 v. Chr., lat. Dichter

Pythagoras von Samos, um 580–um 500 v. Chr., griech. Philosoph und Mathematiker

Quintilian, Marcus Fabius, um 30–um 96, röm. Redner und Schriftsteller

Raabe, Wilhelm, 1831–1910, dt. Schriftsteller

Rabelais, François, 1494–1553, franz. Dichter, humanistischer Universalgelehrter und Arzt

Racine, Jean (Baptiste), 1639–1699, franz. Dramatiker

Radbruch, Gustav, 1878–1949, dt. Rechtsgelehrter und Politiker

Radecki, Sigismund von, 1891–1970, dt. Schriftsteller

Raiffeisen, Friedrich Wilhelm, 1818–1888, dt. Sozialreformer, Begründer des landwirtschaftlichen Genossenschaftswesens

Rathenau, Walther, 1867–1922, dt. Staatsmann, Reichsaußenminister 1922, Industrieller und Schriftsteller

Redeker, Konrad, *1923, dt. Rechtsanwalt und Verwaltungsrechtslehrer

Reiners, Ludwig, 1896–1957, dt. Schriftsteller und Fabrikant

Remarque, Erich Maria, eig. Erich Paul Remark, 1898–1970, dt. Schriftsteller

Renan, Ernest, 1823–1892, franz. Religionswissenschaftler, Orientalist und Schriftsteller

Renard, Jules, 1864–1910, franz. Schriftsteller

Reuß, Hermann, dt. Rechtsanwalt und Notar

Rivarol, Antoine de, 1753–1801, franz. Schriftsteller und Aphoristiker ital. Herkunft

Röpke, Wilhelm, 1899–1966, dt. Volkswirtschaftler und Soziologe

Rogers, Will, eig. William Penn Adair Rogers, 1879–1935, US-amerik. Humorist

Rolland, Romain, 1866–1944, franz. Schriftsteller, Literaturnobelpreisträger 1915

Romains, Jules, eig. Louis Farigoule, 1885–1972, franz. Schriftsteller

Rommel, Manfred, *1928, dt. Jurist und CDU-Politiker

Roosevelt, Eleanor, 1884–1962, Gattin des amerik. Präsidenten Franklin D. Roosevelt, UN-Delegierte der Vereinigten Staaten von 1945 bis 1953

Rosendorfer, Herbert, *1934, dt. Richter und Schriftsteller

Roten, Iris von, 1917–1990, schweiz. Rechtsanwältin, Schriftstellerin und Feministin

Rousseau, Jean-Jacques, 1712–1778, franz.-schweiz. Philosoph und Schriftsteller

Rüthers, Bernd, *1930, dt. Jurist, Hochschullehrer, Richter und Autor

Russell, Bertrand, Third Earl Russell, 1872–1970, brit. Philosoph, Literaturnobelpreis 1950

Saki, eig. Hector Hugh Munro, 1870–1916, schott. Schriftsteller

Sauerbruch, Ferdinand, 1875–1951, dt. Chirurg

Savigny, Carl von, 1779–1861, dt. Politiker und Rechtsgelehrter

Schiff, Michael, *1925, dt. Schriftsteller

Schiller, Friedrich von, 1759–1805, dt. Dichter

Schlegel, Friedrich von, 1772–1829, dt. Schriftsteller, Politiker und Philosoph

Schlobach, Erich, dt. Jurist und Politiker

Schmid, Carlo, 1896–1979, dt. Völkerrechtler, Politiker und Philosoph

Schmidt, Hans Martin, *1929, dt. Rechtsanwalt und Verleger

Schmidt, Helmut, *1918, dt. Diplomvolkswirt und SPD-Politiker, Bundeskanzler 1974–1982

Schmidt, Lothar, *1922, dt. Jurist, Politologe, Hochschullehrer und Aphoristiker

Schneyder, Werner, *1937, österr. Kabarettist und Schriftsteller

Schnitzler, Arthur, 1862–1931, österr. Schriftsteller und Arzt

Schopenhauer, Arthur, 1788–1860, dt. Philosoph

Schorsch, Eberhard, dt. Facharzt für Psychiatrie und Hochschullehrer

Schützbach, Rupert, *1933, dt. Zöllner, Epigrammatiker und Aphoristiker

Schweitzer, Albert, 1875–1965, dt. Arzt, evang. Theologe, Musiker und Philosoph, Friedensnobelpreis 1952

Seagle, William, 1898–1978, US-amerik. Jurist

Sendler, Horst, *1925, dt Jurist, Präsident des Bundesverwaltungsgerichts 1980–1991

Seneca, Lucius Annaeus, etwa 4 v. Chr.–65 n. Chr., röm. Dichter und Philosoph

Seume, Johann Gottfried, 1763–1810, dt. Schriftsteller

Seymour, John, *1914, brit.-US-amerik. Agrarwissenschaftler und Schriftsteller

Shakespeare, William, 1564–1616, brit. Dichter und Dramatiker

Sichtermann, Siegfried, dt. Rechtsanwalt

Simenon, Georges, 1903–1989, belg. Schriftsteller

Skupy, Hans-Horst, *1942, dt. Publizist und Aphoristiker

Smith, Adam, 1723–1790, schott. Moralphilosoph und Nationalökonom

Sölter, Arno, 1911–1987, dt. Volkswirtschaftler

Solschenizyn, Alexander, *1918, russ. Schriftsteller, Literaturnobelpreisträger 1970

Sommerkamp, August-Detlev, dt. Richter
Sophokles, um 495–406 v. Chr., griech. Tragödiendichter
Spinoza, Baruch de, 1632–1677, niederl. Philosoph
Spoerl, Heinrich, 1887–1955, dt. Schriftsteller und Rechtsanwalt
Staehle, Hansjörg, *1943, dt. Rechtsanwalt
Steinbeck, John, eig. Ernst Steinbeck, 1902–1968, US-amerik. Schriftsteller, Literaturnobelpreis 1962
Stendhal, eig. Marie Henri Beyle, 1783–1842, franz. Schriftsteller
Stevenson, Robert Louis, 1850–1894, brit. Schriftsteller
Storm, Theodor, 1817–1888, dt. Schriftsteller und Jurist
Stresemann, Gustav, 1878–1929, dt. Politiker, Reichskanzler 1923, Reichsaußenminister 1923–1929, Friedensnobelpreisträger 1926
Strindberg, August, 1849–1912, schwed. Dichter und Maler
Swift, Jonathan, 1667–1745, anglo-irischer Schriftsteller und Satiriker

Taine, Hippolyte, 1828–1893, franz. Kritiker, Historiker und Philosoph
Talleyrand, Charles Maurice de, 1754–1838, franz. Staatsmann und Bischof
Tati, Jacques, eig. Jacques Tatischeff, 1907–1982, franz. Filmschauspieler, -regisseur und -produzent
Teubner, Ernst, *1929, dt. Richter und Schriftsteller
Thoma, Ludwig, 1867–1921, dt. Rechtsanwalt und Schriftsteller
Thomas von Aquin, 1225–1274, ital. Kirchenlehrer und Philosoph
Thoreau, Henry David, 1817–1862, US-amerik. Philosoph und Schriftsteller
Thrasymachos, 2. Hälfte des 5. Jh. v. Chr., griech. Sophist
Tolstoi, Leo, 1828–1910, russ. Dichter und Philosoph
Treitschke, Heinrich von, 1834–1896, dt. Historiker und polit. Publizist
Tschechow, Anton P., 1860–1904, russ. Schriftsteller
Tucholsky, Kurt, 1890–1935, dt. Journalist, Satiriker und Zeitkritiker der Weimarer Republik
Turow, Scott, *1949, US-amerik. Rechtsanwalt und Schriftsteller
Twain, Mark, eig. Samuel Langhorne Clemens, 1835–1910, US-amerik. Schriftsteller und Humorist

Uhlenbruck, Gerhard, *1929, dt. Immunbiologe, Hochschulleh-
rer und Aphoristiker
Ulpianus Domitius, um 170–228, röm. Jurist
Ustinov, Peter, eig. Petrus Alexandrus von Ustinov, *1921, engl.
Regisseur, Schauspieler und Schriftsteller

Valéry, Paul, 1871–1945, franz. Dichter
Vauvenargues, Luc de Clapiers, marquis de, 1715–1747, franz.
Philosoph und Dichter
Vinet, Alexandre, 1797–1847, schweiz. evang. Theologe und Kri-
tiker
Voltaire, eig. François-Marie Arouet, 1694–1778, franz. Schrift-
steller und Philosoph

Waggerl, Karl Heinrich, 1897–1973, österr. Schriftsteller und
Aphoristiker
Walters, Hellmut, 1930–1985, dt. Schriftsteller, Pädagoge und
Aphoristiker
Walther, Friedrich, 1822–1874, dt. Jurist
Wassermann, Rudolf, *1925, dt. Jurist, Präsident des OLG Braun-
schweig 1971–1990
Weber, Karl Julius, 1767–1832, dt. Jurist, Schriftsteller und Satiri-
ker
Weber, Max, 1864–1920, dt. Sozialökonom und Soziologe
Weerth, Georg, 1822–1856, dt. Schriftsteller und Publizist
Wehner, Herbert, 1906–1990, dt. SPD-Politiker
Weizsäcker, Carl Friedrich von, *1912, dt. Physiker und Philosoph
Welles, Orson, 1915–1985, US-amerik. Schauspieler, Filmregis-
seur, -produzent und -autor
Wellesley, Arthur, Duke of Wellington, 1769–1852, brit. Feldmar-
schall und Staatsmann
Werfel, Franz, 1890–1945, österr. Schriftsteller
Westermann, Harm Peter, *1938, dt. Jurist, Hochschullehrer
und Autor
Widmark, Richard, *1914, US-amerik. Filmschauspieler
Wilde, Oscar, 1854–1900, anglo-irischer Schriftsteller
Wilder, Thornton, 1897–1975, US-amerik. Schriftsteller

311

Wilson, (Thomas) Woodrow, 1856–1924, US-amerik. Staatsmann und Historiker, 28. Präsident der USA 1913–1921, Friedensnobelpreis 1919

Windscheid, Bernhard, 1817–1892, dt. Rechtsgelehrter

Winters, Karl-Peter, *1944, dt. Rechtsanwalt und Verleger, Hauptgeschäftsführer des Dt. Anwaltvereins 1981–1989

Zola, Emile, 1840–1902, franz. Schriftsteller

Zschokke, Heinrich, 1771–1848, dt.-schweiz. Schriftsteller und Politiker

Verzeichnis ausgewählter Quellen

Die Herausgeberin und der Verlag danken den Autoren und Verlagen für ihre freundliche Genehmigung zum Abdruck der Texte.

Da die für diesen Band ausgewählten Zitate über viele Jahre hin zusammengetragen wurden, war es nicht in jedem Fall möglich, nachträglich noch die Quelle zu ermitteln. Wir beschränken uns deshalb hier auf wesentliche Werke.

Bader, Karl Siegfried, Die deutschen Juristen, Verlag J. C. B. Mohr (Paul Siebeck), Tübingen 1947

Benjamin, Michael, Der Mensch vor dem Schalter und der Mensch hinter dem Schalter, Eine kleine deutsche Verwaltungslehre, Nomos Verlagsgesellschaft, Baden-Baden 1983

Beutelrock, Friedl, Am Rande vermerkt, Neue Aphorismen, Gerlach'sche Verlagsbuchhandlung, München – Innsbruck – Zürich 1955

Bierce, Ambrose, Aus dem Wörterbuch des Teufels, Auswahl, Übersetzung und Nachwort von Dieter E. Zimmer, Insel Verlag, Frankfurt am Main 1966

Camus, Albert, Der Fall, Rowohlt Verlag, Reinbek bei Hamburg 1983

Chesterton, Gilbert Keith, Aphorismen und Paradoxa, Auswahl und Übertragung von Dr. Franz Simeth mit einem Nachwort von Friedrich Knapp, Manz Verlag, München 1961

Cybinski, Nikolaus, Die Unfreiheit hassen wir nun. Wann fangen wir an, die Freiheit zu lieben? Aphorismen 1982–1986, Edition Klaus Isele 1987

Dahs, Hans, Handbuch des Strafverteidigers, Verlag Dr. Otto Schmidt, Köln, 5. Aufl. 1983

Da Ponte, Tommaso, Recht hat keiner, 313 Aphorismen, I. H. Sauer-Verlag, Heidelberg 1993

Dostojewski, Fjodor M., Worte wie Spiegel, Ausgewählt, eingeleitet und erläutert von Rudolf Stertenbrink, Verlag Herder, Freiburg im Breisgau 1984

Ebner-Eschenbach, Marie von, Aphorismen, Verlag Philipp Reclam jun., Stuttgart 1988

Emge, Carl August, Philosophie der Rechtswissenschaft, Duncker & Humblot, Berlin 1961

Finck, Werner, Das große Werner-Finck-Buch, hrsg. von Bartel F., Sinnhuber J., Langen Müller Verlag in der F. A. Herbig Verlagsbuchhandlung, München 1990

Finck, Werner, Spaßvogel – vogelfrei, hrsg. von Hansjörg Schneider und Wolfgang Wessig, Herbig Verlag, München 1991

Flaubert, Gustave, Wörterbuch der Gemeinplätze, Insel Verlag Frankfurt am Main und Leipzig 1985

Fontane zum Vergnügen, „Alles kommt auf die Beleuchtung an", herausgegeben von Christian Grawe, Verlag Philipp Reclam jun., Stuttgart 1994

Franzen, Hans, Anwaltskunst, Faustregeln · Alternativen · Fälle, Verlag C. H. Beck, München, 2. Aufl. 1992

Friedlaender, Max, Rechtsanwälte und Anwaltsprobleme in der schönen Literatur, Juristischer Fachbuchverlag GmbH, Essen 1979

Gerhardt, Rudolf, Von Zeit zu Zeit, Betrachtungen über Gerechtes und Selbstgerechtes, Nomos Verlagsgesellschaft, Baden-Baden 1985

Gerhardt, Rudolf, Wenn man's Recht betrachtet, Verlag Dr. Otto Schmidt, Köln 1988

Goethe-Zitate für Juristen, ausgewählt und lexikalisch aufbereitet von Alfons Pausch und Jutta Pausch, Verlag Dr. Otto Schmidt, Köln, 3. Aufl. 1996

Graff, Sigmund, Lächelnde Weisheiten, Aphorismen, Moderne Verlags-GmbH, München 1967

Graff, Sigmund, Lockvögel der Wahrheit, Aphorismen, Hyperion-Verlag, Freiburg im Breisgau, o. J.

Gross, Johannes, Notizbuch, Deutsche Verlags-Anstalt, Stuttgart 1985

Gross, Johannes, Das neue Notizbuch 1985–1990, Deutsche Verlags-Anstalt, Stuttgart 1990

Gross, Johannes, Tacheles gesprochen, Notizbuch 1990–1995, Deutsche Verlags-Anstalt, Stuttgart 1996

Hämmerlein, Hans (Hrsg.), Beamten-Spiegel, Verlag Dr. Otto Schmidt, Köln 1965

Harnischmacher, Robert, Die teuflische Heirat des internationalen Terrorismus mit dem organisierten Verbrechen, Verlag für polizeiliches Fachschrifttum Schmidt-Römhild, Lübeck 1990

Hassencamp, Oliver, Sage & Schreibe, Satiren, Langen Müller Verlag in der F. A. Herbig Verlagsbuchhandlung, München/ Wien 1976

Hassencamp, Oliver, Klipp & Klar, Gute und böse Gedanken, Langen Müller Verlag in der F. A. Herbig Verlagsbuchhandlung, München/Wien 1977

Hassencamp, Oliver, 555 kandierte Sätze, Nymphenburger Verlag, München 1987

Hauschka, Ernst R., Atemzüge, Aphorismen über uns selbst, Martin-Verlag/Walter Berger, Buxheim/Allgäu 1980

Heinze, Meinhard, Der ungeliebte Jurist, Dokumente eines Mißverständnisses, Nomos Verlagsgesellschaft, Baden-Baden 1981

Hochhuth, Rolf, Die Spitze des Eisbergs, Notizen eines Zeitgenossen, hrsg. von Dietrich Simon, Rowohlt Taschenbuch Verlag, Reinbek bei Hamburg 1994

Ihering, Rudolf von, Scherz und Ernst in der Jurisprudenz, 13. Aufl., Leipzig 1924

Ihering, Rudolf von, Der Kampf ums Recht, herausgegeben und mit einem Anhang versehen von Hermann Klenner, Rudolf Haufe Verlag, Freiburg/Berlin 1992

Jean Paul, Bemerkungen über uns närrische Menschen, Aphorismen, Sammlung Dieterich, Leipzig 1992

Kant, Immanuel, Deines Lebens Sinn, Eine Auswahl aus dem Gesamtwerk, herausgegeben und mit einem Vorwort von Wolfgang Kraus, Diogenes Verlag, Zürich 1996

Kirchmann, Julius Hermann von, Die Wertlosigkeit der Jurisprudenz als Wissenschaft, Berlin 1848, Manutius Verlag Frank Würker, Heidelberg 1988

Knigge, Adolph Freiherr von, Über den Umgang mit Menschen, herausgegeben von Gert Ueding, Insel Verlag, Frankfurt am Main 1977

Koczwara, Werner, Warum war Jesus nicht rechtsschutzversichert?, Eichborn Verlag, Frankfurt am Main 1992

Krauß, Paul, Medizinischer Fortschritt und ärztliche Ethik, Beck'sche Reihe Nr. 107, C. H. Beck'sche Verlagsbuchhandlung, München 1974

Kritzfeld, Ron, Aphorismen und aphoristische Definitionen, hrsg. von Lothar Schmidt, Ypsilon-Verlag, Neustadt a. d. Aisch 1981

Kunze, Michael, Straße ins Feuer, Vom Leben und Sterben in der Zeit des Hexenwahns, Kindler Verlag, München 1982

Kunze, Michael, Der Freiheit eine Gasse, Traum und Leben eines deutschen Revolutionärs, Kindler Verlag, München 1990

Larenz, Karl, Richtiges Recht, Grundzüge einer Rechtsethik, Beck'sche Reihe Nr. 185, C. H. Beck'sche Verlagsbuchhandlung, München 1979

La Rochefoucauld, François de, Maximen und Reflexionen, Goldmann Verlag, München 1987

Laub, Gabriel, Denken verdirbt den Charakter, Carl Hanser Verlag, München/Wien 1975

Lec, Stanislaw Jerzy, Alle unfrisierten Gedanken, aus dem Polnischen von Karl Dedecius, Carl Hanser Verlag, München/Wien 1982

Lec, Stanislaw Jerzy, Allerletzte unfrisierte Gedanken, aus dem Polnischen von Karl Dedecius, Carl Hanser Verlag, München/ Wien 1996

Lembke, Robert, Das Beste aus meinem Glashaus, Langen Müller Verlag in der F. A. Herbig Verlagsbuchhandlung, München 1991

Leutheußer, Horst, Die Rechtsanwälte, Berufsstand zwischen Lob und Tadel, Universitas Verlag in der F. A. Herbig Verlagsbuchhandlung, München 1992

Lichtenberg, Georg Christoph, Aphorismen, herausgegeben von Max Rychner, Manesse Verlag, Zürich, 9. Aufl. 1992

Lindlau, Dagobert, Der Mob, Recherchen zum organisierten Verbrechen, Hoffmann und Campe Verlag, Hamburg 1987

Luczak, Jeannine, Schweigegeld als Landeswährung, Aphorismen, Walter-Verlag, Olten und Freiburg im Breisgau

Maier, Hans Jakob, Kunst des Rechtsanwalts, Bilder eines Berufsstands im Lichte von Praxis, Literatur und Glosse, 3., erweiterte Auflage, Verlag Neue Wirtschafts-Briefe, Herne/Berlin 1982

Mauz, Gerhard, Das Spiel von Schuld und Sühne, Die Zukunft der Strafjustiz, Eugen Diederichs Verlag, Düsseldorf/Köln 1975

Mauz, Gerhard, Die Justiz vor Gericht, Macht und Ohnmacht der Richter, C. Bertelsmann Verlag, München, 2. Aufl. 1990

McCormack, Mark H., Die Wahrheit über Anwälte, Wilhelm Heyne Verlag, München 1993

Mitsch, Werner, Pferde, die arbeiten, nennt man Esel, Letsch Verlag, Stuttgart 1983

Mitsch, Werner, Das Schwarze unterm Fingernagel, Letsch Verlag, Stuttgart 1984

Mitsch, Werner, Hunde, die schielen, beißen daneben, Letsch Verlag, Stuttgart 1985

Mitsch, Werner, Fische, die bellen, beißen nicht, Letsch Verlag, Stuttgart 1986

Mitsch, Werner, Grund- & Boden-Sätze, Sprüche. Nichts als Sprüche, Letsch Verlag, Stuttgart 1986

Morgenstern, Christian, Gesammelte Werke, VMA-Verlag, Wiesbaden 1996

Nentwig, Max Arnold, Rechtsanwälte in Karikatur und Anekdote, 5., überarbeitete Auflage, Verlag Dr. Otto Schmidt, Köln 1987

Nentwig, Max Arnold, Richter in Karikatur und Anekdote, 2., durchgesehene Auflage, Verlag Dr. Otto Schmidt, Köln 1990

Nestroy zum Vergnügen, „Die Welt steht auf keinen Fall mehr lang", herausgegeben von Jürgen Hein, Verlag Philipp Reclam jun., Stuttgart 1995

Pascal, Blaise, Gedanken, Eine Auswahl, Verlag Philipp Reclam jun., Stuttgart 1956

Petan, Zarko, Vor uns die Sintflut, Ein immerwährendes Kalendarium, Verlag Styria, Graz/Wien/Köln 1983

Peter, Laurence J./Hull, Raymond, Das Peter-Prinzip oder die Hierarchie der Unfähigen, Rowohlt Verlag, Reinbek bei Hamburg 1970

Polgar, Alfred, Kleine Schriften, Rowohlt Verlag, Reinbek bei Hamburg 1982

Radbruch, Gustav, Gesamtausgabe in 20 Bänden, hrsg. von Prof. Dr. Dr. h. c. mult. Arthur Kaufmann, C. F. Müller Verlag, Heidelberg 1989 ff.

Rosendorfer, Herbert, Ballmanns Leiden oder Lehrbuch für Konkursrecht, Nymphenburger Verlag in der F. A. Herbig Verlagsbuchhandlung, München 1981

Rüthers, Bernd, Wir denken die Rechtsbegriffe um . . ., Weltanschauung als Auslegungsprinzip, Edition Interfrom, Zürich 1987

Rüthers, Bernd, Das Ungerechte an der Gerechtigkeit, Defizite eines Begriffs, Edition Interfrom, Zürich, 2. Aufl. 1993

Schiff, Michael, Von Abs bis Zwiebelmuster, Verlag Moderne Industrie, München 1963

Schmidt, Hans Martin (Hrsg.), Juristen-Spiegel, Verlag Dr. Otto Schmidt, Köln, 2. Aufl. 1960

Schmidt, Hans Martin/Hanel, Walter, Juristen sind gar nicht so. Ein höchst subjektives Plädoyer für ihre Schwächen und Vorzüge, Verlag Dr. Otto Schmidt, Köln, 7. Aufl. 1994

Schmidt, Lothar, Worte sind Waffen, Aphorismen zur Gegenwart, Frankfurter Allgemeine Zeitung, Frankfurt am Main, 3. Aufl. 1993

Schneyder, Werner, Gelächter vor dem Aus, Die besten Aphorismen und Epigramme, Kindler Verlag, München, 2. Aufl. 1980

Schnitzler, Arthur, Ohne Maske, Aphorismen und Notate, S. Fischer Verlag, Frankfurt am Main 1967

Schorsch, Eberhard/Becker, Nikolaus, Angst, Lust, Zerstörung, Sadismus als soziales und kriminelles Handeln. Zur Psychodynamik sexueller Tötungen, Rowohlt Verlag GmbH, Reinbek bei Hamburg 1977

Skupy, Hans-Horst, Aphorismen – Abgeleitete Geistesblitze, Druck-Ring, München, 2. Aufl. 1977

Sölter, Arno, Der Verbandsmanager, Eine Verbandsfibel in Zitaten, Aphorismen, Bonmots, Verlag Dr. Otto Schmidt, Köln, 2. Aufl. 1977

Staehle, Hansjörg, Juristerei, Ein fröhliches Wörterbuch für Paragraphenfuchser und Schreibtischhengste, vor allem aber für das hochverehrte rechtsuchende Publikum, Tomus Verlag, München 1989

Teubner, Ernst, Teubners Satirisches Rechtswörterbuch, Verlag Dr. Otto Schmidt, Köln, 2. Aufl. 1992

Thoreau, Henry David, Über die Pflicht zum Ungehorsam gegen den Staat, Essay, Diogenes Verlag, Zürich 1996

Tucholsky, Kurt, Gesammelte Werke, hrsg. von Wolfgang Hering und Hartmut Urban, Rowohlt Verlag, Reinbek bei Hamburg 1960

Uhlenbruck, Gerhard, Darum geht's nicht, edition ahland, Hilden 1990

Uhlenbruck, Gerhard, Wieder Sprüche zu Widersprüchen, Ralf Reglin Verlag, Köln 1997

Ustinov, Peter, Über Gott und die Welt, ECON Taschenbuch Verlag, Düsseldorf, 3. Aufl. 1993

Walters, Hellmut, Wenn die Wörter Kopfstand machen, Neue Aphorismen, Verlag Passavia, Passau 1981

Werfel, Franz, Leben heißt, sich mitteilen, Betrachtungen, Reden, Aphorismen, Langen Müller Verlag, München/Wien 1975

Westermann, Harm Peter, Über Unbeliebtheit und Beliebtheit von Juristen, Verlag Dr. Otto Schmidt, Köln, 2. Aufl. 1987

Wilde, Oscar, Extravagante Gedanken, Eine Auswahl, herausgegeben und mit einem Vorwort von Wolfgang Kraus, Diogenes Verlag, Zürich 1988

Winters, Karl-Peter, Der Rechtsanwaltsmarkt, Chancen, Risiken und zukünftige Entwicklung, Verlag Dr. Otto Schmidt, Köln 1989

Bitte beachten Sie die
nachfolgenden Verlagsanzeigen

Goethe-Zitate für Juristen

Aus Rechtsstudium, Advokatur, Staatsdienst, Rechts- und Lebensweisheit des Dichterjuristen

Ausgewählt und lexikalisch aufbereitet von Dr. jur. Alfons Pausch und Jutta Pausch. 148 Seiten DIN A5, 3. Auflage 1996, gbd. 36,– DM. ISBN 3 504 01792 9.

Goethe studierte – genau wie später sein Faust – „ach! Juristerei" „mit heißem Bemühn". Er war nicht nur ein begnadeter Dichter, sondern auch ein wortgewandter und scharfsinniger Jurist. Aus der Fülle der überlieferten Selbstzeugnisse des Dichterjuristen haben die Autoren über 500 Zitate zusammengetragen und so eine wahre Fundgrube kleiner Kostbarkeiten geschaffen, die sich hervorragend zur Einarbeitung und Auflockerung von Reden, Referaten oder auch Beratungsgesprächen eignen.

Goethes Juristenlaufbahn

Rechtsstudent, Advokat, Staatsdiener

Eine Fachbiographie von Dr. Alfons Pausch und Jutta Pausch. 285 Seiten DIN A5, 1996, gbd. 48,– DM. ISBN 3 504 01798 8.

In diesem Geschenkband steht die Juristenlaufbahn des wortgwandten und scharfsinnigen Titelhelden im Mittelpunkt der Betrachtungen von Alfons und Jutta Pausch. Kurzweilig erschließen sie Ihnen ein einzigartiges Doppelleben im Dienste von Recht und Dichtung. Unter Auswertung aller zugänglichen Primärquellen und fachlicher Selbstzeugnisse zeichnen die Autoren ein weitgehend unbekanntes Bild der Höhen und Tiefen, Freuden und Leiden im Leben des Dichterjuristen.

Teubners
Satirisches Rechtswörterbuch
von Abduktion bis Zärtelwochen

Von RA Dr. Ernst Teubner. Mit 26 Vignetten von Brigitte Teubner. 3. äußerst reformierte und bereichernde Auflage 1998. 242 Seiten, gbd. 58,– DM. ISBN 3-504-01807-0. Erscheint im Juni 1998.

Satire sprießt überall – selbst auf juristischem Boden. Erst recht in diesem beliebten Rechtswörterbuch. Da die Satire jedoch stets von der Wirklichkeit überholt wird, hat der Autor zahlreiche neue Begriffe und Definitionen in die 3. Auflage einarbeiten können. Über 1.000 Rechtswörter aus dem juristischen All-, gelegentlich auch Sonntag dienen der kurzweiligen Fortbildung quer durch alle Rechtsgebiete.

oVs
Verlag
Dr. Otto Schmidt
Köln

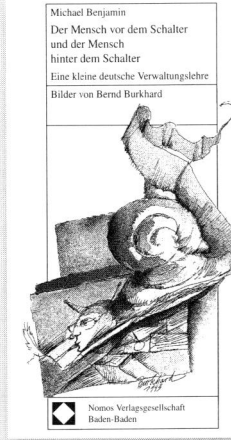